D1374828

VOTRE CORPS VOUS ÉCOUTE

Données de catalogage avant publication (Canada)

Levine, Barba:a Hoberman
    Votre corps vous écoute: les mots qui vous rendent malade

    Traduction de: Your body believes every word you say.

    1. Santé - Aspect psychologique.   2. Esprit et corps.   3. Émotions - Aspect
sanitaire.   4. Malades - Langage.   I. Titre.
I. Titre.   II. Collection.

RA776.L6414   1999   616'.001'9   C99-940018-5

DISTRIBUTEURS EXCLUSIFS:

• Pour le Canada et les États-Unis:
MESSAGERIES ADP*
955, rue Amherst,
Montréal, Québec
H2L 3K4
Tél.: (514) 523-1182
Télécopieur: (514) 939-0406
* Filiale de Sogides ltée

• Pour la France et les autres pays:
INTER FORUM
Immeuble Paryseine, 3, Allée de la Seine
94854 Ivry Cedex
Tél.: 01 49 59 11 89/91
Télécopieur: 01 49 59 11 96
Commandes: Tél.: 02 38 32 71 00
                    Télécopieur: 02 38 32 71 28

• Pour la Suisse:
DIFFUSION: HAVAS SERVICE SUISSE
Case postale 69 - 1701 Fribourg - Suisse
Tél.: (41-26) 460-80-60
Télécopieur: (41-26) 460-80-68
Internet: www.havas.ch
Email: office@havas.ch
DISTRIBUTION: OLF SA
Z.I. 3, Corminbœuf
Case postale 1061
CH-1701 FRIBOURG
Commandes: Tél.: (41-26) 467-53-33
                    Télécopieur: (41-26) 467-54-66

• Pour la Belgique et le Luxembourg:
PRESSES DE BELGIQUE S.A.
Boulevard de l'Europe 117
B-1301 Wavre
Tél.: (010) 42-03-20
Télécopieur: (010) 41-20-24

Pour en savoir davantage sur nos publications,
visitez notre site: www.edjour.com
Autres sites à visiter: www.edhomme.com • www.edtypo.com • www.edvlb.com
www.edhexagone.com • www.edutilis.com

L'ouvrage original américain a été publié
par Aslan Publishing
sous le titre *Your Body Believes Every Word You Say*

Dépôt légal: 1er trimestre 1999
Bibliothèque nationale du Québec

ISBN 2-8904-4651-4

VOTRE CORPS VOUS ÉCOUTE

Ces mots qui vous rendent malade

Barbara Hoberman Levine

Traduit de l'américain par
Louise Drolet

le jour,
éditeur

Le présent ouvrage est seulement un livre de référence et non pas un guide médical. L'information ci-incluse a pour but de vous aider à faire des choix éclairés concernant votre santé. Vous ne devez pas vous en servir pour remplacer un traitement prescrit par votre médecin.

AVANT-PROPOS

Barbara Hoberman Levine illustre avec lucidité et humour comment les mots et les images avec lesquels nous exprimons la vie au jour le jour reflètent notre état de santé. Elle nous révèle comment modifier le cours d'une maladie ou d'un dysfonctionnement en devenant plus conscients de ces mots et de ces images et en les choisissant mieux. Notre « découverte » la plus significative de cette fin de siècle aura peut-être été de constater que nos attitudes et croyances modèlent nos perceptions et nos vies, et qu'en reconnaissant ces perceptions et en les modifiant, nous pouvons exercer une profonde influence sur notre corps physique.

Mme Levine souligne en outre que la relaxation et la visualisation peuvent accroître l'efficacité d'un traitement médical conventionnel, ce que mon expérience clinique m'a confirmé. De nombreux adeptes des méthodes de guérison innovatrices voient la médecine comme un adversaire potentiel. Mme Levine indique comment des patients peuvent hâter leur guérison en collaborant étroitement avec le corps médical tout en se mettant à l'écoute de leur processus intérieur. Elle démontre que les patients qui « prennent en main » leurs images et leurs attitudes et évitent de tomber dans le piège de l'impuissance et d'endosser le rôle de victimes peuvent accélérer leur guérison. En outre, le « récit » de leur maladie ou dysfonction recadre leurs expériences et leur confère un pouvoir intérieur accru.

Bravo à Mme Levine pour ce livre utile et dynamisant !

Dr Emmett E. Miller

Cent fois sur le métier
remettez votre ouvrage.

INTRODUCTION

Croissance et excroissance

Les idées présentées ici s'inspirent de l'aventure la plus intense que j'aie jamais vécue. Cette expérience, qui a transformé ma vie, semble avoir débuté en 1970, année de la naissance de mon troisième enfant, Jennifer. Pourtant, lorsque je regarde en arrière, je me rends compte qu'en réalité, elle a débuté en 1966, au moment du décès de mes deux parents, tous deux dans la cinquantaine. Cette perte me causa un terrible choc. Je devins craintive et déprimée, mais à l'époque, j'étais incapable de faire face à mes sentiments ou de les comprendre. Après la naissance de Jennifer, je crus connaître le parfait bonheur. Mais le stress des quatre années précédentes avait prélevé un lourd tribut sur ma santé.

Je développai une faiblesse vocale telle que je pouvais tout juste chuchoter. Les médecins diagnostiquèrent une paralysie de la corde vocale gauche qui les laissait perplexes. J'avais trente-deux ans. La souffrance psychologique que j'endurai tout en cherchant la cause de mon problème était presque intolérable et aggravait mon état de santé. Tous les examens étaient négatifs. Faute de trouver la véritable cause, les médecins finirent par blâmer un virus. Par la suite, je vécus dans la terreur : terreur de voir mon état empirer et de devoir subir d'autres examens, incertitude même quant à ma survie. Un an plus tard, je devins sourde de l'oreille gauche. Les médecins parlèrent de nouveau de virus.

À cette époque, j'étais grosse, je fumais comme une cheminée et jouissais d'une piètre forme physique. Cependant, ma *mauvaise* corde vocale et mon oreille déficiente me poussèrent dans la *bonne* direction. Je compris que je devais à tout prix trouver une façon de prolonger ma vie et d'améliorer ma santé si je voulais voir mes deux fils et ma petite fille toute neuve franchir le cap de l'âge adulte. Voir mes enfants grandir constitua toujours un point de référence dans mon esprit.

Je me mis à vivre au jour le jour, calmant ma peur chaque fois que je le pouvais en appréciant les bons côtés de ma vie : une famille adorable, des amis loyaux et une maison confortable. Au bout d'un an, ma voix s'améliora quelque peu bien que ma corde vocale demeurât paralysée et en dépit de ma surdité. Ma peur devint plus supportable quand je me concentrai sur mon nouveau but dans la vie, en l'occurrence perfectionner mon aptitude à décider par moi-même tout en aidant les autres à faire de même. Promouvoir les droits des femmes et apprendre à me guérir constituaient les éléments clés de cette quête.

Lorsque ma véritable croissance s'amorça, j'appris à vivre chaque journée plus pleinement car j'ignorais combien de temps il me restait à vivre. En vivant au jour le jour, je survivrais peut-être assez longtemps pour voir mes enfants grandir. « Un jour à la fois » devint le principe moteur de ma vie.

Le besoin d'expliquer mes symptômes physiques débilitants était si fort que nous en imputâmes la cause à des virus pendant quatre ans. En 1974, ayant retrouvé une meilleure forme physique et mentale, je me sentis capable de faire face à toute éventualité. Je me rappelle avoir pensé « Même si je devais subir une intervention chirurgicale au cerveau, je pourrais le supporter maintenant ». De nouveaux examens permirent enfin d'établir un diagnostic exact. Une biopsie effectuée à travers l'oreille gauche révéla la présence d'une tumeur rare et bénigne, de croissance lente. J'avais une *excroissance (*en anglais les termes « tumeur » et « croissance » peuvent être rendus par le même mot *growth*) dans la tête.

Aucune tumeur n'avait été découverte en 1970 (c'était avant les examens tomodensitométriques), mais cette année marque le début de ma croissance physique (tumeur), mentale, émotionnelle et spirituelle. En 1974, un neurochirurgien m'annonça qu'il jugeait la tumeur inopérable car une opération risquait d'endommager mon cerveau. La tumeur entourait plusieurs nerfs à l'endroit où ils quittaient le cerveau, près du tronc cérébral. Elle exerçait une pression sur les nerfs crâniens, ce qui affectait mon élocution et mon ouïe. Mais elle était bénigne, de croissance lente et assez petite pour que je puisse vivre avec elle. J'éprouvai un soulagement partiel à connaître enfin la vérité.

Une fois le diagnostic établi, il m'importait d'apprendre comment me guérir ou du moins empêcher la tumeur de grossir. Le corps médical ne me fut pas d'un grand secours, un médecin me recommandant sans grande conviction « d'essayer la radiothérapie peut-être ». Je refusai donc, persuadée que les radiations me feraient plus de mal que de bien. À la lumière de ce que j'ai appris depuis, je sais que c'était une décision avisée. *Si nous croyons qu'un traitement sera nocif, il a toutes les chances de l'être.*

Je me tournai plutôt vers les méthodes holistiques de guérison : régime alimentaire, exercice, prière, méditation,

rolfing, massage et chiropractie. J'explorai le reiki, la pola-
rité et d'autres modes de guérison énergétique. Je crois
bien avoir tout essayé. Pendant un an, je jeûnai une fois
par semaine, me contentant d'absorber des jus de fruit
frais afin de désintoxiquer mon corps. Ma santé s'améliora
de façon notable.

Les années passant sans que de nouveaux symptômes
apparaissent – je ne tins pas compte des indices bénins – je
me crus guérie. « La tumeur a sans doute fondu grâce à
mes jeûnes », me disais-je. Je refusai de passer un examen
tomodensitométrique (TDM) lorsque ce fut possible, pré-
férant peut-être l'ignorance extatique à la nouvelle d'une
tumeur inopérable. Quand un médecin me conseilla de
passer une radiographie pour vérifier l'état de la tumeur, je
faillis prendre mes jambes à mon cou. À quoi bon savoir
maintenant? Pour pouvoir passer à travers chaque journée, j'avais besoin de croire que la tumeur avait disparu. Je
croyais en ma croissance intérieure. J'étais en santé!

Outre mon autoguérison, je m'occupais de ma famille
et aidais les autres de diverses façons. Je me mis à donner
des cours sur les femmes à l'intention des femmes. Plus
tard, tout en poursuivant mes études et ma croissance personnelle, j'enseignai la communication, la méditation, la
métaphysique et la santé holistique tant aux hommes
qu'aux femmes.

En 1971, en ma qualité de présidente de la section
locale de la National Organization for Women, je donnai
une conférence sur la sexualité féminine. Munie d'un
diplôme en Sciences métaphysiques, je me lançai dans la
consultation privée. Mon travail a souvent changé de visage, mais la trame demeure la même : je suis une commu-
nicatrice, un catalyseur, une élévatrice de conscience et une
diffuseuse d'idées.

Peu de gens savaient que j'avais une tumeur. Dès l'apparition de mes premiers symptômes en 1970, j'eus l'impression de renaître. Sur le plan spirituel, j'étais métamor-

phosée, je pensais différemment, je voyais le monde avec un regard neuf. J'avais l'habitude de dire en blague : « Tous ces tests de diagnostic m'ont lavé le cerveau en détruisant un tas de vilains trucs. » D'une certaine manière, c'était vrai, ce n'était pas une blague. Je menais une vie meilleure, plus engagée et riche de signification. Je grandissais spirituellement – dans la foi et sur le plan humain – et m'éveillais à ma capacité d'aimer les autres et de les aider.

L'idée d'écrire un livre me vint en 1976 tandis que je préparais une maîtrise ès communications. À cette époque, je me sentais plutôt bien, j'avais retrouvé un poids normal, je prenais quotidiennement de l'exercice et j'avais cessé de fumer. Je parlais clairement avec une nouvelle voix mais demeurais sourde de l'oreille gauche.

Je m'inscrivis à un cours intitulé « Langage et communication », qui visait à « clarifier en quoi la parole, le langage et la pensée sont caractéristiques des êtres humains ». Comme je cherchais un sujet pour un travail de trimestre, mon attention fut attirée par le titre d'un article figurant sur la page couverture du *Co-Evolution Quarterly* : « Langage, pensée et maladie » par le docteur W. C. Ellerbroek. Le titre était suivi d'une citation : « L'acné peut résulter d'une image de soi inadéquate et être guéri par une bonne sémantique. » Le docteur Ellerbroek confirmait ce que j'étais en train de découvrir par moi-même.

Toutes ces années, je fus mon propre cobaye tandis que je cherchais des façons de me guérir moi-même. Je transmets aux autres ce que j'apprends en ma qualité d'éducatrice, de conseillère ou de guérisseuse. Écrire et parler sont deux manières de partager l'information. Tandis que je discutais de ces idées et distribuais des exemplaires de mon travail de trimestre autour de moi, mes idées faisaient du chemin. Le terme « pensée-semence » m'apparut un jour comme une manière pratique de désigner le lien entre notre langage et nos symptômes. Il reflète l'idée que les pensées ont une influence sur notre état physique et émotionnel, et peuvent provoquer les symptômes physiques de la maladie. Elles sont comme des graines que nous plantons dans notre tête et notre cœur et qui, en germant, engendrent le bien-être ou la maladie.

Un jour que je faisais une promenade, j'eus l'idée de présenter mes idées sur le langage et la guérison sous la forme d'un livre. J'avais toujours voulu écrire mais ignorais sur quoi : ce thème me convenait à merveille. Dès que j'en imaginai le titre, je reconnus ma mission et mon but dans la vie. Écrire devint partie intégrante de mon processus de guérison.

Je rédigeai une ébauche en 1983 et 1984. À cette époque, je présumais que la tumeur avait disparu ou du moins, qu'elle avait cessé de menacer mon bien-être. Depuis quatorze ans, aucun nouveau symptôme majeur n'était apparu. Ma voix s'était raffermie bien que parler beaucoup me fatiguât parfois. J'étais toujours sourde de l'oreille gauche, mais cela n'avait pas que des inconvénients : je pouvais entendre tout ce que voulais de l'oreille droite et faire littéralement la sourde oreille aux propos que je ne souhaitais pas entendre. Dormir sur le côté droit me procurait une tranquillité totale.

Écrire ce livre me permit de mieux me connaître. Je reconnus que mon corps exprimait mes émotions inconscientes. Je me souviens, par exemple, de la peur qui m'avait assaillie quand j'avais perdu la voix et l'ouïe. Je me demandai ce qui était venu en premier, la pensée « j'ai les nerfs à vif » ou la constriction des nerfs par la tumeur. Au début, je croyais que mes déficiences physiques étaient à l'origine de ma peur. Ma condition physique était – littéralement et symboliquement – *énervante*.

Aujourd'hui, avec du recul, je peux voir que *mon état physique m'amena à sentir les émotions et les peurs inconscientes qui résidaient déjà en moi*. Il me permit de voir que j'étais effrayée et de comprendre que cette émotion m'avait toujours habitée.

Lorsque nous extériorisons ainsi nos émotions inconscientes, les maladies graves provoquent souvent en nous
des changements profonds qui ouvrent la voie à une guérison émotionnelle et spirituelle. Perdre mon sang-froid –
ressentir mes peurs et mes phobies – me donna l'occasion
de voir ce qu'il me fallait affronter pour guérir mon âme.
Mes déficiences me donnèrent la foi dont j'avais besoin
pour passer au travers : la foi en mes capacités. Foi en mon
corps et en mon esprit. Foi en ma compréhension d'un
Dieu aimant que je voyais auparavant comme un Dieu à
craindre. Cette foi, alliée à des actions pertinentes, est
peut-être notre meilleure protection.

En août 1984, j'entendis parler de deux chirurgiens du
Connecticut qui détruisaient les tumeurs cérébrales au
moyen du laser. Dans l'éventualité peu probable où ma
tumeur était encore présente, je songeai que cette nouvelle
technique rendait une chirurgie possible. Je décidai de passer un examen TDM afin de prouver une fois pour toutes
que ma tumeur avait disparu. Mais je n'étais pas aussi sûre
de moi que je le laissais paraître. Craignant une mauvaise
nouvelle, je repoussai l'examen jusqu'au mois de novembre afin de pouvoir terminer la première ébauche de mon
livre. Je laissai à dessein un espace vierge dans le texte afin
d'y annoncer la disparition de ma tumeur.

En septembre, je ressentis un nouveau symptôme pour
la première fois en plusieurs années sous forme d'une pression qui affectait mon équilibre. J'étais littéralement
« poussée » à passer l'examen. J'appris par la suite que la
tumeur avait grossi et poussait sur le tronc cérébral. Lorsque je me levais après une longue station assise, j'éprouvais
un martèlement dans la tête et avais du mal à me redresser
jusqu'à ce que le liquide céphalo-rachidien s'adapte à ma
verticalité.

L'examen de novembre révéla que la tumeur était toujours là et qu'en fait, elle était devenue dangereuse. Je ne souffrais pas physiquement, mais les médecins m'annoncèrent

qu'il me restait moins de trois ans à vivre si on ne l'enlevait pas au moyen d'une intervention chirurgicale.

En février 1985, je subis une intervention qui dura huit heures au cours de laquelle on procéda à l'ablation complète de la tumeur. Ma convalescence fut rapide et je demeurai seulement quatre jours aux soins intensifs. Mais outre qu'elle poussait sur le tronc cérébral, la tumeur avait aussi endommagé les nerfs crâniens qui transmettent les messages neuraux aux muscles du corps. Je demeurai donc handicapée comme si j'avais été victime d'un accident vasculaire cérébral. Je pouvais à peine marcher et encore moins parler. Même si je pouvais penser clairement et connaissais les mots, ma voix était presque inaudible. J'avais du mal à déglutir ; je voyais double ; mon visage était affaissé d'un côté ; j'étais incapable de marcher seule ou de me tenir en équilibre. Tout mon côté gauche était affaibli et je dus me déplacer en fauteuil roulant pendant trois mois.

Heureusement, mon esprit, ma mémoire et mon intelligence demeuraient intacts. Je réussis à tenir un journal. Je pouvais écrire de la main droite (je suis droitière) et fermais un œil pour ne pas voir double. Tous les nerfs crâniens étaient intacts sauf celui qui gouvernait ma langue.

Mes médecins, ma famille et moi-même espérions que je recouvrerais la santé après l'opération et reprendrais ma vie comme avant. Au lieu de cela, je passai trois semaines à l'hôpital et quatre semaines dans un centre de réadaptation.

Dès mon retour à la maison, mes progrès s'accélérèrent et mon apparence s'améliora. Je retrouvai rapidement l'usage de mes muscles faciaux et appris à manger de presque tout malgré mes troubles de déglutition. Ma vision s'améliora après trois mois de sorte que je pus lire et regarder la télévision. L'essentiel, c'est que je pouvais me remettre au travail. Je recommençai à écrire et terminai enfin la révision de mon manuscrit.

Mon état général s'améliora, lentement ou rapidement, selon le point de vue où l'on se place. Pendant quelque temps, je marchai de la démarche hésitante d'un bambin ou d'un ivrogne. Je m'aide encore d'une canne quand je marche dans la forêt ou sur la neige ou la glace. J'éprouve de la difficulté à dactylographier car mon côté gauche souffre d'une mauvaise coordination. En 1987, je subis une autre intervention qui renforça ma voix en permettant à ma corde vocale droite de vibrer indépendamment de la gauche. Aujourd'hui, je peux conduire ma voiture et apprécie mon autonomie. À chaque jalon de ma guérison, je remercie Dieu et sens que Quelqu'un là-haut m'aime.

Je n'ai pas traversé que des épreuves. L'année qui suivit l'intervention chirurgicale, j'eus le temps de faire les choses que j'avais toujours voulu faire mais avais négligées – comme lire la Bible. J'eus la surprise d'y trouver les racines d'une grande part de mes croyances et des idées contenues dans le présent livre. J'étais soutenue par la foi des télé-évangélistes qui m'insufflaient l'espoir de guérir. Je pris le temps d'écouter différents éducateurs sur cassette et de méditer sur leurs paroles. Je vis que, tout ce temps, j'avais été guidée par un pouvoir supérieur. Je passais plusieurs heures chaque jour à parler à Dieu et à prier. Je redécouvris mes racines juives et avec elles, un désir renouvelé d'aimer et de servir l'humanité.

Je connus des moments de bonheur intense. Mon mari, ma sœur et mes enfants me soutenaient. Comprendre la profondeur de leur amour était un magnifique cadeau. L'amour et l'affection que me prodiguaient ma famille, mes amis et même des étrangers étaient incroyables. Un ami cher jeûna pour moi le jour de l'opération. De nombreuses personnes prièrent pour moi et je sentis leur amour dans mes moments les plus sombres. Avant l'opération, j'appelai quelques lignes téléphoniques de prière et demandai que l'on prie pour moi, un geste que je fais encore aujourd'hui. Forte de l'appui de ma famille et de ma relation personnelle avec Dieu, je me sentais en sécurité et protégée et j'étais persuadée que je passerais au travers.

Même s'il m'arrivait de m'apitoyer sur moi-même, je voyais aussi à quel point j'étais bénie de pouvoir exécuter certaines tâches avec facilité, comme de lacer mes chaussures. L'hôpital regorgeait de patients dont la situation était bien pire que la mienne. Je traversais une dure épreuve mais au moins le pronostic des médecins était positif. Comme le dit le vieil adage : « Je pleurais sur mon sort parce que je n'avais pas de chaussures puis j'ai rencontré un homme qui n'avait pas de pieds. » Le résultat de tout cela, c'est que je me suis aguerrie, je suis plus sereine et plus confiante. Si j'ai vécu un enfer après l'opération, je suis au ciel maintenant.

La croissance personnelle est un défi constant. Ma situation me donna l'occasion de surmonter ma frustration et d'évacuer ma peur, d'exercer ma foi, d'apprendre la confiance et la patience, et de m'abandonner à un pouvoir supérieur sage et aimant. Mes progrès semblaient très minimes au début. Mais mon mari m'avait dit il y a longtemps de cela : « Plus tu auras confiance, plus tu grandiras. » Avoir la foi, c'est véritablement croire sans preuve. Dans les moments où j'avais l'impression que la vie ne valait pas la peine d'être vécue, je puisai de la force dans cette semence de foi qui avait été plantée en moi. Même si ma foi est solide, je cherche toujours des preuves. Et celles-ci me viennent par bribes avec chaque changement subtil qui s'opère en moi. Mais la foi est venue en premier.

Tout au long de ma guérison, j'employai les outils que je décris dans ce livre, la visualisation, par exemple : chaque fois que le physiothérapeute m'enseignait une nouvelle manœuvre comme me tenir debout, je m'exerçais mentalement autant que physiquement. Ma physiothérapie se déroula sans heurts et je recouvrai rapidement ma force et mes capacités.

La guérison de mon système nerveux se poursuit depuis des années et mon pronostic demeure excellent. Dans le monde naturel ou physique, nul professionnel de la santé ne peut garantir le degré de guérison que j'atteindrai. Mais dans les domaines spirituel, métaphysique, surnaturel, Dieu me promet la guérison à travers Sa parole. Or comme on obtient généralement ce en quoi l'on croit, cette parole me soutient et j'ai foi en ma guérison complète. Je vous prie de me croire et d'être d'accord avec moi. En vertu de la loi spirituelle de l'harmonie, un extraordinaire pouvoir de guérison se trouve activé lorsque nous dirigeons notre foi commune sur un même objectif.

Ma maladie, ma paralysie, ma surdité et ma peur m'amenèrent à écrire ce livre dans la perspective de ma compréhension personnelle profonde. Je m'ouvre à ma guérison totale et permets que ma peur, mes déficiences, mon imperfection et mon fardeau cèdent le pas à la joie, à la dynamisation, à la perfection, à l'amour inconditionnel et au service. Je remercie Dieu et mes médecins de m'avoir sauvé la vie. Cela tient véritablement du miracle. Ce livre, qui porte sur les pensées, images et mots qui peuvent nous aider à guérir, se veut un témoignage de reconnaissance.

EXERCICE AUTODIDACTIQUE N° 1
Conscience de soi – c'est en forgeant qu'on devient forgeron

But : Cet exercice vous permettra de mieux vous connaître en vous aidant à reconnaître vos émotions et leurs incidences physiques sur vous. Commencez par lire les instructions en entier puis suivez-les en gardant les yeux fermés. Placez un stylo et un bloc à votre portée afin de prendre des notes après l'exercice. Trouvez un endroit où vous serez tranquille pendant quelques minutes. Détendez-vous puis mettez-vous à la tâche.

Rappelez-vous un moment où vous étiez vraiment bouleversé par une situation. Peut-être aviez-vous des réticences à faire face à votre tristesse ou à reconnaître votre colère ou vos sentiments blessés de crainte d'être amené à ressentir ou à faire une chose que vous refusiez de ressentir ou de faire. Quand on reconnaît et épanche ces émotions, le corps se détend et la santé s'améliore. Si vous êtes malade, le fait de voir vos symptômes comme des images peut vous amener à prendre les mesures qui s'imposent. Préparez-vous à ces moments en vous exerçant à observer ce que vous ressentez maintenant. Ne jugez pas et contentez-vous d'observer. Autrement dit, acceptez vos sentiments du moins pendant cet exercice-ci. Évitez de vous dénigrer.

Utilisez cette technique d'*observation de vous-même* chaque fois que vous éprouvez une douleur ou une tension physique ou émotive. Vous pouvez enregistrer les instructions ci-dessous sur une cassette ou demander à un ami de vous les lire. Faites une pause en laissant quelques instants de silence après chaque directive.

Instructions

1. Asseyez-vous ou allongez-vous dans une position confortable. Détendez-vous.

2. Dirigez ou concentrez votre attention sur diverses parties de votre corps, en commençant par les orteils et en remontant jusque sur le dessus de votre tête.

3. Décrivez pour vous-même vos sensations physiques et émotives du moment.

4. Observez les pensées qui vous traversent l'esprit.

5. Rappelez-vous un incident malheureux survenu autrefois et reprenez les étapes 2 à 4. Notez toute modification de vos pensées et sentiments depuis que vous pensez à cet incident. Faites une pause de quelques instants.

6. Cessez de penser à l'incident malheureux. Laissez-le aller complètement. Puis pensez à une autre situation qui vous a mis en colère. Répétez les étapes 2 à 4. Prenez conscience de toute modification de vos pensées et sentiments. Faites une pause de quelques instants.

7. Chassez de votre esprit ce souvenir fâcheux et pensez à autre chose.

8. Finalement, rappelez-vous un moment heureux et reprenez les quatre premières étapes. Remarquez de nouveau toute modification de vos pensées et sentiments. Observez une pause.

9. Souriez-vous à vous-même.

10. Ouvrez les yeux et revoyez ce que vous avez appris sur vous-même, vos émotions et votre corps pendant cette expérience d'observation. Il peut être utile de le consigner par écrit bien que ce ne soit pas essentiel au succès de l'exercice.

Pendant la journée, chaque fois que vous y pensez, vérifiez si vous sentez des tensions dans votre corps. Par exemple, observez vos mains. Sont-elles fermées ou ouvertes ? Et votre bouche – grincez-vous des dents ? Souriez-vous ? Ces vérifications fréquentes accroîtront votre conscience de soi. C'est en forgeant qu'on devient forgeron.

Cet exercice a l'avantage de vous rendre plus conscient de vos sentiments et de vous permettre d'identifier vos réactions typiques à ceux-ci. Cette lucidité vous donnera la *liberté de choisir vos actions futures au lieu de réagir de manière automatique comme le font bien des gens.* On est moins victime de ses émotions quand on est conscient de leurs effets sur soi.

Qu'est-ce qui est venu en premier,
l'œuf ou la poule?
Il s'est consumé de chagrin.

CHAPITRE 1

Perspectives sur la guérison

Il y a belle lurette que l'on reconnaît l'interrelation entre l'esprit, l'âme et le corps et son lien avec la santé. Pendant des siècles, on a tenu pour certain que l'on pouvait « mourir de chagrin ou de peur », qu'un amour non partagé pouvait « consumer » quelqu'un et la colère, rendre malade. Puis, au XIXe siècle, la théorie des germes attribua aux bactéries la cause des infections qui avaient tué tant de gens depuis des siècles. Malheureusement, la découverte du rôle des germes dans la maladie obscurcit la compréhension antérieure du lien entre les émotions et la santé.

Aujourd'hui, la médecine arrive à contrecarrer les effets des bactéries et de certains virus grâce aux vaccins, à une hygiène améliorée et à de puissants médicaments.

Pourtant ces derniers ne font rien pour guérir ou renouveler les tissus endommagés. En outre, la suppression des symptômes entraîne parfois la dégénération des cellules, un problème parfois plus grave que l'infection initiale.

Malgré cela, la plupart des médecins conventionnels (exception faite des psychiatres) ne tiennent pas compte du rôle de la pensée et des émotions dans l'éclosion et la guérison de la maladie. Les médecins traditionnels s'emploient surtout à supprimer ou à modifier les symptômes physiques désagréables au moyen de médicaments ou de la chirurgie. Néanmoins, il n'est pas rare que des symptômes différents viennent se substituer aux symptômes initiaux. La suppression des symptômes n'entraîne pas nécessairement la guérison.

Pourquoi certaines personnes tombent-elles malades en présence d'un virus ou d'une bactérie tandis que d'autres demeurent en santé même si elles sont exposées aux mêmes micro-organismes ? Même si l'on tient compte du fait que la fatigue, la faiblesse et les maladies antérieures affaiblissent la résistance d'une personne à l'infection, la théorie des germes n'apporte qu'une explication partielle à la maladie. Dans la médecine traditionnelle, chaque symptôme ou syndrome est considéré comme une entité distincte et l'on ne tient pas compte des liens émotionnels qui existent entre celui-ci et une maladie antérieure.

LA MÉDECINE HOLISTIQUE

Aujourd'hui, la médecine holistique contribue à la guérison du patient en considérant sa maladie sous une perspective *globale* qui prend en compte à la fois son corps, son esprit et son âme. Chacune de ces parties est un aspect de l'être humain et on ne peut faire abstraction de l'une d'elles si on veut obtenir une guérison complète. La médecine holistique puise à la fois dans les méthodes médicales orthodoxes et les thérapies parallèles pour traiter chacun de ces aspects. C'est ce que le docteur Robert Atkins appelle « la médecine complémentaire » dans son livre *Dr. Atkins' Health Revolution*. La médecine holistique est de plus en plus consciente du rôle que tient le langage dans la conversion des pensées et des émotions en symptômes physiques.

La médecine holistique n'écarte pas les bactéries, les virus ni les causes physiques de la maladie. Elle reconnaît plutôt l'existence de facteurs multiples, y compris certains facteurs traditionnels comme l'hérédité et l'environnement. Ces facteurs causals s'associent au pouvoir de la pensée et des émotions de nous prédisposer à la santé ou à la maladie.

Le pouvoir de l'esprit réside dans sa capacité de penser, de raisonner, de mémoriser et de créer des images. Avec notre attention consciente, nous choisissons les images et les pensées sur lesquelles nous voulons nous appesantir. Certaines images favorisent notre bien-être tandis que d'autres encouragent la maladie et la souffrance qui continuent de ravager l'humanité. De nos jours, un nombre croissant de médecins acceptent l'idée que les émotions ont une influence sur le corps tout en ignorant comment et pourquoi.

Tout bon médecin sait que votre monologue intérieur sur les événements de votre vie a des incidences profondes. Vos sentiments à l'égard des événements actuels et passés de votre vie de même que votre soliloque à leur sujet peuvent accentuer votre stress ou en amoindrir les effets. Les professionnels de la santé holistique prennent le temps de parler avec leurs patients, de les *écouter attentivement*, d'explorer la composante émotive de tous les symptômes qu'ils décrivent. Un médecin vraiment holistique comprend qu'épancher son cœur peut prévenir ou atténuer les symptômes physiques découlant d'une expérience affective.

Marvin Schweitzer, un membre clé de mon équipe personnelle d'auxiliaires guérisseurs, est naturopathe et il exerce sa profession à Norwalk, dans le Connecticut. Un naturopathe suit une formation de plusieurs années semblable à celle d'un médecin, sauf qu'au lieu des médicaments, il apprend à utiliser des ingrédients naturels comme les aliments et les herbes – les remèdes de la nature. Marvin Schweitzer structure son travail de manière à avoir suffisamment de *temps* pour apprendre à connaître ses patients. « Je ne comprends pas pourquoi tous les médecins n'exercent pas leur métier de cette façon, m'a-t-il dit. C'est tellement gratifiant.

« La qualité de vie d'une personne ne dépend pas uniquement de sa santé du moment mais aussi de son attitude envers la maladie – envers les circonstances de sa vie quelles qu'elles soient. Deux personnes peuvent souffrir de la même maladie et pourtant la vie de l'une sera un enfer tandis que celle de l'autre sera remplie de joie. Quand une personne jouit pleinement et joyeusement de la vie malgré les épreuves qu'elle traverse, cela m'ouvre le cœur. Cette personne m'inspire et devient mon maître. »

SE PURIFIER POUR GUÉRIR

La pollution peut être vue comme un dénominateur commun de la plupart des maladies : pollution du corps par des déchets toxiques et pollution de l'esprit par des pensées négatives. Ces deux formes de pollution peuvent entraîner la dépression, la colère, le ressentiment et ainsi de suite. La pollution *digestive* découle de l'ingestion d'aliments nocifs ou de la suralimentation en général. La pollution *environnementale* impose un stress au corps physique et affaiblit sa résistance. La pollution *langagière* est engendrée par des paroles négatives et des pensées dominées par la peur qui créent un stress nocif. En général, toutes ces formes de pollution jouent un rôle dans la maladie. Tout ce qui n'est pas en harmonie avec le corps le pollue. *Notre guérison dépend de la purification de ces polluants.*

Le repos, la fièvre ou le jeûne peuvent nous débarrasser de la plupart des polluants digestifs et environnementaux.

Après avoir débarrassé notre corps des substances infectieuses ou toxiques, l'étape suivante consiste à modifier nos modèles de pensée et les facteurs émotifs de stress qui donnent une prise aux bactéries. Le jeûne mental et affectif – le fait de nourrir des pensées qui n'invitent pas les germes – contribue à la santé du corps.

Si vous lui en donnez la chance, votre corps a le pouvoir de détruire les agents qui favorisent la maladie. La chaleur de la fièvre active les anticorps des systèmes sanguin et lymphatique capables de repousser l'infection. Les symptômes comme la fièvre, l'enflure et les écoulements sont les moyens mêmes qu'utilise le corps pour se guérir. Leur suppression peut freiner le processus de guérison profonde. En revanche, le fait d'écouter le message contenu dans la maladie et d'agir en conséquence donne au corps la chance de se guérir en faisant appel à ses propres systèmes de défense. Cette forme d'autoguérison a souvent pour effet de renforcer la résistance du corps à la maladie.

À l'heure actuelle, nous sommes experts dans l'art d'éliminer les symptômes de la maladie au moyen des médicaments et de la chirurgie. Mais peu de gens savent comment se servir de leurs pensées pour guérir leur corps physique. Le commun des mortels ne conçoit même pas qu'il puisse être la cause de sa maladie ou guérir celle-ci en modifiant ses modèles de pensée négatifs et ses comportements autodestructeurs. Ce ne sont pas là des aptitudes qu'on nous enseigne. Pourtant elles peuvent nous aider à débarrasser nos esprits de la pollution langagière.

Bien des malades se sentent à l'aise dans le rôle de victime. Ils comptent sur leur médecin pour améliorer leur état. Pour beaucoup, il paraît plus simple d'avaler un médicament que d'accepter l'idée que l'on peut se guérir soi-même. Mais comme les chercheurs reconnaissent de plus en plus les effets secondaires toxiques de nombreux médicaments, la prudence commande que l'on se tourne vers des techniques moins envahissantes, plus naturelles et souvent moins onéreuses. La responsabilité du médecin consiste à utiliser ses connaissances pour vous aider à vous aider vous-même. Mais la responsabilité ultime de votre guérison repose entre vos mains. À vous de décider si vous voulez vous prévaloir des moyens qui existent.

LA PSYCHOSOMATIQUE

Au tournant du siècle, Sir William Osler, un géant de la médecine, devint le précurseur de la médecine psychosomatique en déclarant : « Le traitement de la tuberculose dépend davantage de ce qui se passe dans la tête du patient que dans ses poumons. »

La médecine psychosomatique (qui prend en compte tant les aspects physiologiques que psychologiques) reconnaît le rôle des pensées et des affects dans la maladie. Toutefois, quand elle commença à se populariser, l'étiquette « maladie psychosomatique » parut peu flatteuse à bien des gens pour qui elle en vint à signifier « uniquement dans la tête » ou imaginaire. Désormais, cette expression remplaçait « hypocondriaque » dans le jargon médical. Elle sous-entendait que les symptômes du patient étaient inventés de toute pièce. Certaines personnes se croyaient même devenues folles quand on prétendait que leurs symptômes étaient imaginaires. Pour beaucoup, toute allusion au « mental » dans le cas d'une maladie équivalait à « folie ». On redoutait d'entendre son médecin dire « Cela existe uniquement dans votre tête ».

En réalité, la maladie n'existe pas « uniquement dans la tête », mais elle est un *produit de l'esprit*. Les causes mentales et affectives de la maladie provoquent des effets physiques véritables. Quand vous êtes souffrant, vos sensations sont réelles peu importe la cause.

Autrefois, la médecine psychosomatique laissait souvent croire que certaines maladies étaient réelles et d'autres non. Une « vraie » maladie s'accompagnait de changements ou de lésions physiques ou organiques. En conséquence, toute maladie « imaginaire » – c'est-à-dire non physique – existait *uniquement* dans la tête du patient. La médecine holistique a modifié cette idée en reconnaissant que l'on éprouve dans le corps des sensations réelles qui résultent d'un état mental.

Parfois le corps réagit sans que l'on éprouve nécessairement des sensations physiques. L'hypertension artérielle en est un exemple. Vous réagissez physiquement à des tensions d'ordre affectif mais ne prenez conscience de cette réaction physique qu'après avoir fait mesurer votre pression.

Toute émotion triste ou gaie entraîne une réaction physiologique. Rien n'existe *uniquement dans la tête*. Il y a la composante mentale de vos sentiments et la réaction physique de votre corps.

Joan Borysenko détient un Ph. D. ès biologie cellulaire de la faculté de médecine de l'Université Harvard et elle est co-fondatrice de la clinique corps-esprit de l'hôpital Beth Israel à Boston. Mme Borysenko s'intéresse particulièrement à l'effet des pensées sur le système immunitaire. Dans son livre intitulé *Penser le corps, panser l'esprit*, elle écrit à propos des neuropeptides (ces messagers hormonaux) : « Il existe un système de communication bilatérale riche et complexe entre l'esprit, le système immunitaire et potentiellement tous les autres systèmes, une voie à travers laquelle nos émotions – nos espoirs et nos peurs – peuvent entraver la capacité du corps de se défendre.

« Dans les expériences menées en laboratoire, nous avons appris que le stress, qu'il soit aigu ou chronique, libère toute une gamme d'hormones qui nous fournissent rapidement l'énergie nécessaire. Deux de ces hormones, l'adrénaline et le cortisol, sont aussi des inhibiteurs puissants du système immunitaire[1]. »

Dans une étude que Joan Borysenko réalisa avec son mari, le docteur Myrin Borysenko, immunologiste, et les docteurs Bruce Crary et Herbert Benson, on injecta à des volontaires une dose infime d'adrénaline, suffisante pour produire la même réaction que si un bruit soudain les faisait sursauter. Des analyses sanguines révélèrent un déclin immédiat des lymphocytes, les cellules assistantes qui accroissent la réponse du système immunitaire. Cela démontre l'effet immédiat de la peur sur le corps au niveau cellulaire.

Dans une autre étude portant, cette fois, sur des étudiants en art dentaire, Joan Borysenko, son mari et des collègues découvrirent « que le stress engendré par la période d'examen réduit le taux d'un anticorps particulier présent dans la salive, qui entre dans la première ligne de défense contre le rhume. C'est donc en période d'examen que les étudiants sont le plus sujets au rhume[2]. » Après avoir soumis les sujets à une évaluation psychologique, ils conclurent en outre que chez les étudiants plus détendus, cette réduction était *inférieure* à celle de leurs camarades. Joan Borysenko fait remarquer que des études réalisées par des médecins de l'Université d'État de l'Ohio confirment que le stress engendré par les examens diminue l'efficacité des lymphocytes dont le rôle est de détruire les cellules infectées par un virus et les cellules cancéreuses.

Elle écrit : « La maladie, toutefois, peut rarement se résumer à un simple cas isolé de cause à effet. Si le stress et le sentiment d'impuissance peuvent affaiblir le système immunitaire, il est évident que nous ne tombons pas malades chaque fois que nous subissons un stress. Il est beaucoup plus raisonnable de considérer le stress comme l'un des nombreux facteurs qui peuvent faire pencher la balance en faveur de la maladie. »

Norman Cousins, auteur bien connu de *La volonté de guérir*, raconte comment il se guérit d'une collagénose, une maladie soi-disant incurable reliée au stress, grâce au rire. En riant de bon cœur devant des films mettant en vedette ses comédiens préférés, il arrivait à dormir sans douleur et sans médicament et se rétablit complètement. La science a appris depuis lors que l'amour, le rire (le « jogging intérieur » comme l'appelle Cousins) et d'autres émotions et actions positives rallient les défenses naturelles du corps contre le stress, la douleur et la maladie. Rire de blagues, de la condition humaine et de soi-même est le gage d'une vie longue et heureuse.

Reconnaissant que la volonté de vivre, l'aptitude au bonheur et la confiance en soi sont des ingrédients importants de la santé globale et non des solutions de rechange à la médecine conventionnelle, Cousins écrivait récemment : « Le médecin avisé privilégie une participation responsable des patients à une stratégie médicale globale... Il existe suffisamment de répétitions de recherches englobant des études contrôlées pour souligner un fait prédominant : à savoir que le médecin dispose d'une ressource fondamentale dans la pharmacopée intérieure du patient, surtout lorsqu'elle est associée à une ordonnance[3]. »

Vos pensées, vos peurs et vos émotions provoquent souvent des réactions physiques décelables même si vous n'êtes presque jamais conscient de ce lien ni ne le contrôlez consciemment. Les incidences de cette découverte sont stupéfiantes : *si vous provoquez vous-même votre maladie, vous avez aussi le pouvoir de la modifier et même de l'éliminer.* Souvent la maladie nous oblige à modifier nos pensées négatives, nos comportements futiles et nos ressentiments. Grâce au pouvoir de votre *esprit*, vous pouvez contrôler la *matière* qu'est votre corps. À l'aide d'une pharmacopée de plus de cinquante hormones qui sont produites dans votre cerveau et stimulent les divers organes de votre corps, votre esprit exerce une influence réelle sur la matière. Tout ce qui nuit à la production et à la diffusion de ces hormones a des répercussions sur le corps.

LE DUALISME LINGUISTIQUE

De même que *nez* et *pouce* désignent deux parties d'un même corps, les termes *esprit* et *corps* représentent deux aspects d'une même entité. Chacune de vos émotions et pensées est aussi un événement physique. Bien que le corps et l'esprit soient inséparables, les dictionnaires définissent souvent des termes comme « esprit » et « corps », « mental » et « physique », et « psychique » et « somatique » comme des antonymes ou des contraires. En fait, ils sont fonction- nellement inséparables.

Le docteur David Graham de la faculté de médecine de l'Université du Wisconsin a forgé l'expression *dualisme linguistique* pour désigner la terminologie qui oppose l'esprit au corps. « Cette distinction est pratique, dit-il, mais il ne faut pas oublier qu'elle n'est rien de plus qu'une commodité linguistique. En fait, elle est tout à fait con- traire à notre fonctionnement réel[4]. » De même que l'eau et la terre se chevauchent sur le rivage, le corps et l'esprit possèdent de nombreux points d'intersection. La rivière et les cours d'eau coulent au-dessus et au-dessous de la terre jusqu'à ce qu'ils fusionnent et trouvent leur pleine expres- sion dans la mer. De même, les émotions et les pensées s'expriment souvent dans le corps physique.

Les termes « psychologique » et « physique » et leurs synonymes sont des *manières différentes de parler de la même chose*. L'acné, par exemple, possède une com- posante physique : rougeurs cutanées, éruptions contenant des toxines et sensations douloureuses. Selon sa gravité, elle peut susciter de la honte ou de la gêne chez le sujet atteint qui croit que son visage est laid et craint le rejet. L'acné possède aussi une composante psychologique : elle peut *causer* la dépression ou *résulter* d'une dépression.

Certaines personnes réagissent tout autrement et s'ac- commodent de cette affection, persuadées que le corps élimine ainsi ses déchets à travers la peau. D'autres encore croient que l'acné est un produit inévitable de l'adoles- cence et qu'elle disparaîtra avec le temps. On peut donc considérer toute maladie sous différentes optiques qui englobent tant ses aspects physiques que ses aspects psychologiques. L'événement « acné» est une expérience multidimensionnelle.

Le corps médical encourage la division corps-esprit en ne tenant pas compte des pensées dans le traitement des symptômes physiques. D'une manière peu naturelle, il divise le corps en parties et organes, minant implicitement la réalité que chaque partie du corps, chaque organe influe sur les autres. Les médecins en général et les spécialistes de chaque domaine nous apportent d'énormes bienfaits et leur contribution ne doit pas être amoindrie. Mais les spécialistes sont souvent limités parce qu'ils voient leurs patients comme une série de parties à guérir plutôt que comme des êtres humains entiers. En oubliant les liens affectifs et mentaux du corps, ils reconnaissent rarement le rôle créateur de l'esprit dans toutes les maladies physiques.

Quand nous avons commencé à définir les parties du corps selon leur fonction – le cœur est une pompe, l'estomac est un sac, l'ouïe résulte de la vibration de certains os dans la tête, les muscles sont des poulies –, nous avons oublié que l'humain était plus grand que la somme de ses parties et cessé de le comprendre dans sa totalité. Il est important de saisir le fonctionnement de chaque partie, mais on perd quelque chose de précieux en cours de route.

Dans *The Body Is The Hero*, le docteur Ronald J. Glasser écrit : « Nous savons, même si nos chirurgiens et nos internistes l'ignorent, que nous sommes connectés avec notre corps, que lorsque la surprise nous coupe le souffle, que l'inquiétude nous tord les boyaux et que l'anxiété nous épuise, cela fait autant partie de la maladie que les bactéries, virus et auto-antigènes qui nous agressent, et que ces symptômes sont parfois aussi débilitants et aussi fatals même[5]. » Pour guérir un patient totalement, il faut le traiter en entier, son intellect et ses émotions autant que son corps.

Certaines cultures continuent de reconnaître que toutes les parties de l'humain sont impliquées dans le processus de la maladie. Les chamans traitent à la fois l'esprit et le corps. À l'aide de potions et d'incantations, ils travaillent aux niveaux physique et spirituel. Les rituels préparent l'esprit à la réalité d'une guérison imminente et chassent la négativité. Les chamans et certains guérisseurs modernes savent fort bien qu'un intellect qui croit en la possibilité d'une guérison permet à celle-ci de s'amorcer et de progresser plus facilement jusqu'à son terme.

ESPRIT OUVERT, ESPRIT ENTIER

À l'époque où le cancer était considéré comme une condamnation à mort, le patient perdait souvent tout espoir de guérir. Aujourd'hui, cette certitude s'est modifiée et les patients atteints de cancer conservent un espoir. À l'heure actuelle, presque tout le monde considère le sida comme une maladie incurable, en dépit de la preuve croissante du contraire. Carolyn Reuben écrivait récemment dans le *East West Journal* que de nombreux patients atteints du sida demeurent en rémission et vivent beaucoup plus longtemps que ce à quoi leurs médecins s'attendaient. Cependant, ils en parlent rarement parce que, de dire Mme Reuben, « notre société croit si fort qu'ils mourront que s'ils déclarent être en rémission, tous ceux qui ne les croient pas et pensent que ce répit est temporaire et qu'ils sont voués à une mort prochaine, projettent cette forme-pensée vers eux. Il faut vraiment qu'ils soient solides[6]. »

Une meilleure connaissance des patients atteints du sida qui survivent plus longtemps que prévu peut sauver des vies en insufflant de l'espoir à d'autres patients. De nombreux patients atteints du cancer renforcent leur système immunitaire grâce à des techniques comme la visualisation et la méditation. Il n'est pas illogique de penser que les patients atteints du sida peuvent s'aider à survivre si on leur donne le bon stimulant : la croyance en leur propre survie.

Dernièrement, plusieurs patients qui ont dépassé de plusieurs années leur espérance de vie étaient interviewés à la télévision. Tous ont « modifié leurs modèles de pensée » dans le cadre du processus de guérison. Une femme raconta que trois ans plus tôt, elle avait découvert qu'elle était atteinte du para-sida. Aujourd'hui, elle se porte comme un charme et ne présente aucun signe de maladie ; les analyses ont prouvé qu'elle s'était débarrassée du virus du sida. Enfin, en mars 1989, le *Brain/Mind Bulletin* publiait un article sur un congrès sur le sida au cours duquel dix survivants avaient pris la parole. On ne meurt pas inévitablement du sida. Il ne faut jamais cesser d'espérer.

Les mots et les pensées ne peuvent à eux seuls provoquer la maladie. Mais les pensées nous influencent en déclenchant des réactions physiologiques qui entraînent des changements chimiques, hormonaux, neurologiques et musculaires. Les appareils d'autorégulation biologique démontrent l'action des pensées et des émotions sur le corps en prouvant, par exemple, qu'il suffit de penser à une action pour que les muscles entrent en activité. Parmi les nombreux outils d'autorégulation biologique qui peuvent nous aider à reconnaître les réactions de notre corps, mentionnons les *thermomètres*, qui mesurent la température corporelle ; les *tensiomètres*, qui mesurent la tension artérielle ; et les *électromyographes* (EMG), qui servent à mesurer les courants électriques associés à l'action musculaire et, par conséquent, à la relaxation physiologique. Un avertisseur placé sur le EMG indique au sujet que certains muscles sont trop tendus. Utilisé pour rééduquer les réactions du corps, l'EMG est un outil puissant qui aide à relâcher le stress et à mieux se connaître.

Avant d'étudier la rétroaction biologique, je ne m'étais pas rendu compte à quel point j'étais tendue quand on prenait ma tension artérielle. Je fermais les yeux et retenais mon souffle, et mes efforts pour me détendre produisaient souvent l'effet contraire. Cela me saute aux yeux aujourd'hui, mais à l'époque, j'étais persuadée que je me détendais. Pour me rééduquer, un psychologue m'enseigna la technique du relâchement musculaire progressif, que j'explique plus loin dans ce chapitre-ci. Quand je réussissais à faire taire l'avertisseur, l'EMG confirmait avec objectivité le degré de relaxation que j'éprouvais subjectivement.

LA PENSÉE INFLUE SUR LA PHYSIOLOGIE

Le physicien et psychologue Buryl Payne, Ph.D., écrit :

> *Nous savons que les pensées engendrées dans le cerveau activent les sécrétions hormonales et stimulent d'autres centres nerveux du corps. Les pensées, codées sous forme d'impulsions neurales, voyagent le long des axones et activent les muscles et les glandes un peu comme les messages téléphoniques voyagent dans les fils sous forme de signaux électriques. Les expériences menées avec le RPG, un appareil d'autorégulation biologique qui se fixe aux doigts et aux orteils et sert à mesurer les réflexes psychogalvaniques, démontrent clairement que l'activité mentale se rend jusqu'aux extrémités du corps.*
>
> *À l'aide d'électromyographes sensibles, nous pouvons montrer que les muscles sont activés quand nous pensons à une action ou une émotion, malgré l'absence d'un mouvement visible. Bien que l'on ignore comment les pensées se forment dans le cerveau, il semble clair qu'une fois présentes, elles sont amplifiées par le cerveau et traduites en actions. Chacune de nos pensées influe sur des millions d'atomes, de molécules et de cellules dans tout le corps. Outre cet effet direct sur le corps physique, les principes généraux de la physique nous apprennent que toute accélération des électrons produit une radiation électromagnétique[7].*

Les effets des émotions fortes sur le corps humain sont amplement documentés dans la littérature médicale. Les émotions violentes sont déclenchées par des expériences ou des événements bouleversants. Les émotions sont réelles, primales, instinctives – sentiments vifs déclenchés par des événements et des expériences et parfois par la seule pensée. En général, nos pensées tentent de donner un sens à nos émotions. La qualité de nos pensées détermine notre aptitude à faire face à nos états affectifs ainsi que notre bien-être ou mal-être. On peut littéralement « mourir de peur ».

Norman Cousins cite une étude, signalée par George Engel, portant sur le décès de personnes ayant reçu une nouvelle consternante. Dans cette étude, 27 p. 100 des personnes qui sont décédées sous le coup d'un choc émotionnel avaient affronté un danger personnel « grave » (allusion au mot anglais *grave* qui signifie *tombe*). Engel cite à son tour une autre étude, menée par J. C. Barker, qui fait état de quarante-deux décès subits chez des personnes soumises à une vive frayeur. De commenter Cousins : « Tant le folklore que la science médicale acceptent la réalité d'une mort subite attribuable à des causes affectives. Le folklore prend note du fait ; la science médicale comprend ce qui se passe à l'intérieur du corps pour provoquer celle-ci. » Apparemment, un choc brusque peut déclencher un battement cardiaque dangereusement rapide et irrégulier connu sous le nom de fibrillation. Cousins assure que « rien n'est plus essentiel au traitement d'une maladie grave que de prévenir l'affolement et les appréhensions du patient[8] ».

Le chagrin aussi est une puissante force émotive. Une personne peut littéralement « avoir le cœur brisé » et en mourir. James J. Lynch, directeur scientifique de la clinique psychosomatique de la faculté de médecine de l'Université du Maryland, dit à propos des effets de la sympathie humaine sur la santé : « Le "cœur brisé" n'est pas seulement une expression poétique pour désigner la solitude et le désespoir – il est aussi une réalité médicale. Dans notre société fragmentée, l'absence de camaraderie humaine – la solitude chronique et l'isolement social de même que la perte subite d'êtres chers – est l'une des principales causes des décès prématurés. Et si l'absence de sympathie humaine est reliée à pratiquement toutes les maladies graves depuis le cancer et la tuberculose jusqu'à la maladie mentale, ce lien est particulièrement marqué dans le cas des maladies cardiaques, le principal tueur dans notre pays. Chaque année des millions de personnes meurent d'isolement ou, littéralement, d'avoir le cœur brisé[9]. »

Les émotions fortes, qui sont souvent déclenchées par la pensée, peuvent entraîner des changements physiologiques qui constituent un terrain fertile pour la maladie. Le psychiatre Andrew Weil, lors d'une interview qu'il donnait en 1987 à la télévision, affirmait : « Les pensées désordonnées peuvent dérégler la chimie du cerveau. » Plus vous prendrez conscience des pensées nocives telles que « cette situation me rend malade » ou même « je meurs de peur », mieux vous discernerez les liens entre votre langage et la maladie. Cette lucidité accrue vous permettra d'éliminer ces pensées et de *sentir* par vous-même si votre niveau de bien-être s'est modifié.

Dans *Superimmunity,* Paul Pearsall rapporte les résultats d'une étude réalisée par les docteurs Elmer et Alyce Green et portant sur quatre cents cas de rémission spontanée du cancer. Il définit la rémission spontanée comme « la disparition soudaine de la maladie sans que l'on sache pourquoi et sans que l'on fasse quoi que ce soit pour l'éliminer ». Les Green « découvrirent un seul dénominateur commun à tous les cas examinés. Tous les patients avaient modifié leur attitude avant la rémission et, en quelque sorte, avaient repris espoir et voyaient leur maladie avec un regard plus serein[10]. »

Pearsall écrit : « Je suis sidéré de voir que les médecins oublient parfois que bombarder le système avec des substances chimiques mortelles pour le cancer a aussi un effet sur nos émotions et qu'il se produit aussi des rémissions spontanées pendant ces traitements. Les études sur le succès de la radio et de la chimiothérapie tiennent rarement compte des changements d'attitude et de croyances des patients soumis à ces traitements. Il semble tout aussi plausible que les gens modifient leurs croyances quand un médecin encourageant en qui ils ont confiance – et qui, dans ce cas, joue le rôle d'un chaman ou d'un guérisseur – leur administre un élixir magique sous forme de médicaments puissants ou de machines bourdonnantes qui modifient non seulement leur biologie cellulaire mais encore leur psychologie personnelle. »

Plus on connaît le pouvoir de la pensée, plus les chercheurs s'intéressent au rôle qu'elle tient dans la guérison. Peut-être trouvera-t-on le remède au cancer et au sida dans les croyances des patients autant que dans des drogues plus puissantes. L'approche holistique, qui prend en compte tant la psychologie du patient que la technologie médicale, semble la plus avisée dans le cas de toute maladie grave. Certes, il faut continuer à chercher des médicaments susceptibles de contribuer à la guérison ainsi que des techniques psychologiques nouvelles et plus efficaces. C'est alors seulement que le logiciel qu'est l'esprit pourra servir à élargir les capacités du matériel de traitement de l'information qu'est le corps.

EXERCICE AUTODIDACTIQUE N° 2
Le relâchement musculaire progressif

But : Vous aider à mieux sentir les différentes parties de votre corps et à vous détendre physiquement.

Pendant mon apprentissage par rétroaction biologique, je me suis rendu compte que j'ignorais le degré de tension de certaines parties de mon corps parce que je faisais rarement la différence entre un muscle contracté et un muscle détendu. Au début, mes muscles tendus ne répondaient pas à ma volonté consciente. Les muscles contractés de façon chronique reflètent un modèle de réaction usuel dont on n'est généralement pas conscient. En s'exerçant à contracter et à décontracter ce muscle, on finit par le sentir mieux et par pouvoir relâcher la tension plus facilement.

Le relâchement musculaire progressif est un exercice qui vise à éliminer le stress et à détendre votre corps. Il consiste à contracter et à relâcher les différents muscles de votre corps. Vous pouvez garder les yeux ouverts ou fermés, encore qu'il soit plus facile de tourner son attention vers l'intérieur avec les yeux fermés.

Instructions

1. Asseyez-vous dans un fauteuil ou allongez-vous par terre dans une position détendue.

2. Serrez le poing droit.

3. Observez les sensations dans votre main, votre bras, votre épaule ou toute autre partie de votre corps pendant quelques secondes.

4. Ouvrez le poing et détendez votre main.

5. Remarquez les différentes sensations produites par votre poing fermé et votre main ouverte.

6. Répétez ce processus plusieurs fois.

7. Contractez vos abdominaux. Observez les sensations que vous éprouvez dans le ventre et dans le reste de votre corps.

8. Relâchez vos abdominaux et notez ce que vous ressentez. Contractez-les et relâchez-les à quelques reprises.

9. Contractez les fessiers. Observez les sensations ainsi produites. Puis relâchez les muscles de vos fesses et observez vos sensations.

10. Contractez les muscles de votre tête y compris ceux des yeux, du front, des joues et du menton. Quelle sensation produit la contraction de chacun de ces muscles ? Relâchez-les et observez les différentes sensations produites.

Lorsque cette technique de contraction et de relâchement vous sera plus familière, vous pourrez isoler la partie du corps avec laquelle vous désirez travailler. Prêtez une attention particulière à la tête, au cou et au ventre. Il faut une vingtaine de minutes par séance pour maîtriser la technique. À la fin de chaque séance, cessez de vous contracter activement et contentez-vous d'*imaginer* que vous serrez le poing. Ne le faites pas. *Pensez-y* seulement. Observez si vous êtes toujours détendu. Après plusieurs semaines, vous serez moins tendu. Vous découvrirez peut-être dans *quelle* partie de votre corps vous retenez la tension. Là où la tension est chronique, il se peut que vous ne sentiez pas vos muscles tant que vous n'aurez pas commencé à les détendre.

EXERCICE AUTODIDACTIQUE N° 3
Le pendule

But : Observer l'effet d'une pensée sur votre corps.

L'expérience suivante permet de vérifier l'effet des pensées sur le corps. Si vous ne possédez pas de pendule, fabriquez-en un en vous servant d'un collier orné d'un pendentif ou en fixant un poids (comme une bague) à une ficelle. Asseyez-vous dans une position détendue et appuyez le coude du bras qui tient le pendule sur une table. Imaginez que le pendule bouge mais ne le faites pas bouger avec votre bras. Dites-vous que vous *voulez* que le pendule oscille. Vous pouvez lui suggérer une direction (latéralement, de l'avant à l'arrière ou en diagonale) mais ce n'est pas absolument nécessaire. Le fait de tenir le pendule sans tenter de lui imprimer quelque mouvement que ce soit lui permet de bouger de lui-même.

Gardez les yeux fermés jusqu'à ce que vous ayez l'impression de sentir le pendule bouger – puis jetez un coup d'œil. Vous serez étonné de voir que vos pensées font osciller le pendule même quand vous gardez votre main immobile. Cela indique qu'un infime mécanisme neuromusculaire gouverné par le subconscient entre en action, un mécanisme si subtil que nous n'en sommes pas conscients pour la plupart.

EXERCICE AUTODIDACTIQUE N° 4
Cultiver la paix intérieure
et harmoniser ses pensées

But : Déterminer de quelle manière et jusqu'à quel point vos pensées influent sur vos émotions et votre corps. Cet exercice vous habitue à observer et à laisser aller vos pensées et obsessions malsaines.

Remarquez quels types de pensée accroissent votre sensation de bien-être et dans quelles circonstances elles se forment. Le commun des mortels est visité par des milliers de pensées chaque jour, certaines positives : espoirs, rêves, souvenirs de moments heureux, tendres sentiments et ainsi de suite ; certaines négatives : soucis, jalousie, insécurité, colère, envie de choses interdites.

Certaines personnes croient qu'il faut accepter ses pensées négatives. En un sens, c'est vrai. On peut apprendre

beaucoup sur soi en observant ses pensées soi-disant négatives. Mais il faut aussi pouvoir les laisser aller. Ce sont nos
jugements qui leur confèrent un caractère positif ou négatif.

Il arrive que nous ruminions sans arrêt une expérience.
Nous nous appesantissons sur elle à tel point que notre vie
stagne. Pour retrouver votre sérénité, vous devez apprendre
à penser à autre chose, à ne plus faire du sur-place mental.
Vous pouvez choisir vos pensées. Si une pensée non désirée
surgit spontanément dans votre esprit, vous pouvez vous en
débarrasser en la remplaçant par une autre de votre choix.
*L'esprit peut seulement entretenir une pensée complète à la
fois.* Après quelque temps, vous pourrez facilement remplacer vos pensées négatives par des pensées positives.

Instructions

1. Pendant les prochains jours, arrêtez-vous à plusieurs
   reprises pendant la journée pour observer vos pensées.
   Soyez objectif. Remarquez si elles sont utiles ou
   nocives. Décidez si elles sont positives ou négatives.

2. Si une pensée non désirée se forme dans votre esprit et
   que vous voulez la chasser et retrouver la paix, cessez
   vos activités du moment.

3. Inspirez profondément et lentement pour inonder votre
   système d'oxygène, ce qui abaissera votre niveau
   d'anxiété. Observez votre souffle. Vous atteindrez bientôt un état de détente *alpha*, qui indique que vos ondes
   cérébrales sont passées d'un rythme alerte *bêta* à un
   rythme détendu *alpha*.

4. Imaginez une scène agréable : un lac de montagne, une
   plage, votre endroit préféré pour vous détendre, ou
   pensez à un événement imminent que vous anticipez
   avec plaisir.

5. Faites cet exercice à plusieurs reprises pendant la journée jusqu'à ce que vous notiez une diminution de vos pensées malsaines.

La parole est d'argent et le silence est d'or.

CHAPITRE 2

Notre manière de parler
de la maladie

James Lance, dans le livre *Headache : Understanding Alleviation*, nous fournit un exemple poignant de la réaction du corps aux mots. « L'expression dramatique *coup de fouet cervical* évoque l'image du cou du patient qui claque comme un fouet, une image frappante qui, la plupart du temps, n'est pas justifiée par les circonstances. L'usage même de cette expression pourrait bien inciter le patient à rentrer le cou comme une tortue, ce qui aurait pour effet de contracter ses muscles de façon continue lui causant ainsi de puissants maux de tête et à juste titre[1]. »

LES NOMS SONT DES SYMBOLES
QUI ÉVOQUENT DES IMAGES

Le pouvoir d'un nom réside dans sa capacité d'évoquer une image. Prononcez le nom d'un être cher et cela suffit pour déclencher en vous toute une gamme d'émotions, de pensées et d'images – souvent contradictoires. Mentionnez le nom d'un lieu et une gamme différente d'émotions et de pensées vous envahit. Parlez d'une maladie comme le cancer ou l'acné et une autre série d'images parfois accompagnées de puissants sentiments négatifs comme l'inquiétude, la peur, la dépression, la jalousie et la haine, surgira dans votre esprit. Comme ces émotions nous aident à mieux nous connaître, elles ne sont pas mauvaises en soi. Mais si on n'y voit pas, elles risquent fort de nous rendre malades.

Les noms des choses sont importants parce que les images qu'ils évoquent modèlent nos pensées et nos sentiments qui, en retour, influent sur notre corps. En un sens, lorsque nous nommons une chose, nous la causons ou la créons. Le nom nous rappelle une image encodée antérieurement que notre corps peut ensuite recréer. Les attentes jouent un rôle primordial. En voici un exemple évident : attribuer l'étiquette « cœur brisé » à une réaction émotionnelle peut provoquer une détresse physique réelle.

Nous avons tendance à vouloir nommer tout ce qui se passe en nous. Pour éviter l'ambiguïté qu'engendrent l'ignorance et l'incompréhension, nous sommes enclins à nommer nos malaises physiologiques. Nommer une série de symptômes nous soulage car nous présumons que si nous connaissons le nom de la maladie, nous pourrons la traiter. Comme il faut connaître le nom de la maladie pour déterminer quel traitement lui appliquer, il est essentiel de trouver la juste appellation. C'est ainsi qu'un diagnostic juste conduit au traitement approprié. Toutefois, un nom peut aussi évoquer des images négatives et des attentes qui exercent alors une influence néfaste sur l'évolution de la maladie en stressant un corps déjà soumis à une tension.

Le mot « cancer » effraie bien des gens en dépit du fait que les pronostics ne cessent de s'améliorer à cet égard. Le mot « tuberculose » produisait le même effet au XIXᵉ siècle. À l'heure actuelle, notre « étiquette fatale » est le mot « sida » qui engendre la terreur parce que nous sommes persuadés que cette maladie est mortelle. Lorsque les pronostics s'amélioreront parce qu'on aura découvert la cause du sida et son remède, ce nom ne provoquera plus le désespoir qui garantit souvent une issue négative à la maladie. Les médecins, à qui il incombe de baptiser les symptômes, peuvent influencer les attentes du patient en présentant leur diagnostic d'une manière positive.

Il arrive souvent qu'une partie seulement des symptômes d'une maladie soient présents au moment où une étiquette lui est apposée. Le patient s'*attend* alors à ressentir les symptômes manquants. Ou, par exemple, le médecin peut demander au patient s'il éprouve les symptômes manquants, présentant ainsi une subtile suggestion à son esprit.

Dans *Superimmunity,* Paul Pearsall raconte qu'il commit l'erreur terrible de demander à une patiente enceinte : « Avez-vous souffert de nausées matinales jusqu'ici ? » Ce à quoi elle répondit qu'elle était épatée de voir à quel point sa grossesse se déroulait bien. Le lendemain, elle téléphona à Pearsall pour lui annoncer qu'elle avait souffert de nausées presque toute la nuit pour conclure : « Maintenant j'en ai vraiment[2]. » Pearsall reconnut que sa question avait sans doute servi de stimulus et déclenché cette réaction chez sa patiente.

Les attentes entraînent souvent le résultat appréhendé. Toutefois, dans la pratique, tous les gens ne développent pas la totalité des symptômes d'une maladie donnée de même qu'un tas de femmes, y compris moi-même, n'éprouvent jamais de nausées matinales pendant leur grossesse. Au contraire, fournissez au patient le soutien physique, mental et affectif dont il a besoin et le corps peut se guérir de n'importe quelle maladie.

LE MAL DE TÊTE DÛ À LA SINUSITE

Regroupez un ensemble d'émotions et de comportements – « symptômes » – et vous obtenez une nouvelle maladie. L'identification de la maladie appelée sida a abouti aux recherches qui permettront en fin de compte de définir les mesures à prendre pour la guérir. Il arrive cependant que nommer une série de symptômes fasse de nouvelles victimes.

Dans le domaine de la communication, l'hypothèse de Whorf stipule que : si vous connaissez le nom d'une chose, vous la percevrez plus facilement. Un exemple typique est celui des Esquimaux qui possèdent des douzaines de mots différents pour désigner la neige et qui *perçoivent* toutes ces sortes de neige. Ceux d'entre nous qui vivent sous des latitudes plus tempérées ne possèdent qu'un seul mot pour désigner la neige à quelques variantes près, de sorte qu'ils perçoivent une sorte de neige un point c'est tout. John Bear, Ph.D., me raconta l'anecdote suivante qui illustre ce phénomène :

> *L'idée que nous sentons et percevons les choses que nous connaissons par leur nom et en souffrons devint clair dans mon esprit au début des années soixante. Dans une prestigieuse agence de publicité new-yorkaise, je rencontrai un homme célèbre dans les annales de la publicité pour avoir inventé une maladie. En effet, tout nouveau médicament doit être soumis à des tests pendant des années avant d'être approuvé par la Food and Drug Administration. Le génie de cet homme fut de prendre un médicament déjà approuvé – et qui se vendait mal – et d'inventer une maladie qu'il était susceptible de guérir. Les nouvelles maladies n'ont pas besoin de l'approbation de la FDA !*

Le médicament en question était le Dristan, un remède contre le rhume et le mal de tête qui se vendait plutôt mal. L'homme forgea l'expression « mal de tête dû à la sinusite » à laquelle il associa une série de symptômes qui furent ensuite reconnus comme une nouvelle maladie. Il se servit du langage pour distinguer ce mal de tête tout à fait nouveau. En fait, les consommateurs avaient sans doute souvent souffert de maux de tête dus à la congestion des sinus sans le savoir. Maintenant ils savaient ! Notre génie de la publicité conçut ensuite toute une série de messages publicitaires qui présentaient Dristan comme le seul produit capable de soulager le mal de tête dû à la sinusite. Dans toute l'Amérique, un nombre croissant de gens furent soudain la proie de maux de tête dus à la sinusite, ce qui propulsa le médicament sur la liste des médicaments sans ordonnance les plus vendus du pays. Une vingtaine d'années plus tard, le mal de tête dû à la sinusite est devenu un mal commun qui est souvent mentionné dans les textes médicaux. Tel est le pouvoir du langage de créer la maladie.

ANOREXIE ET BOULIMIE

On accorde beaucoup d'attention depuis quelque temps aux troubles alimentaires connus sous le nom de boulimie et d'anorexie. Certaines personnes qui se livraient à des comportements boulimiques et anorexiques ignoraient qu'elles souffraient d'une maladie avant d'entendre ces noms et d'en apprendre la signification. Bien avant de connaître le terme « boulimie », une connaissance m'avait parlé de l'idée de vomir pour perdre du poids – encore que cette méthode ne m'ait jamais tentée personnellement. Peut-être que ces troubles semblent plus répandus de nos jours parce qu'on les a baptisés et publicisés.

Toutefois, il est possible que beaucoup de femmes bien portantes se soient vus classées à tort parmi les « anorexiques ». La minceur extrême de plusieurs de mes amies me laisse parfois songeuse. Il est dangereux d'étiqueter les gens parce qu'ils ont tendance à devenir ce que l'on attend d'eux. En revanche, la peur de l'anorexie libérera peut-être certaines femmes qui sont accrochées à l'idée que beauté est synonyme de minceur.

Baptiser une maladie « mal de tête dû à la sinusite » ou « anorexie » aide-t-il les gens à se sentir moins seuls en nommant leurs symptômes et leurs comportements ? Ce nom les encourage-t-il à se faire soigner ? Ou les pousse-t-il à adopter les comportements en question et à développer les symptômes en plantant cette idée dans leur conscience ? Qu'est-ce qui vient en premier, le nom ou la maladie ?

Vous avez sans doute entendu parler du syndrome du copieur de crime qui fait que les crimes inusités, quand on les médiatise, provoquent des éruptions de crimes similaires. De la même façon, il pourrait exister un syndrome du copieur de maladie. Un exemple classique de ce phénomène survint il y a plusieurs années à Los Angeles. Au cours d'un match disputé dans un stade sportif, plusieurs personnes manifestèrent des symptômes d'empoisonnement alimentaire. Soupçonnant les sodas d'une distributrice, on annonça aussitôt dans tout le stade que les boissons provenant de cette distributrice risquaient de causer de graves nausées et d'autres symptômes. Bientôt, des centaines de personnes affichèrent des symptômes d'empoisonnement. Beaucoup durent être conduites à l'hôpital et placées sous observation. Peu de temps après, on annonça que la distributrice n'était pas en cause après tout. Les gens cessèrent aussitôt d'exhiber des symptômes d'empoisonnement.

Les humains ont tendance à imiter les comportements des autres. Le fait d'entendre parler de certains comportements implante dans leur esprit l'idée que ces comportements existent, une possibilité qu'ils n'auraient jamais envisagée autrement. Cela pourrait être important dans le cas des maladies anxiogènes comme les phobies. Certaines personnes développent une phobie après en avoir entendu parler. On pourrait dire la même chose de presque tous les troubles alimentaires compulsifs.

En revanche, les gens qui entendent nommer leur maladie sont souvent plus enclins à se faire soigner. Certains animateurs de radio et de télévision présentent souvent à leurs auditeurs ce qu'on pourrait appeler des bizarreries médicales. Ces maladies méconnues, comme l'automutilation, la compulsion ou l'obésité extrême, peuvent affliger des centaines d'auditeurs qui en entendent parler pour la première fois et ne se rendaient même pas compte qu'ils souffraient d'une maladie réelle pour laquelle il existe un traitement précis. Dans ce cas-ci, l'information est génératrice de pouvoir.

La description d'une action peut renforcer l'idée d'accomplir cette action. Les recherches menées auprès de maris dont la femme est enceinte révèlent que certains d'entre eux présentent maints comportements et sensations associés à la grossesse, comme le désir de nourriture et les nausées matinales. On sait que les étudiants en médecine ressentent souvent les symptômes des maladies qu'ils étudient. Ces imitations, si elles sont rares, existent quand même. Les idées ont du pouvoir.

Si le fait de diagnostiquer une maladie et de l'appeler par son nom peut être très utile à la guérison, cela entraîne aussi des effets négatifs moins évidents. Les noms sont toujours des substantifs. Nommer une maladie à l'aide d'un substantif renforce l'idée que l'anorexie, l'arthrite, le cancer, l'infarctus ou même l'angine streptococcique et le coup de fouet cervical sont des événements

« qui nous tombent dessus sans crier gare » et sur lesquels nous n'avons aucun pouvoir. Ce langage nous présente comme des victimes des événements de notre vie. Soudain se produit un événement que nous appelons « maladie » et nous lui donnons un nom. Du coup, nous n'avons plus l'impression d'être aux commandes de notre vie. Ce sentiment d'être le jouet du destin a lui-même été associé à la maladie.

L'hypertension artérielle est une maladie qui semble reliée au sentiment d'impuissance. John Sommers-Flanagan, de l'Université du Montana, et Roger Greenberg, de l'Université d'État de New York, ont passé en revue quarante-huit études empiriques réalisées depuis une décennie, dans lesquelles l'hypertension artérielle est associée à divers facteurs psychologiques. Les chercheurs ont relevé trois traits psychologiques principaux chez les hypertendus:

1. Colère/hostilité.
2. Difficulté à communiquer et à établir des contacts interpersonnels.
3. Usage fréquent du déni et répression de soi.

L'hypertension se traite en général au moyen de médicaments, d'un programme d'exercice et d'un régime alimentaire. À la suite de leurs recherches, Sommers-Flanagan et Greenberg recommandent que l'on ait plus souvent recours à une approche psychologique pour compléter ou même remplacer les solutions médicales traditionnelles. De dire Greenberg: « Nous avons l'impression que l'on a fort sous-estimé le rôle de la personnalité dans cette maladie. Il semble que l'on ait tendance à considérer bien des troubles comme ayant une origine exclusivement biologique. Nous pensons qu'une approche intégrée est nécessaire[3]. » Une intervention psychosociale pourrait apprendre aux hypertendus à maîtriser les effets physiques des situations qui leur causent une tension en réduisant leur anxiété et en augmentant leur capacité d'adaptation.

LA MALADIE VUE COMME UN TYPE DE COMPORTEMENT HUMAIN

Dire d'une personne qu'elle est « alcoolique » ou « toxicomane » peut être soit positif soit négatif : positif si cela l'aide à prendre les mesures nécessaires pour s'éloigner de cette maladie ; négatif si elle endosse un rôle de victime et se comporte comme telle, à jamais coincée dans un comportement maladif. L'étiquette peut aussi créer dans l'esprit des autres une image qui renforce les modèles de comportement indésirables de la victime. Les attentes d'autrui peuvent influencer nos pensées, nos actions et nos comportements négatifs.

Traitez quelqu'un de stupide ou de paresseux et l'étiquette lui restera, créant un effet Pygmalion. Voyez quelqu'un comme un alcoolique ou un accro du sucre et vous risquez d'alimenter sa maladie. Cependant, vous pouvez aussi identifier ce qui cloche chez la personne et l'inciter à chercher de l'aide.

Dans le drame continu et fluctuant de la santé, l'esprit et les émotions (la *psyché*) et le corps (*soma*) adoptent divers comportements. Nous attribuons une signification aux comportements : bons ou mauvais, positifs ou négatifs, sains ou malades. Souvent nous leur donnons le nom d'une maladie précise. Or, *la maladie est un processus humain et pas seulement une entité définie correspondant à un nom et à une définition.* Le nom est une simple manière pratique de décrire un ensemble de symptômes ressentis par le malade. Je pourrais écrire « mal-aise » pour indiquer que lorsque je suis malade, je ne suis pas à l'aise dans ma peau, que mon corps, mon esprit et mes émotions sont désynchronisés. La *maladie* (ou mal-aise) est l'opposé de l'état d'*aise*.

Voici quelques exemples de notre manière de parler de la maladie :
« Je vais attraper un rhume. »
« Mon fils a contracté la varicelle. »
« Jeanne a la rougeole. »
« J'ai eu une crise d'allergie. »

Ces exemples présentent la maladie comme un élément extérieur à nous, un envahisseur étranger qui nous impose sa présence pendant un certain temps. Il est possible qu'un élément extérieur à nous déclenche la maladie mais c'est *notre* corps qui réagit. Les expressions et appellations courantes sont utiles car elles nous évitent une description fastidieuse des symptômes qui nous affligent. Mais elles nous portent aussi à nous sentir victimisés et à ne pas assumer la responsabilité de notre santé. Les personnes qui se cantonnent dans le rôle de victimes ne lèveront pas le petit doigt pour s'aider tandis qu'une personne responsable fera le nécessaire pour supprimer le mal-aise ou la maladie.

La structure grammaticale du langage de la maladie laisse supposer que nous ne sommes pour rien dans l'apparition d'une maladie. Pourtant les noms que nous donnons aux choses reflètent pour une grande part notre façon de les percevoir. Nommer la maladie au moyen d'un substantif donne souvent l'impression qu'elle est une *entité fermée* plutôt qu'un *processus en cours*. Si nous voyons la maladie comme une entité extérieure, comme une chose que nous attrapons ou qui se jette sur nous, nous donnons l'impression de n'avoir aucun pouvoir sur la rougeole, le cancer ou l'acné. Or nous en avons peut-être plus que nous le pensons.

Si vous êtes obèse et que vous dites « je mange trop », vous reconnaissez que vous êtes à l'origine de votre excès de poids. Une fois établie cette marque de contrôle intérieur, vous pouvez modifier la quantité et le type de nourriture que vous mangez et augmenter votre activité physique. Ces changements entraînent souvent une perte de poids et libèrent la personne du modèle de comportement qui provoque l'obésité (un substantif). En reconnaissant la part que vous tenez dans la création de votre maladie, vous améliorez vos chances de recouvrer la santé. La maladie découle tant de votre manière de vous exprimer que de vos pensées et émotions. Vous pouvez aussi modifier votre opinion quant à l'obésité et laisser aller tous vos jugements négatifs envers vous-même.

Notre perception de notre vie et de nous-mêmes et notre manière d'en parler sont des éléments clés d'une vie de qualité. La Bible y fait allusion dans l'épître de Jacques (3,3-7) :

> Si quelqu'un ne trébuche pas quand il parle, il est un homme parfait, capable de tenir en bride son corps entier. Si nous mettons un mors dans la bouche des chevaux pour qu'ils nous obéissent, nous menons aussi leur corps entier. Voyez aussi les bateaux : si grands soient-ils et si rudes les vents qui les poussent, on les mène avec un tout petit gouvernail là où veut aller celui qui tient la barre. De même, la langue est un petit membre et se vante de grands effets. Voyez comme il faut peu de feu pour faire flamber une vaste forêt ! La langue aussi est un feu, le monde du mal ; la langue est installée parmi nos membres, elle qui souille le corps entier, qui embrase le cycle de la nature, qui est elle-même embrasée par la géhenne[4].

Peut-être répugnez-vous à vous reconnaître comme la source de vos maux. Mais tant que vous persisterez dans cette voie, ce n'est pas vous qui menez votre barque et vous ne pouvez *vous voir comme la source de votre guérison aussi : vous avez créé votre maladie jusqu'à un certain point et vous pouvez la « décréer » dans la même mesure.*

Il est important que vous vous acceptiez vous-même et appreniez de vos erreurs passées au lieu de vous créer de nouvelles maladies en y ajoutant la haine de soi et le sentiment de culpabilité. La plupart des professionnels de la santé seraient d'accord pour dire que *s'aimer soi-même est un ingrédient important de la guérison*. Un maître spirituel m'a déjà dit : « Aime-toi pleinement et alors seulement tu pourras aimer les autres. Prends soin de toi si tu veux pouvoir prendre soin des autres. » C'est peut-être le véritable sens du commandement biblique qui ordonne d'aimer son prochain comme soi-même. Il faut d'abord apprendre à s'aimer soi-même.

La maladie n'est pas un événement soudain : elle s'inscrit dans l'histoire de votre vie. Que vous le croyiez ou non, vous êtes responsable de tout ce qui vous arrive. Lorsque vous reconnaîtrez cette vérité, vous accepterez aussi le fait que *vous êtes responsable de votre santé tant au niveau subtil de vos pensées qu'au niveau plus concret de vos actions*. Évidemment, modifier les effets de ses pensées et actions antérieures peut demander du temps. Le processus peut même sembler irrévocable s'il dure depuis trop longtemps, mais quantité de gens atteints d'une maladie soi-disant « incurable » ont connu une guérison miraculeuse. La responsabilité engendre l'espoir qui conduit souvent à une guérison accomplie par soi-même.

EXERCICE AUTODIDACTIQUE N° 5
Le mot « cancer » est-il un verbe ?

But : Accroître votre sentiment de gouverner votre corps.

Nous désignons les maladies au moyen de substantifs. Mais comme la maladie est en fait un processus comportemental, essayez de nommer la maladie au moyen d'un verbe. Les verbes se rapportent à des processus et à des actions. À titre d'exercice sémantique, essayez de transformer en verbe le substantif qui désigne le cancer ou l'acné.

Dites: « J'acnée » plutôt que « Je souffre d'acné ». « Mon corps se cancère » plutôt que « j'ai un cancer ». Cela peut vous paraître étrange de parler de cette façon, mais lequel des deux langages laisse supposer un plus grand pouvoir personnel ?

Nommez votre maladie au moyen d'un verbe pour indiquer qu'elle est un processus continu que vous extériorisez. Voyez si vous vous sentez plus responsable de votre affection. *Être responsable, ce n'est pas se blâmer soi-même.* Cela signifie s'accepter soi-même puis faire ce qu'il faut pour s'aider, qu'il s'agisse de prendre un médicament ou de modifier son comportement.

EXERCICE AUTODIDACTIQUE N° 6
Questions destinées aux patients atteints d'une maladie invalidante

But: Améliorer la connaissance de soi du patient pendant sa maladie ; découvrir ses attitudes profondes à l'égard de la guérison.

Voici des questions cruciales à se poser ou à poser à quelqu'un dès l'apparition d'une maladie invalidante ou aussitôt le diagnostic établi. La connaissance de soi que le patient tirera des réponses peut l'amener à guérir. Après s'être livrée à une autoréflexion approfondie, une femme reconnut s'être cassé la jambe pour ne pas avoir à conserver un emploi qui lui « cassait les pieds ». Elle ne pouvait pas démissionner parce qu'elle « soutenait » financièrement son mari qui étudiait en art dentaire. Au lieu de cela, elle se fractura la jambe en ski. « Cette fracture m'a fait quitter l'enseignement, dit-elle. Comme je ne pouvais pas me déplacer rapidement advenant un incendie, je n'avais "pas d'autre choix" que de partir. Mais le prix que je paie pour cet "accident" est élevé. Ma jambe a mis six mois à guérir et j'ai été confinée à la maison durant tout ce temps. »

Avant de répondre à chaque question, fermez les yeux, détendez-vous et cherchez la vérité au plus profond de votre être. Prenez le temps de méditer sur chaque question et évitez les réponses automatiques.

1. *Jusqu'à quel âge voulez-vous vivre?* Vous aimez-vous assez pour prendre soin de votre esprit et de votre corps? Envisagez-vous l'avenir avec espoir ou appréhension? Ces questions vous aideront à clarifier votre volonté de vivre et le degré de pouvoir que vous croyez détenir sur votre vie.

2. *Que s'est-il passé l'année ou les deux années précédant votre maladie?* Énumérez les expériences tant négatives que positives qui ont eu d'importantes répercussions sur vous. Exemples : mariage ou divorce, décès d'un être cher, changement d'emploi ou congédiement, lancement ou perte d'une entreprise.

3. *Que signifie votre maladie pour vous?* La voyez-vous automatiquement comme une condamnation à mort? Certaines personnes sont convaincues qu'elles survivront peu importe leurs chances de survie. D'autres s'attendent à mourir quelles que soient leurs chances de s'en tirer. Vous êtes un être unique et vous pouvez déjouer la chance dans un sens ou dans l'autre.

4. *En quoi cette maladie vous est-elle utile?* Comme la maladie donne souvent aux gens la permission d'éviter les choses qu'elles ne veulent vraiment pas faire, ou de faire

des choses qu'elles ne se permettraient pas de faire dans d'autres circonstances, *voilà une question cruciale à se poser quelle que soit sa maladie, grave ou bénigne.* Nous tombons malades pour nous reposer de nos comportements habituels. On pourrait éviter bien des rhumes et des grippes si on s'accordait davantage de « congés personnels » au travail plutôt que des « congés de maladie ». La maladie nous libère des obligations que nous nous imposons en temps normal. « Je devrais faire ceci... être comme ceci... me sentir comme ceci. »

Faire le mort.
Avoir les yeux plus grands que le ventre.

CHAPITRE 3

Responsabilité
et intelligence créative

L'esprit est la lumière qui guide le corps. Reconnaître le lien entre votre langage et votre bien-être vous permettra de mieux maîtriser votre processus de santé. La connexion langagière est formée de pensées, de mots, de scénarios imaginaires, d'images mentales et d'émotions qui favorisent la maladie ou la santé. En utilisant à bon escient ce lien sémantique, vous pouvez corriger votre comportement « maladisant ». Celui-ci englobe vos actions, votre mode de vie, vos pensées et vos paroles.

Le corps s'exprime souvent à travers des symptômes. Vous vous croyez peut-être victime de ce processus physiologique (maladie) car la plupart des symptômes (comportements physiologiques) ne sont pas provoqués consciemment. Prenez les boutons par exemple : vous décidez de ne pas en tenir compte, de les pincer ou d'y appliquer une lotion médicamenteuse, mais vous ne choisissez pas consciemment d'avoir des boutons. Pendant un rhume, votre corps sécrète du mucus, votre nez coule, vous éternuez et toussez. Vous pouvez choisir de vous moucher, mais vous ne choisissez pas consciemment de produire cet excès de mucus. Toutefois, il y a une partie de vous qui est responsable de l'éruption des boutons ou de la sécrétion de mucus. Dans le cas du cancer, les cellules se multiplient d'une manière désordonnée même si votre esprit conscient ne choisirait jamais ce comportement « cancérant ».

Qu'est-ce qui gouverne ces comportements physiologiques ? Comment « cela » sait-il quoi faire ? Est-il possible de maîtriser ce processus créatif ? Pouvez-vous guider l'intelligence intérieure qui assure les fonctions et comportements automatiques de votre corps ? Pouvez-vous choisir votre degré de santé ou de maladie ? La réponse à cette dernière question est « oui » dans une très large mesure. *La maladie est un processus que vous pouvez apprendre à maîtriser en choisissant soigneusement vos pensées, vos paroles, vos attitudes et vos actions.* Si vous êtes responsable, libre à vous de transformer votre façon de penser, de parler et d'agir afin de modifier ses incidences.

Au cours de notre vie, nous avons à opérer quantité de choix. Nous ne pouvons peut-être pas toujours choisir ce qui nous arrive, mais nous sommes libres de choisir *notre réaction* devant les circonstances de notre vie. Nous pouvons choisir la contrariété, le désespoir, la colère et l'envie ou la joie, la satisfaction et le contentement. Nous pouvons feindre d'ignorer nos sentiments ou les écouter et en tirer des leçons. Choisir librement, c'est comprendre que l'on a le choix.

Le docteur Viktor Frankl jette de la lumière sur les choix qui incombent à chacun de nous dans *Découvrir un sens à sa vie avec la logothérapie.* Ce livre, émouvant récit de son incarcération dans divers camps de concentration nazis, présente en outre les concepts de base de la logothérapie, une forme de psychothérapie qu'il a élaborée et raffinée plus tard à la suite des années éprouvantes passées dans les camps. Il écrit :

> *Les conclusions tirées des expériences vécues dans les camps de concentration prouvent en effet que l'homme peut choisir. On pourrait citer de nombreux comportements, souvent de nature héroïque, qui démontrent que le prisonnier pouvait surmonter son indifférence et contenir sa colère. Même si on le brutalise physiquement et moralement, l'homme peut préserver une partie de sa liberté spirituelle et de son indépendance d'esprit.*
>
> *Ceux qui ont vécu dans les camps se souviennent de ces prisonniers qui allaient, de baraque en baraque, consoler leurs semblables, leur offrant les derniers morceaux de pain qui leur restaient. Même s'il s'agit de cas rares, ceux-ci nous apportent la preuve qu'on peut tout enlever à un homme excepté une chose, la dernière des libertés humaines : celle de décider de sa conduite, quelle que soient les circonstances dans lesquelles il se trouve. [...] il est clair, en dernière analyse, que ce que devenait le prisonnier était le résultat d'une décision intérieure et non celui des circonstances auxquelles il était soumis. Tout homme peut, même dans des circonstances particulièrement pénibles, choisir ce qu'il deviendra – moralement et spirituellement*[1].

Pendant de nombreuses années, le docteur Wallace C. Ellerbroek cumula avec brio les fonctions de chirurgien, de psychiatre et de psycholinguiste amateur. Après avoir réalisé de nombreuses recherches non officielles et un projet de recherche officiel sur des patients souffrant d'acné, il comprit que *la maladie découle non pas tant de ce qui nous arrive que de notre perception de la vie et de notre monologue intérieur.* « Ce n'est pas l'événement comme tel qui vous dérange, écrit-il, c'est votre façon de le verbaliser mentalement qui embrouille toute la machinerie et entraîne diverses maladies[2]. »

Le docteur Ellerbroek vérifia sa théorie auprès d'un groupe de trente-huit patients de treize à quarante-six ans atteints d'acné. Ces patients avaient tendance à gratter, à « taquiner » leurs lésions et ils se sentaient souvent « taquinés » ou pris à partie par les autres. D'une manière générale, ils interprétaient les revers de fortune comme des insultes personnelles. Le médecin était d'avis que leur état pouvait s'améliorer s'ils atténuaient ou éliminaient ce modèle de pensée et d'autres comportements connexes. Il soumit donc ses patients à un mélange de psychothérapie et de thérapie psycholinguistique visant à modifier leur façon de penser afin qu'ils cessent de se voir comme des victimes. Les résultats, fondés sur les observations subjectives du médecin et des patients, furent excellents. Sur les trente-huit patients, trente subirent une amélioration de 80 p. 100 en huit semaines. Au cours d'une période prolongée, plus de la moitié des patients virent leur peau se clarifier tandis que les autres enregistraient une amélioration de 80 à 90 p. 100. Voici comment le docteur Ellerbroek explique les résultats obtenus :

> *Nous, humains, créons des images mentales de ce que nous observons dans le monde extérieur, notre propre version de la réalité. Cette évaluation de la réalité est souvent erronée en raison des limitations de nos organes sensoriels et de l'insuffisance des mécanismes qui servent à confirmer nos perceptions. Nous entretenons à chaque instant une idée personnelle de ce que devraient être le passé, le présent et l'avenir. La réalité peut être vue comme nous voulons qu'elle soit, comme nous pensons qu'elle est ou comme elle est réellement.*

Quand notre vie semble s'accorder avec notre idéal, nous nous portons comme un charme. Mais lorsque nous prenons conscience que la réalité n'est pas conforme à notre version idéalisée, nous exigeons de manière irrationnelle et inconsciente qu'elle soit modifiée pour s'accorder avec nos fantasmes. Si elle ne se modifie pas, nous devenons déprimés ou frustrés, deux émotions qui sont à l'origine de la maladie.

Un exemple de cette exigence irréaliste se reflète dans les émotions négatives qui nous assaillent quand nous pensons que la vie contrecarre nos plans. Supposons que le mauvais temps gâche un pique-nique ou que l'absence d'un employé malade augmente notre charge de travail. Selon notre version de la réalité, ces événements sont mauvais. Dans la mesure où nous nions leur pertinence, nous éprouverons les émotions négatives qui conduisent souvent à la maladie. Pourtant ce qui est arrivé est passé et ne peut être modifié.

Les années que j'ai passées à traiter des patients en tant que psychiatre et chirurgien m'ont convaincu que la maladie mentale et physique sont des manifestations différentes du même processus de maladie : la pensée négative. Votre cerveau est sculpté par tous les événements survenus dans votre vie depuis le moment de votre conception. De sorte que, pendant toutes les années où vous vous êtes senti harcelé, par exemple, votre cerveau enregistrait vos pensées. Comme nous avons tous tendance à reproduire les mêmes modèles de comportement, il est évident qu'apprendre un nouveau processus de pensée n'est ni aisé ni anodin. Par ailleurs, mes longues années d'expérience m'ont convaincu qu'un traitement efficace est possible.

Récemment en Chine, le comportement des dirigeants illustrait ce désir de modeler la réalité sur leurs perceptions. Le gouvernement communiste cherche à cacher la violence commise à l'endroit du peuple chinois. Même si le monde entier a été témoin de ces événements à la télévision, il essaie encore de nous convaincre qu'ils ne se sont pas vraiment produits.

Pour prendre sa vie en main, il faut commencer par accepter la réalité. Il n'est pas rare que l'on ait un certain contrôle sur les événements, mais on est souvent forcé de s'adapter aux circonstances indépendantes de sa volonté. Votre capacité de vous adapter – vos pensées, vos paroles et votre attitude – détermine votre état de santé et vos chances de guérison. Penser et parler comme une victime entrave votre guérison. Vous pouvez modifier votre expérience en reconnaissant d'abord le rôle que jouent vos émotions, vos pensées et vos paroles dans l'éclosion de la maladie.

Votre rôle consiste en grande partie à envisager et à croire que vous pouvez guérir. L'espoir est sain ! Perdre l'espoir est fatal ! Votre corps, dans sa sagesse innée, sait comment se guérir. Mais il peut aussi créer les symptômes physiques associés au désespoir ou à toute autre émotion.

Même des cas de cancers soi-disant « incurables » ont été renversés. On entend de plus en plus parler de personnes atteintes du sida qui survivent à ce virus considéré comme mortel. Lors d'un congrès tenu à Los Angeles, dix survivants à long terme participaient à un groupe de discussion[3]. Des patients atteints du sida et des survivants à long terme ont diffusé un message d'espoir en participant à des talk-shows. Un homme a déclaré qu'il n'était plus séropositif bien qu'il ait souffert de plusieurs symptômes associés au sida tels que la pneumonie et le cancer. Une femme de l'auditoire chez qui les médecins avaient diagnostiqué le para-sida s'était, elle aussi, débarrassée du virus.

Le docteur Ronald Glasser écrit : « C'est le corps qui est le héros, ce n'est pas la science, ni les antibiotiques... ce ne sont pas les machines ni les nouveaux appareils... La tâche qui incombe au médecin moderne demeure la même depuis toujours : aider le corps à faire ce qu'il a si bien appris à faire seul pendant la longue lutte qu'il a menée pour survivre – se guérir. C'est le corps et non la médecine qui est le héros[4]. »

Votre langage a une influence tant positive que négative sur votre corps. Quand vous pensez à des situations qui vous mettent en colère, votre tension artérielle peut s'élever. Certaines personnes rougissent. Souvent leur rythme cardiaque s'accélère et elles contractent les mâchoires. Ces réactions physiques sont causées par des pensées qui déclenchent des émotions et vice versa. Les émotions engendrent de nouvelles pensées lorsque vous leur attribuez un sens. Ce cercle vicieux, s'il devient habituel, finira par attirer votre attention sous la forme de symptômes physiques concrets. Les pensées heureuses favorisent la santé! Un sourire et un éclat de rire sincère réduisent le stress. Observez les pensées qui favorisent votre bien-être et celles qui assombrissent votre humeur.

Évidemment, ce que vous ressentez a un effet sur vos pensées et vos paroles. Si vous éprouvez une douleur à la tête, vous direz « J'ai mal à la tête ». Or bien que cela soit moins évident, l'inverse est aussi vrai : *ce que vous pensez et dites influence votre état physiologique*. Si vous ressentez de la frustration au travail, vous direz peut-être : « J'en ai plein le dos. » Plus tard, il se peut que votre dos vous fasse souffrir. En fait, vous avez dit cela dans l'intention d'exprimer votre frustration et non d'inviter la douleur. Toutefois, votre corps, gouverné par votre inconscient, ne comprend pas que vous vous exprimez d'une manière imagée et crée un état physique non désiré en vous prenant au mot. Au niveau cellulaire, le mental ne comprend pas le véritable sens de vos paroles. Il ne fait pas la distinction entre une image et un fait.

Parler de l'esprit inconscient et de l'esprit conscient et lucide laisse supposer une séparation qui n'est pas réelle.

Ces termes s'utilisent uniquement par souci de commodité puisqu'un seul esprit gouverne le corps. Votre esprit, votre intelligence innée, est intimement lié à votre corps. Il orchestre votre vie intérieure et assure les fonctions autonomes de votre corps. Il vous permet de planifier et de mémoriser et ainsi de suite. Vous n'avez pas besoin de penser à respirer, à sécréter des enzymes digestives ou à fabriquer des cellules immunitaires encore que vous puissiez concentrer votre attention sur ces fonctions et, par exemple, choisir consciemment de respirer plus lentement ou plus vite, comme une patiente du docteur Lamaze durant la phase du travail. Mais la plupart du temps, il est tout aussi bien de laisser la partie de l'esprit qui gouverne le corps faire son travail automatiquement.

La partie de l'esprit qui pense, raisonne et opère des choix est celle où une conscience claire est le plus souhaitable. Mais même là votre esprit n'est pas toujours conscient de son travail. En fait, il modifie son action lorsque vous devenez attentif et exerce alors une acuité sélective. De même qu'un enfant absorbé par une émission de télévision n'entend pas l'appel de sa mère, vous ne remarquez pas tout ce qui se passe – les pensées et sentiments – dans votre tête. De même, votre esprit soi-disant inconscient s'élargit ou se rétrécit lorsque des processus subliminaux refont surface et que vous en prenez conscience, de la même façon que l'appel de la mère ou la fermeture du poste attire l'attention de l'enfant qui reçoit alors le message.

Votre inconscient est la partie de votre esprit dont vous ignorez le contenu à un moment donné. Parfois cela vaut mieux ainsi : vous n'avez pas besoin de penser aux millions de fonctions automatiques qui vous gardent en vie. Vous n'ordonnez pas la sécrétion de vos enzymes digestives ni ne vous arrêtez pour penser à votre respiration. Votre système d'exploitation interne (semblable au système d'exploitation à disque de votre ordinateur) s'en charge à merveille.

Il arrive qu'à votre détriment des éléments inconscients influencent vos choix et vous poussent vers des comportements négatifs. Par exemple, si vous êtes en colère contre votre conjoint et incapable de reconnaître ce sentiment, vous pourriez faire un geste pour l'ébranler, comme renverser un verre de jus sur lui en prétendant que c'est un accident.

Le corps humain est un réseau composé de milliards de cellules interreliées. Vous, en tant que conscience, résidez dans ce corps. Le corps est le temple de l'esprit, la maison de l'âme et le reflet du mental. Chaque cellule, animée d'une étincelle de conscience, sait comment se recréer. L'intelligence de chaque cellule fait partie de notre soi-disant inconscient. Si ces cellules reçoivent un message concernant un mal de tête, elles peuvent s'unir pour provoquer une douleur dans votre tête. Pris dans ce sens, le langage devient un maillon qui relie entre elles les cellules de notre corps.

Le psychologue Dennis Jaffe, auteur de *La guérison est en soi*, soulève une question clé: « Des maladies particulières correspondent-elles à des crises existentielles, à des types de personnalité ou à des émotions spécifiques? » Il poursuit en disant: « Bien que j'aie déjà soigneusement évité de proclamer cette relation comme reflet d'une réalité, les médecins ont, depuis des siècles, détecté un lien entre émotion, personnalité et maladie spécifique. Un nombre croissant d'études récentes soutient cette hypothèse. »

Jaffe tira cette conclusion après s'être penché sur le travail des experts en psychosomatique W. J. Grace et D. T. Graham[5]. Il écrit:

W. J. Grace et D. T. Graham, experts en psychosomatique, ont longuement interrogé 128 patients présentant chacun les symptômes d'une maladie. Douze maladies étaient représentées. Ils s'aperçurent qu'à l'apparition

*des symptômes de chaque maladie spécifique corres-
pondaient certains comportements émotionnels. Selon
eux, les patients exprimaient physiologiquement ce qu'ils
avaient l'impression de subir dans la vie de chaque jour.*

*Vingt-sept patients, par exemple, étaient sujets à des
crises de diarrhée quand ils voulaient mettre fin à une
situation particulière ou se débarrasser de quelque chose
ou de quelqu'un. Un homme en souffrit après avoir
acheté une voiture défectueuse. Il déclara aux chercheurs : «Si seulement je pouvais m'en débarrasser!»
Déféquer, évidemment, c'est se débarrasser de substances dont le corps n'a plus besoin.*

*Dix-sept autres patients étaient constipés quand ils
s'acharnaient à résoudre un problème apparemment
insurmontable. Ils déclarèrent, entre autres : «Mon
mariage ne sera jamais heureux, mais je n'abandonnerai
pas.» Et qu'est la constipation sinon un processus corporel consistant à garder inflexiblement des substances,
malgré la gêne que cela provoque.*

*Douze patients atteints de rhume des foins et sept
d'asthme faisaient face à une situation qu'ils auraient
préféré ne pas affronter ou qu'ils espéraient voir disparaître. Ils voulaient lui échapper, s'en cacher et se
débarrasser de toute responsabilité la concernant. Grace
et Graham remarquèrent que ces deux syndromes –
l'asthme et le rhume des foins – apparaissent souvent
ensemble. Tous deux sont des réactions à une irritation
extérieure au cours desquelles les membranes du nez et
des poumons enflent et se rétrécissent pour essayer de
diluer ce qui les irrite ou de s'en débarrasser. Le corps,
exactement comme l'individu, veut se défaire de quelque
chose.*

*Trente et un patients souffraient d'urticaire, une
réaction épidermique au traumatisme, provoquant cloques et inflammations. Ils se sentaient entravés dans leur
désir de faire quelque chose qui leur tenait à cœur. Ils ne*

trouvaient pas de moyen efficace pour affronter leur frustration. Ils étaient si préoccupés par la façon dont les autres intervenaient dans leur vie qu'ils se sentaient comme physiquement battus par leurs adversaires – d'où les cloques. Cela rejoint l'impression des patients atteints d'acné qu'étudia Ellerbroek : sans cesse on leur « cherchait des poux dans la tête » et, ironiquement, ils s'en cherchaient à eux-mêmes au sens propre.

La nausée et le vomissement (chez 11 patients) surve-naient quand l'individu souhaitait que quelque chose ne fût jamais arrivé. Les ulcères (9 patients) se caractérisaient par un désir de vengeance. Les migraines (14 patients) apparaissaient après un effort intense pour accomplir une tâche. L'hypertension était commune à tous ceux qui s'inquiétaient continuellement d'avoir à faire face à toutes les menaces imaginables (comportement de type A). Les douleurs du bas du dos (11 patients) se retrouvaient chez ceux qui voulaient faire quelque chose impliquant le corps entier, le plus souvent s'enfuir.

Cette étude illustre de manière frappante l'idée que nos émotions peuvent se traduire en langage organique surtout si elles ne sont pas reconnues ni exprimées. Dans ce cas, elles demeurent cachées, même de soi, avant de réapparaître sous forme d'une maladie.

LA MALADIE: UN MESSAGER

Les sensations physiques comme les démangeaisons, les pleurs, les éruptions cutanées, la transpiration, la douleur, la pression, l'orgasme et le sourire font toutes partie du langage du corps. La maladie aussi. À travers celle-ci, notre corps nous indique si nos actions entravent notre bien-être ou l'accentuent.

Milton Ward, dans un livre utile intitulé *The Brilliant Function of Pain*, écrit : « Loin d'être terrifiante, la douleur est en fait une force brillante qui agit en notre nom et nous guide dans la vie en autant que nous soyons disposés à l'écouter[6]. » La douleur est un puissant message que le corps communique à l'esprit afin de lui indiquer le chemin de la santé. C'est à travers la maladie que notre corps nous parle, nous informe, nous montre d'une manière concrète et parfois douloureuse que quelque chose va de travers.

Lorsque vous « maladisez », votre corps tente en fait de se guérir en corrigeant les déséquilibres et en rétablissant l'harmonie. La voie vers le bien-être passe souvent par une période d'inconfort. Lorsque vous « acnéez », par exemple, votre peau expulse des toxines qui ne sont pas éliminées à travers les voies habituelles. Un rhume vous débarrasse de l'excès de mucus causé par une alimentation médiocre, des contraintes environnementales et des tensions corporelles. Même les pustules de la varicelle contiennent des substances toxiques et contagieuses que le corps cherche à éliminer. Une tumeur témoigne des efforts que fait votre corps pour encapsuler les cellules défectueuses. Il n'a peut-être pas la force d'écarter cette menace d'une autre manière.

LA MALADIE, FACTEUR DE CROISSANCE SPIRITUELLE

Les maladies graves ou dégénératives peuvent être causées, entre autres, par des pensées et des sentiments négatifs. Loin d'être un événement à craindre, la maladie est souvent une force positive qui permet à la personne de discerner les changements à effectuer pour s'améliorer. Pour opérer ces changements, elle devra d'abord assumer la responsabilité de sa conduite, ce qu'elle fera en comprenant qu'elle extériorise ses croyances et modèles de pensée conscients et inconscients à travers la maladie. Le fait de considérer la maladie et les autres crises de la vie dans cette perspective plus globale est un facteur de croissance spirituelle et affective.

Dans le cadre de l'un de mes cours, j'invitai un jour Erik Esselstyn, Ed. D., alors conseiller au Gesell Institute of Human Development de New Haven, célèbre dans le monde entier, à donner une conférence à mes étudiants. Ayant souffert d'un cancer, Esselstyn avait fait face à ses émotions et modifié sa façon de penser. Il était alors directeur de la vie étudiante dans un collège de la Caroline du Nord et cette expérience avait modifié le cours de sa carrière. En compagnie de sa femme Micki, il donne aujourd'hui des séminaires et des ateliers sur la santé, l'expression de la colère et la transformation de son mode de vie à la suite d'une maladie grave. De dire Micki : « Le cancer nous apprend la reconnaissance, il nous fait apprécier la vie. » Son mari enseigne : « Pour être en santé et le demeurer, il est essentiel d'assumer la responsabilité de ses propres actions en reconnaissant gracieusement qu'*il incombe à chacun de nous d'attacher sa propre ceinture de sécurité.* »

ASSUMER LA RESPONSABILITÉ DE SA MALADIE

Bien des gens ignorent qu'ils ont le pouvoir de se rendre malades ou de se guérir. L'idée que l'on cause soi-même sa maladie entraîne souvent une réaction initiale de scepticisme, de peur, de colère ou de désarroi. Il est normal que l'on soit sceptique. Mais si vous réagissez par la peur, la colère ou le désarroi, il vaut peut-être la peine que vous examiniez l'origine de ces sentiments. Ils découlent peut-être du fait que vous mettez la responsabilité, la honte et la culpabilité dans le même sac. Vous n'avez peut-être pas coutume de vous pardonner vos erreurs, de rectifier votre conduite puis de ne plus y penser. Certaines personnes visent la perfection et lorsqu'elles commettent une erreur, elles se punissent, se critiquent et se culpabilisent.

Nous ne sommes pas des victimes. Mais lorsque nous oublions que nous sommes responsables de notre santé, nous choisissons souvent inconsciemment de nous faire du tort. Nous avons alors l'impression d'être le jouet du destin. Or il existe une meilleure façon de penser, mais elle exige de la lucidité et un certain entraînement. Vous n'avez pas besoin de faire le mort. Si vous décidez de prendre en main votre santé et votre bien-être, vous pouvez faire beaucoup pour vous aider. L'utilisation consciente de la lumière directrice de votre esprit est un outil puissant dans la création de votre bien-être.

EXERCICE AUTODIDACTIQUE N° 7
Trouver le pourquoi

But: Démasquer vos croyances à l'égard d'une maladie, d'un problème ou d'un conflit existant dans votre vie. Les questions ci-dessous mettront en lumière certains facteurs à l'origine de vos symptômes.

Posez-vous les questions ci-dessous ou demandez à quelqu'un de vous les poser.

1. Quel facteur pourrait avoir causé votre problème actuel?

2. Quelle menace ou perte représente ce problème pour vous?

3. Quel avantage en retirez-vous?

4. Comment faut-il traiter ce problème à votre avis? Mentionnez tout traitement médical ou non médical qui pourrait vous aider selon vous.

5. Avez-vous déjà été malade dans le passé à la même époque de l'année?

6. Votre problème a-t-il commencé lors de l'anniversaire d'un événement traumatisant comme un décès, un divorce, un accident de voiture, un séjour à l'hôpital, etc.? Cet événement pourrait même remonter à plusieurs années.

7. Voulez-vous vous en débarrasser ? Pourquoi ?

8. Voulez-vous changer ou changer quelqu'un d'autre ? Pourquoi ?

9. Qu'est-ce que cette maladie veut vous enseigner ? Pouvez-vous vivre avec elle et en tirer une leçon ? Que peut-elle vous apprendre ?

10. Voulez-vous vraiment régler votre problème ? Si c'est le cas, que devez-vous faire ? Si vous ne voulez pas le régler, pourquoi pas ?

EXERCICE AUTODIDACTIQUE N° 8
Inventoriez vos sentiments
en 21 questions

But : Dresser la liste de vos croyances et attitudes à l'égard de diverses expériences et événements de votre vie courante afin de découvrir vos sentiments face à eux[7].

Bien des gens passent leur vie à nier – et à ne pas sentir – leurs sentiments. Or comme la maladie résulte souvent d'émotions refoulées qui se transforment en envahisseurs clandestins du corps, il est important de laisser ces émotions remonter à la surface. Observez vos sentiments tandis que vous lisez chaque question. Vos « réactions instinctives » prouvent la présence d'émotions clandestines susceptibles de vous nuire. Vous pouvez modifier votre perception de votre corps et ses réactions.

Répondez aux questions suivantes :

1. Qu'attendez-vous des autres ?

2. Avez-vous bonne ou mauvaise opinion de la plupart des gens ?

3. Les autres ont-ils tendance à profiter de vous ou à vous traiter équitablement ?

4. La plupart des gens sont-ils honnêtes ou malhonnêtes à vos yeux ?

5. Quelle importance accordez-vous à vos relations ?

6. Votre travail vous procure-t-il des satisfactions ou des frustrations en général ?

7. Quelle importance accordez-vous à votre travail ?

8. Avez-vous tendance à vous montrer optimiste ou pessimiste ?

9. Croyez-vous que la vie vous soutient ou qu'elle veut votre peau ?

10. Avez-vous l'impression de donner davantage ou de recevoir davantage ?

11. Avez-vous suffisamment d'argent pour satisfaire vos besoins essentiels ? Vos désirs ?

12. Seriez-vous plus heureux si vous étiez plus riche ?

13. Êtes-vous généreux ?

14. Êtes-vous honnête ? Tenez-vous parole ?

15. Vous aimez-vous en général ?

16. Vous sentez-vous souvent « coupable » ?

17. Voyez-vous souvent la vie comme un « fardeau » ?

18. Éprouvez-vous souvent le désir de vous venger ?

19. Pensez-vous souvent en ces termes : « Que se passerait-il si... », « Pourquoi moi ? », « Si seulement... »

EXERCICE AUTODIDACTIQUE N° 9
Choisir ses pensées : un exercice pour les esprits inquiets

But : Vous habituer à maîtriser vos pensées.

Instructions

1. *Choisissez* une pensée déplaisante. *Tourmentez*-vous à propos de quelque chose ou de quelqu'un. Pensez à une chose qui vous fait sortir de vos gonds.

2. Chassez ces pensées de votre esprit. Dites-vous : « Je laisse aller ces pensées négatives et les remplace par des pensées joyeuses. » Rappelez-vous un événement heureux. Pensez à quelqu'un que vous aimez. Imaginez que vous gagnez à la loterie ou atteignez un but que vous visez depuis longtemps. Souvenez-vous que Dieu vous aime.

3. Notez la différence dans ce que vous *ressentez* pendant que vous entretenez ces différents types de pensée.

4. Dites-vous : « J'ai le pouvoir de choisir mes pensées. »

Répétez cet exercice chaque fois que vous êtes envahi par l'inquiétude ou par des pensées négatives.

N'avoir rien dans le crâne.
Se mettre la corde au cou.
Se cogner la tête contre les murs.

CHAPITRE 4

Croyances de base
et pensées-semences

Des recherches récentes ont démontré que nous créons nous-mêmes une grande part de nos maladies. Les mots sont souvent le déclencheur (catalyseur) des symptômes de la maladie : vous êtes ce que vous pensez, sentez et dites sur vous-même. Vous êtes ce que vous croyez à propos de vous-même. Le langage est un lien visible entre la réalité physique, la réalité affective et les pensées.

Les émotions utilisent un mode d'expression tant physique que mental. L'esprit s'exprime en mots et en images à travers la parole, l'écriture, les rêves, l'imagination, la visualisation et les fantasmes. Notre corps nous parle à travers les sensations agréables ou désagréables telles que les démangeaisons, la transpiration, les éruptions cutanées, la douleur, la pression, les larmes, le rire, les sourire, l'orgasme, la vitalité et l'exubérance. Même un éternuement fait partie de la connexion langagière, une réaction bruyante et nette qui résulte d'un besoin corporel.

Parmi les réactions violentes à des émotions fortes, mentionnons les pieds froids, les mains moites et la rougeur de l'excitation.

Une *pensée-semence* est un catalyseur significatif qui engendre une réaction physique ou affective. C'est une pensée fréquente qui découle de vos croyances de base ou est à l'origine de celles-ci. De même que le noyau de la pomme renferme des pépins qui, en germant, se transforment en pommier, vous nourrissez dans votre for intérieur des croyances qui font de vous ce que vous êtes.

Les *croyances de base* sont les présomptions et les idées qui sont à l'origine de vos pensées et actions quotidiennes. Ces valeurs profondément ancrées en vous provoquent des réactions quasi automatiques aux circonstances et événements de votre vie. Vous n'êtes peut-être pas conscient de vos croyances de base et des pensées-semences qui les accompagnent; mais elles influencent chaque facette de vous-même : physique, mentale, affective et spirituelle. *On peut modifier ses croyances de base au moyen de pensées-semences choisies consciemment.*

Les pensées-semences englobent les attitudes et émotions qui entourent une pensée. Celles-ci semblent déterminer la puissance de la pensée-semence de même que la force et la vitalité de la future plante dépendent du sol dans lequel tombe la graine. Une pensée-semence est une idée plantée dans l'esprit qui germe sous forme d'une manifestation physiologique. Elle peut promouvoir la santé ou, telle une mauvaise herbe, étouffer la vie autour d'elle. Le corps exprime sous une forme physique les pensées tant négatives que positives de l'esprit. Les pensées et les émotions y adhèrent tout comme les pépites de sel collent au pretzel et lui donnent sa saveur. Certains assaisonnements rehaussent le goût du pretzel, mais un excès de sel risque de le gâcher. De même, certains types de pensées et d'émotions peuvent avoir des effets négatifs sur le corps.

DES PELLICULES EN RÉACTION

Avant que j'entame la rédaction de ce livre-ci, les pellicules me rendaient la vie impossible. Un traitement puissant d'une durée de plusieurs mois n'était pas venu à bout des affreuses écailles blanches. J'entrepris alors de chercher la connexion langagière avec le symptôme physique et j'eus tôt fait de la découvrir.

Depuis des années, je m'appliquais à divulguer des idées nouvelles sur la libération des femmes, la santé holistique et la guérison spirituelle. Souvent, tout en présentant ces idées, je me disais : « Ils vont me prendre pour un drôle d'oiseau (en anglais *flake* qui signifie littéralement «écaille »). En saisissant l'incidence évidente de cette pensée sur moi, j'en eus le souffle coupé. La pensée « Ils vont me prendre pour un drôle d'oiseau » semblait être à l'origine de mes pellicules. Voilà un exemple parfait du rôle créatif du langage dans les réactions du corps. C'est en reconnaissant le pouvoir créateur des mots que j'inventai pour la première fois le terme « pensée-semence ».

Ma prochaine étape consistait à vérifier si la suppression de cette pensée-semence éliminerait le symptôme physique qui y était associé. Consciente de la fausseté de cette pensée, je l'annulais chaque fois qu'elle surgissait dans mon esprit. Je compris que, peu importe si les autres me voyaient ou non ainsi, la pensée « Je suis un drôle d'oiseau » *prenait naissance dans ma tête à moi et que j'en étais la seule responsable.* Je la projetais ensuite sur les autres, créant ainsi un cas de pellicules rebelles. Je me réaffirmai à moi-même la réalité: « Je ne suis pas un drôle d'oiseau ! Je suis une personne sérieuse, amusante, aimante qui se passionne pour les nouvelles idées. La majorité des gens que je rencontre le savent. » En moins de deux semaines et sans autre traitement, mes pellicules disparurent. J'avais modifié la croyance qui sous-tendait ma pensée-semence en reconnaissant que les autres me prenaient au sérieux. Quand je reconnus que je n'étais pas un drôle d'oiseau (*flaky*), je cessai d'avoir des pellicules (*flakes).*

Comme chaque personne est unique, vos pellicules sont peut-être reliées à une croyance différente qui donne lieu à une autre pensée-semence. Vous pouvez vous débarrasser de ce symptôme sans nécessairement mettre le doigt sur la pensée-semence qui se trouve à l'origine. Vous amorcez votre guérison en reconnaissant votre responsabilité et en prenant les mesures qui s'imposent au niveau physique, mental et spirituel.

NOTRE MONOLOGUE INTÉRIEUR

Le *corps* est un véhicule remarquable qui nous procure des sensations de plaisir et de douleur destinées à nous enseigner les leçons.

L'*esprit* nous parle au moyen de mots ou d'images (pensées-semences) qui peuvent se traduire en symptômes physiologiques.

L'*âme* est la force vitale, le souffle de vie. L'esprit et le corps nous enseignent les leçons spirituelles reliées à l'amour, la compassion et la confiance. Nous apprenons à travers nos expériences physiologiques. Notre esprit nous aide à comprendre et à créer des significations, favorisant de la sorte notre croissance en tant qu'êtres humains (physiques) et spirituels. *L'âme est la partie de nous qui observe, sait, grandit et aime.*

En observant nos réactions physiologiques, nous pouvons découvrir les pensées-semences et les croyances de base qui sont tapies dans notre inconscient. Des pensées comme « Je suis un drôle d'oiseau » sont des déclencheurs puissants de réactions physiques et affectives dans le corps.

John Graham est un ex-négociateur de l'OTAN qui dirige aujourd'hui le Giraffe Project, une organisation dont le but est de soutenir les pionniers qui acceptent de courir des risques pour améliorer le monde. Il m'avoua ceci : « Je me suis guéri d'une douleur chronique au pied gauche en empruntant la bonne voie (« the *right* direction », littéralement la voie de *droite*) sur le plan professionnel. » De même que l'huître métamorphose l'irritant grain de sable en perle, nous aussi, humains, pouvons transformer les expériences qui nous irritent en occasions de grandir.

DÉCODER SES SENSATIONS

Une manière intelligente d'aborder ses symptômes consiste à tenter de décoder leur signification afin de mieux comprendre comment aider son corps. Vérifiez d'abord l'aspect physique de la sensation : est-elle organique ou fonctionnelle ? Une sensation *organique* est ressentie dans les tissus vivants du corps et indique qu'une région précise a subi des modifications ou des lésions vérifiables.

Une sensation *fonctionnelle* est engendrée par une maladie n'ayant aucune cause physiologique ou structurale apparente. Quelque chose ne tourne pas rond et il n'existe pas de cause connue ; c'est le cas de l'*hypertension artérielle primitive* (sans cause décelable ou démontrée). Plusieurs examens, comme la radiographie des reins, permettent de déterminer la cause de l'hypertension artérielle. Si aucune cause physique n'est décelée, la maladie est qualifiée *d'idiopathique* ou de *primitive*. Un médecin avisé entreprendrait alors d'évaluer le mode de vie du patient et lui recommanderait de modifier son régime alimentaire, de prendre de l'exercice et de se livrer à des activités propres à abaisser sa tension. L'exploration des émotions est une part utile de ce processus. Dans toute maladie idiopathique, l'étude des connexions langagières mentales et affectives peut entraîner des prises de conscience significatives.

La rédaction du paragraphe ci-dessus me poussa à rechercher mes propres pensées-semences en rapport avec l'hypertension. Je me sentais *poussée* à les trouver. « Fais contre mauvaise fortune bon cœur », « Garde ton flegme » et « Serre les dents » sont celles qui me sont venues à l'esprit jusqu'ici. Et je continue de chercher.

Si vous éprouvez des douleurs au thorax, vous vous êtes peut-être fêlé une côte, créant ainsi une lésion organique. Si vous écartez cette possibilité, votre malaise pourrait être causé par des attitudes ou des émotions négatives. Votre corps reflète habituellement votre état affectif. Une tension dans l'estomac peut être reliée à une tension émotive de même qu'à des problèmes associés à la nourriture, à un virus ou à d'autres causes physiques. L'indigestion résulte souvent du stress causé par une indigestion émotive.

Si vous voulez décoder le sens caché d'un symptôme, *écartez d'abord les causes physiques*, puis explorez les causes émotionnelles en cherchant des pensées-semences. Si vous souffrez souvent d'indigestion, décortiquez vos émotions pour voir s'il n'y a pas un aspect de votre vie qui vous « ronge » ou « vous pèse sur l'estomac ». Peut-être que vous n'avez pas « digéré» le sens d'une expérience ou « assimilé» une importante leçon de vie. Peut-être êtes-vous bouleversé et « rongé» par l'inquiétude. Voyez votre langage corporel comme la clé qui ouvre la porte de votre inconscient, puis agissez en conséquence.

Il y a plusieurs années, je souffris d'une grave éruption cutanée. Les démangeaisons et la sensation de brûlure étaient causées par ma colère et ma frustration et par le fait que j'étais impatiente de m'atteler à la rédaction de mon livre. Mais comme d'autres tâches plus pressantes m'attendaient, force me fut de prendre patience. En reconnaissant le lien entre mes émotions et ma réaction allergique, je pus accepter et épancher la frustration qui l'alimentait et contribuer ainsi à ma guérison. En fin de compte, je compris que je travaillais déjà sur mon livre car mes maux faisaient partie du processus de recherche.

Si vous observez les sensations et symptômes de votre corps, vos croyances cachées vous apparaîtront clairement. L'observation objective requiert un certain entraînement. Elle exige que l'on observe, décode et comprenne sans se critiquer, se blâmer ou se punir. Quand on est malade, on doit :

- tirer leçon de l'expérience ;
- se pardonner ;
- et aller de l'avant.

L'observation de mes sensations physiologiques me met souvent en contact avec des émotions pénibles. En général, lorsque je dirige mon énergie et mon attention vers une partie précise de mon corps, son état s'améliore aussitôt. Il arrive que le problème commence par s'intensifier de même que l'usage de détersif et d'eau pour nettoyer une chemise sale accroît d'abord les dégâts jusqu'à ce que disparaissent la saleté et le savon.

Certains jours, une douleur intestinale reflète la blessure et la tristesse que je ressens ou m'efforce peut-être de ne pas sentir. Je ressens alors *physiquement* mes *émotions*. En observant mes pensées, je vérifie l'honnêteté de mon corps car je découvre ce que je pense et ressens vraiment à l'égard d'une situation ou d'une personne.

D'autres jours, je me trouve dans un état d'esprit plus positif qui me fait presque ronronner de plaisir. Comme je vise à me connaître mieux et à m'améliorer, je suis reconnaissante des leçons que m'enseigne mon corps. La gratitude est un aspect important de l'autoguérison.

La récurrence d'un symptôme pourrait résulter d'un schéma mental bien précis. Différentes parties du corps parlent à différentes personnes et s'expriment à leur place. Bien que certains modèles soient typiques, nous possédons tous notre propre langage réactif unique. Les personnes qui se sentent accablées, par exemple, peuvent souffrir du dos. Elles « en ont plein le dos » ou « sont écrasées » par les responsabilités. Chez d'autres, ces mêmes sentiments provoquent des symptômes dans les parties qui supportent le poids du corps comme les articulations de la jambe, le genou, le pied ou la cheville.

LES CLICHÉS, UN LANGAGE ÉMOTIONNEL

Les clichés se transforment souvent en pensées-semences. Celles-ci expriment une émotion à travers des mots dont le sens est directement lié au symptôme évoqué. Ainsi, nous employons tous des expressions comme « se tuer au travail », « se casser le cul », « se creuser la cervelle », « avoir les nerfs à vif », « se faire de la bile ». Nous exprimons ainsi nos sentiments à propos d'une chose ou d'une situation précise. Mais l'emploi de ces expressions peut déclencher des symptômes réels dans les régions mentionnées. Vos paroles peuvent concorder avec un symptôme précis et provoquer celui-ci sous forme de sensation physiologique.

Le processus inverse est aussi vrai. Il arrive que l'on emploie ces expressions après avoir éprouvé le malaise physique. Par exemple, si vous souffrez d'une migraine ou d'une indigestion, vous voudrez peut-être parler de ce que vous ressentez. En disant « je me creuse la cervelle pour trouver une solution » ou « cette situation me pèse sur l'estomac », vous dites vrai puisque vous avez déjà mal à la tête ou à l'estomac. La pensée-semence qui est à l'origine de votre détresse physique *renforce alors celle-ci* de même que la pensée qui a déclenché le symptôme. Votre *croyance* qu'une situation donnée est à l'origine de votre malaise est emmagasinée dans votre inconscient. Le simple fait de former la pensée-semence « je me creuse la cervelle » ou une autre suffit parfois à déclencher ce symptôme. En mettant à jour la pensée-semence, vous pouvez interrompre le cycle de la maladie.

« J'ai les nerfs à vif » est une autre expression courante qui traduit une forme de contrariété. Cette pensée-semence peut aussi se graver dans l'esprit et se « solidifier » dans le corps par la suite, entraînant une douleur et une inflammation. Ici encore, les mots utilisés concordent avec les symptômes présents dans bien des maladies, en particulier dans l'arthrite, une maladie très douloureuse. Les nerfs peuvent être à vif et faire souffrir la personne qui a de l'arthrite. Votre corps prend souvent vos paroles au pied de la lettre et crée le symptôme dont vous parlez.

Pour passer de l'état de victime à celle de vainqueur, vous devez reconnaître vos sentiments et les accepter, puis éliminer de votre langage toutes les expressions négatives. Ne faites pas comme Charlie Brown qui demande sans cesse pourquoi les autres s'en prennent toujours à lui.

Le nom d'une personne joue souvent le rôle d'une pensée-semence. La simple mention d'une personne chère peut susciter des sentiments de joie, d'amour, de plaisir, de peur ou de perte. La perte d'un être cher et le souvenir de celui-ci peuvent être source de souffrance et de désespoir. Même si la relation a été rompue sur votre initiative, le nom de l'autre personne peut continuer de provoquer une réaction physique ou émotionnelle en vous.

N'importe quelle pensée peut nous stimuler. Toutefois, nous entretenons tous des pensées-semences de base qui provoquent des réactions prévisibles chaque fois qu'elles nous traversent l'esprit. J'en veux pour preuve les personnes enclines aux crises de panique aiguës. La simple pensée qu'elles sont au bord d'une attaque suffit à les rendre anxieuses. Le corps a appris que la transpiration, les tremblements, les muscles contractés et la nausée sont des sensations qui accompagnent l'anxiété et il déclenche ces symptômes en présence de la pensée-semence « Je suis au bord d'une crise de panique ».

Le psychiatre et neurologiste Viktor Frankl appelle cela « l'anxiété d'anticipation[1] ». La personne qui craint de bégayer a de grandes chances de bégayer. Frankl parle de l'ironie qui fait que *la peur fait se concrétiser ce dont on a peur et ce que l'on souhaite de toutes ses forces provoque souvent le résultat contraire.* « Plus un homme s'efforce de démontrer sa puissance sexuelle ou une femme sa capacité d'atteindre l'orgasme, moins ils ont de chances de réussir. » L'appréhension conduit souvent droit au résultat redouté;

vouloir quelque chose avec force tout en doutant que ce soit possible peut entraver sa réalisation.

QU'EST-CE QUI VIENT EN PREMIER, L'ŒUF OU LA POULE ?

Notez votre manière de décrire vos sensations physiques. Vous vous dites peut-être « je suis malade » ou « je me porte comme un charme ». Même si vous feignez d'ignorer vos sensations physiques, sachez qu'*au niveau inconscient, chacune de vos pensées indique à votre corps comment réagir*. Chaque pensée favorise la santé ou la maladie. Le dialogue intérieur se poursuit continuellement que vous l'entendiez ou non. Une fois qu'une idée s'implante dans votre physiologie, d'autres pensées, mots et images peuvent influer sur celle-ci.

Les mots ne sont pas l'unique cause de la maladie. Mais ils constituent certainement un maillon de la chaîne des facteurs causals qui englobent en outre l'environnement, le mode de vie et l'hérédité. Les mots créent un climat favorable à la maladie. Notre langage influence la qualité de notre vie.

Il n'est pas encore prouvé de manière certaine que notre langage provoque la maladie ou reflète simplement ce qui est déjà là. Ces deux points de vue semblent renfermer un élément de vérité. *À certains moments, la maladie vise tout bonnement à nous faire prendre conscience de nos pensées et de nos émotions pour que nous puissions les reconnaître et les modifier*. En conséquence, la connexion langagière entre votre esprit et votre corps s'établit dans les deux sens :

Parfois vos émotions se traduisent par des symptômes physiques.

Parfois vos symptômes physiques vous amènent à reconnaître vos émotions.

Nous ne savons pas toujours ce qui vient en premier, de la poule ou de l'œuf, de la pensée ou de l'émotion, de la maladie ou des sentiments. Nous reconnaissons le lien entre notre langage et notre corps chaque fois que nous disons « Je n'ai vraiment rien dans le crâne ».

EXERCICE AUTODIDACTIQUE N^0 10
La conscience de soi

But : Améliorer votre aptitude à reconnaître vos pensées-semences et vos croyances de base ; comprendre l'effet de vos souvenirs sur votre vie ; reconnaître les pensées sur lesquelles vous avez peut-être structuré votre vie.

Instructions

1. Placez un bloc et un stylo à portée de la main afin de pouvoir noter vos découvertes à la fin de l'exercice. Une fois confortablement installé, lisez les instructions en entier puis fermez les yeux quelques instants afin de bloquer tous les stimuli externes. Vous pouvez faire l'exercice les yeux ouverts ou fermés, mais si vous éprouvez de la difficulté à reconnaître vos sentiments, vous obtiendrez de meilleurs résultats en fermant les yeux.

2. *Remarquez ce que vous ressentez en ce moment même.* Observez vos pensées, sentiments et sensations physiques. Décrivez pour vous-même la sensation qui domine dans chaque partie de votre corps. Ces sensations sont-elles agréables ? Quel est votre état affectif ? Êtes-vous heureux, triste, en colère, ennuyé, excité, curieux, intéressé ou quoi que ce soit d'autre ? Tout en suivant le reste des instructions, notez toute modification de votre état affectif.

3. *Pensez à quelque chose, un incident ou une personne qui vous a mis en colère.* Remémorez-vous tous les

détails de la scène : les personnes présentes, leur habillement, les couleurs autour de vous, l'endroit où vous vous trouviez, l'expression des protagonistes et ainsi de suite. Rappelez-vous ce que vous ressentiez et décrivez les sensations physiques que ce souvenir provoque maintenant en vous. Voyez si vous pouvez revivre votre colère en pensée afin d'observer ses effets physiques et émotionnels.

Voyez si vos sensations se modifient tandis que cette expérience vous remonte à la mémoire et que vous l'observez. Il arrive que la colère disparaisse après quelques instants pour faire place à une autre émotion comme la tristesse ou même la compassion.

4. *Évoquez maintenant un moment heureux.* Rappelez-vous la situation dans tous ses détails. Souvenez-vous de l'effet que produisait votre bonheur sur vous et décrivez les sensations physiques qu'engendre ce souvenir en vous aujourd'hui. Voyez si vous pouvez revivre la situation mentalement pour en ressentir les effets physiques et émotionnels.

5. *Pensez à une personne que vous chérissez.* Quels sentiments suscitent en vous le nom et l'image de cette personne ? Décrivez vos sensations physiques tandis que vous pensez à cet être qui vous est cher.

6. *Pensez maintenant à une personne que vous avez déjà aimée, mais qui est sortie de votre vie.* Que ressentez-vous ? Décrivez les sensations physiques que provoque le souvenir de cette personne.

Observez vos sensations physiques, vos pensées et vos sentiments tandis que vous évoquez une situation de votre vie qui vous perturbe. Utilisez ce processus pour éliminer une émotion chaque fois que vous voulez retrouver votre lucidité. Faites-le quand vous voulez résoudre un problème ou avant d'opérer un changement majeur dans votre vie : nouvel emploi, déménagement, mariage ou divorce, etc.

Lorsque vous prendrez conscience de l'incidence de vos souvenirs et de vos croyances cachées sur votre vie actuelle, vous serez motivé à effectuer des changements positifs. Les chapitres suivants et les nombreux exercices qu'ils renferment vous aideront à opérer les métamorphoses qui soignent l'esprit et guérissent le corps. Un grand nombre de techniques peuvent vous aider à « vous penser en santé ». Mais devenir conscient en se regardant vivre est efficace en soi.

EXERCICE AUTODIDACTIQUE N° 11
Modifier ses pensées négatives

But : Vous exercer à modifier vos pensées afin d'harmoniser vos émotions ou d'en contrôler les effets. En étant bouleversé, vous ne faites que galvaniser votre pensée négative et vous la renforcez. Vous pouvez couper court à une attaque d'anxiété en utilisant la technique ci-dessous.

Instructions

1. *Éliminer une pensée négative en prononçant un mot ou une expression telle que «annule», «Dieu m'en garde» ou «efface».* De la sorte, vous donnez à l'ordinateur qu'est votre cerveau une commande qui arrête le programme en opération à cet instant précis. Votre dialogue intérieur peut alors ressembler à ceci : « Ce projet me pèse sur le cœur. Annule, annule. »

   Après avoir annulé la pensée négative, remplacez-la par une pensée positive de votre choix. Par exemple : « Ce projet représente un défi intéressant. » Vous reprogrammez ainsi votre esprit d'une manière plus positive.

2. *Imaginez que vous effacez la pensée avec une gomme,* puis remplacez-la consciemment par une image positive. Par exemple, revoyez l'image négative de votre projet puis effacez-la au moyen d'une gomme mentale. Pour la remplacer, imaginez votre réussite puis voyez-vous en train de célébrer celle-ci.

Il m'arrivait de ne plus pouvoir écrire quand mon esprit fabriquait des pensées d'échec qui provoquaient en moi des sentiments de peur et d'impuissance. Après avoir pris conscience de ceux-ci, j'éliminais les pensées-stimulus et modifiais mon état d'esprit. Je passai de nombreux moments heureux à imaginer que le manuscrit était achevé et publié par l'entremise d'un agent.

Je *voyais* le livre terminé. Je *ressentais* de la joie. Je m'imaginais parlant à la télévision et signant des autographes dans les librairies. Faire semblant m'a souvent motivée à écrire quand j'avais envie de faire autre chose.

Avoir le cœur brisé.
Ne pas avoir la tête sur les épaules.

CHAPITRE 5

Émotions
et langage corporel

C'est en observant mes sensations physiques et en remarquant ce que je pensais et disais que j'ai découvert le véritable pouvoir des pensées-semences. Ainsi j'avais l'habitude de dire « Je n'ai pas la tête sur les épaules » en parlant de ma vie affective. À l'époque, je n'accordais aucune attention au sens littéral de ces paroles. Je les utilisais pour excuser les imperfections de mon comportement. Je croyais que c'était une bonne idée, mais cette habitude que j'avais de me dénigrer, de me diminuer était autodestructrice.

Un jour de 1976, je trébuchai en marchant dans la forêt et ressentis une douleur à la nuque et aux muscles qui tenaient ma colonne vertébrale en place. Par mesure de prudence, je consultai un chiropraticien. Je pensais bien être tirée d'affaire, mais une semaine plus tard, tandis que je marchais en ville, je sentis quelque chose bouger dans mon cou et entendis un craquement qui suscita en moi une vive frayeur.

Quelques jours plus tard, je remarquai que mon cou était incliné et que pour contrebalancer cette inclinaison, je penchais la tête dans la direction opposée. « Je n'ai pas la tête sur les épaules » était devenu une vérité physiologique. Je pris enfin conscience du lien entre mon langage et l'état de mon cou quand je notai avec quelle fréquence je me passais cette remarque. Aujourd'hui, j'ai banni ce genre d'expression de mon vocabulaire. Qu'est-ce qui est venu en premier, la blessure ou la formule ? Honnêtement, je ne m'en souviens pas.

Robert Marshall, chiropraticien, rapporte un cas semblable qui illustre l'action des croyances sur le corps :

> *Une nouvelle patiente vint me consulter un jour. Son corps était très tordu. Elle avait une épaule beaucoup plus haute que l'autre au point de paraître quasiment difforme. Je l'invitai à rentrer chez elle et à se regarder dans le miroir.*
>
> *À la visite suivante, elle exprima son étonnement en constatant à quel point l'image qu'elle présentait au monde extérieur était déformée. En se regardant dans le miroir, elle avait pris conscience d'une pensée-semence qui lui avait été inculquée dans son enfance : « Ne sois pas franche (droite) avec les gens. » Elle voyait que son corps reflétait clairement ces mots. Elle m'avoua alors éprouver d'immenses difficultés dans ses rapports avec autrui. Malgré elle, elle n'était jamais sincère avec les autres. Sa famille lui avait enseigné l'hypocrisie en la poussant à ne pas se montrer telle qu'elle était. « Garde tes sentiments pour toi-même. N'abaisse pas ton jeu. Ne sois jamais franche avec les autres. » En con-*

séquence, elle avait du mal à regarder les gens en face.
Et son corps était très tordu.

LIENS AFFECTIFS AVEC LE PASSÉ

Pendant mon enfance, ma mère me répétait sans cesse : « Si tu n'as rien d'intelligent à dire, tiens ta langue. » Résultat : j'étais encline à dissimuler certains sentiments « pas jolis » et à les retourner contre moi-même. Moi aussi j'ai appris à ne pas être franche avec les autres et mon corps n'est pas droit non plus. Il faut beaucoup d'énergie pour dissimuler ses sentiments et les refouler et cela provoque une tension musculaire et un stress excessifs. On a vite fait d'accumuler du ressentiment. De temps en temps, j'explosais et me défoulais sur ceux que j'aimais.

Maintenant, j'apprends à éliminer mon ressentiment à mesure en me montrant franche d'entrée de jeu. La franchise semble être un élément crucial de ma vie. Loin de moi l'idée de critiquer ma mère pour m'avoir montré à parler gentiment. Mais je n'ai vraiment pas besoin de dissimuler mes sentiments. Je peux les exprimer d'une manière qui soit utile aux autres. Exprimer sa colère ou sa déception peut être utile à l'autre personne, surtout si ces sentiments sont adoucis par l'amour.

L'écrivain Tony Schwartz décrit l'expérience suivante : « Il y a trois ans, je souffrais d'un mal de dos chronique bien que j'aie consulté tout une batterie de spécialistes pendant deux ans. En dernier recours, je m'adressai à un médecin du nom de John Sarno, du Rusk Institute de l'Université de New York, qui croit que pratiquement tous les maux de dos sont attribuables non à des causes structurales mais au stress. Le docteur Sarno traite ces maux en donnant une série de conférences sur la physiologie et la psychologie de la tension. Il enseigne le pouvoir de l'esprit sur le corps, point à la ligne. Ma douleur disparut en moins de quelques semaines et ne revint jamais. J'ai référé plus de quarante personnes souffrant du dos au docteur Sarno depuis ce temps, dont au moins une demi-douzaine étaient victimes de hernies discales. Toutes sauf une virent leur douleur disparaître en l'espace de quelques semaines[1]. »

Les souvenirs déclenchent aussi des sensations corporelles. La mémoire, en fait, est rattachée aux émotions. Nous avons tendance à nous souvenir des expériences qui ont suscité une puissante réaction affective en nous. Les noms des personnes importantes pour nous dans le passé ou dans le présent peuvent devenir des pensées-semences. Ils peuvent provoquer une réaction physique et émotionnelle en symbolisant les sentiments reliés à l'amour ou à la perte de l'amour.

Dernièrement, je revis un homme avec qui j'avais vécu une année riche en émotions. La perspective de le revoir m'excitait et m'énervait tout à la fois. Notre amitié était profonde, peut-être davantage encore parce que nous n'étions pas amants. Même si notre rupture m'avait soulagée, j'avais également ressenti une grande souffrance. Le simple fait de penser à cet homme ou d'en entendre parler déclenchait une réaction physique chez moi. J'avais l'impression de recevoir un coup de l'intérieur, mon estomac se serrait, j'éprouvais une tension et une sensation de chaleur à la poitrine et mon cœur battait la chamade. Son nom et l'image que je gardais de lui étaient devenus des pensées-semences.

Toute l'année qui suivit notre rupture, je digérai et épanchai les émotions associées à cette relation. J'étais extrêmement malheureuse et pleurais la perte d'autres amours en revivant des émotions refoulées depuis longtemps. Souvent le chagrin inexprimé est emmagasiné dans le corps et libéré par une perte récente. La libération de ce chagrin est sans contredit un facteur de santé.

Je me croyais tout à fait guérie et cet homme avait cessé de me manquer, mais j'ignorais quelle serait ma réaction inconsciente en sa présence. Une fois notre rencontre passée, je n'étais pas troublée mais je me demandais si je me bernais : peut-être qu'il me manquait toujours et que je refoulais mes émotions. Un rêve m'indiqua d'une manière symbolique qu'il n'en était rien. Dans ce rêve, nous étions assis dans une voiture et avions décidé d'aller au cinéma. Nous ressentions tous deux l'amour qui nous unissait l'un à l'autre. Puis je lui ai donné un baiser d'adieu en disant : « Je choisis d'être ailleurs – et non avec toi » et suis sortie de la voiture. Ce rêve m'a confirmé que j'allais bien, avec ou sans la présence de cet homme dans ma vie.

L'effet du chagrin sur le corps est signalé dans la littérature médicale. Le docteur James Lynch, spécialiste de la médecine psychosomatique, expose clairement les effets du chagrin et de la séparation sur le cœur humain. Il observe que : « En 1959, les docteurs Kraus et Lillienfeld, en se fondant sur des données publiées par le National Office of Vital Statistics, ont été parmi les premiers à attirer l'attention sur la hausse soudaine de mortalité chez les veufs et les veuves, surtout parmi les plus jeunes[2]. » Les humains expriment leur chagrin à travers leur corps et ils peuvent avoir « le cœur brisé » et en mourir.

Les chercheurs Kiecolt et Glaser font état de diverses études sur les changements immunologiques reliés au divorce et à la séparation. Dans l'une d'elles, ils ont découvert que la fonction immunitaire des femmes séparées depuis un an était plus faible que celle d'un groupe de contrôle composé de femmes mariées. Ils ont révélé en outre que les personnes qui entretiennent moins de relations étroites présentent un taux de maladie et de mortalité plus élevé[3]. Il ne fait aucun doute que ce qui se passe dans nos relations interpersonnelles a des incidences sur notre santé.

C'EST VOUS QUI DONNEZ UN SENS AUX MOTS

Les émotions et la sensation globale de maladie ou de bien-être sont ressenties et exprimées dans le corps. Cette sensation générale est une évaluation purement subjective que vous faites vous-même et qui, souvent, est reliée à votre état affectif global. Vous ressentez physiquement la joie, la colère, la tristesse ou le chagrin de même que vous en parlez et les extériorisez dans vos actions. Vous êtes heureux quand vous riez ou souriez. La colère se traduit par une tension musculaire, un serrement de l'estomac ou même une hausse de la température corporelle. Les larmes sont l'expression physique de la tristesse, de la joie, du chagrin.

Comme c'est vous qui lui donnez un sens, vous pouvez découvrir la *raison d'être* de chaque sensation physique. Prêtez attention à votre corps et demandez-vous ce que signifie telle ou telle sensation. Votre état physique reflète votre état affectif. Les personnes souffrant d'une maladie grave comme une maladie cardiaque, un cancer, l'arthrite ou même le sida devraient être traitées pour leur détresse émotionnelle profonde. Même si leurs pensées-semences demeurent un mystère, la guérison s'en trouvera tout de même facilitée.

Les pensées-semences sont souvent interconnectées et elles forment un schéma pour le corps. Il est possible que plus d'une série de pensées soient responsables de la forme, de la silhouette et de l'état de votre corps. De même, vos émotions peuvent être provoquées par une série de croyances reliées entre elles. L'élimination d'une seule pensée-semence peut avoir pour effet de renverser votre modèle « maladisant ». Toutefois, un travail plus poussé s'avère parfois nécessaire pour modifier le schéma négatif qui contribue à créer votre réalité physique et affective.

En s'appuyant sur de nombreuses études et histoires de cas, Paul Pearsall démontre le rôle que jouent les pensées et les émotions dans toutes les maladies, le lien fondamental entre l'état d'esprit et la santé, et la nécessité, pour permettre la guérison, de se connaître, s'aimer et s'accepter soi-même. « L'épidémiologie, écrit-il, qui étudie les nouveaux modèles de maladie au sein de groupes importants, souligne aussi l'importance de la relation psychosomatique. En 1976, le docteur C. B. Thomas publiait les résultats d'une étude menée auprès d'étudiants en médecine qui furent suivis pendant trente ans. Elle révéla que les profils des tests psychologiques étaient prédicteurs de maladies telles que le cancer, les cardiopathies et l'hypertension artérielle. Le docteur George Valiant réalisa une étude similaire qui fut publiée en 1974 et 1977. Dans le cadre de cette étude, il suivit pendant trente ans un grand nombre d'étudiants à l'Université Harvard et établit clairement le lien entre leur maturité affective et la mesure dans laquelle ils étaient sujets à la maladie[4]. »

Il a été scientifiquement prouvé qu'un mécanisme physique relie directement le cerveau, l'esprit, les émotions et le système immunitaire. Des molécules messagères appelées neuropeptides et transmises à travers pratiquement tous les fluides corporels (sang, lymphe, etc.) semblent connecter entre eux les systèmes immunitaire, endocrinien et nerveux central.

DES RÉSEAUX DE PENSÉES-SEMENCES

En observant de près mes sensations physiques, je reconnais souvent des émotions dont je n'étais pas consciente ou découvre une série de pensées-semences interconnectées, qui forment mon propre schéma négatif. Plusieurs connexions langagières me sautèrent aux yeux à l'époque où je fus « attaquée » par des éruptions cutanées. Trois fois en six semaines, la totalité de mon corps se couvrit d'horribles boutons. La peau me piquait, me brûlait. J'en conserve encore aujourd'hui des cicatrices dans le dos. Apparemment, les éruptions étaient causées par des allergies alimentaires, mais elles contenaient également un message provenant d'émotions profondes non reconnues.

Mon médecin m'assura que mon état n'était pas grave et paraissait pire qu'il l'était en réalité. Après quelque temps, je pus le considérer comme une occasion d'en apprendre davantage sur moi-même et de transformer ma relation avec cette partie de moi-même qu'est mon corps. Les *démangeaisons* reflétaient mon impatience, la sensation de *brûlure* était l'expression physique de ma colère refoulée. Je me sentais laide et sale.

« Hexaba » est le mot que j'utilise pour désigner la partie laide et mauvaise de moi-même – le réseau bouillonnant d'émotions négatives et de pensées-semences inexprimées. Tapie au fond de mon inconscient, elle hurle pour qu'on la laisse sortir, qu'on l'accepte et qu'on l'aime. Elle s'exprime à travers mon corps et en la conceptualisant, je tentais de donner un sens à une expérience pénible.

J'avais beau répéter que les éruptions m'enlaidissaient, je ne me cachais pas cependant. Il était hors de question de me maquiller. Ma peau était trop sensible, mes lèvres, fendillées et sèches. Je demandais souvent à ma famille d'examiner mes boutons : de quoi avaient-ils l'air ? Voyait-on une amélioration ou une aggravation ? J'étais tiraillée entre ma certitude d'être laide et mon désir de m'exposer au monde entier. J'assistai à un mariage et fis prendre ma photo en souvenir de cette époque. Bientôt la sensation de laideur que j'éprouvais intérieurement me quitta. Ma peau reflétait ce qui se passait au tréfonds de mon être. J'apprenais, à travers le reflet que me renvoyait ma peau et la sollicitude de mes amis et de ma famille, à m'aimer, à m'accepter et à me pardonner. Ce n'était pas la première fois, ni la dernière, que mon corps me donnait une leçon.

Je reconnus que j'étais responsable de ces éruptions qui étaient peut-être causées par une alimentation désordonnée et effrénée de même que par la haine profonde que je me portais. En découvrant le lien entre les éruptions et la nourriture, je contribuai à me guérir et à rectifier les comportements découlant de mon schéma affectif profond. Mes souffrances physiques me rendaient plus consciente de certains aspects non résolus de ma vie et me poussaient à approfondir mon examen personnel, à changer et à me transformer.

Lorsque je reconnus mes pensées-semences, je créai des antidotes mentaux afin de modifier mes croyances de base malsaines et mes réactions émotionnelles. Je répétais souvent des affirmations positives afin de contrer mes croyances pernicieuses. Je jouais mentalement à des jeux vidéo dans lesquels des Pacmen traversaient mon corps au pas de course, chassant les envahisseurs étrangers et engloutissant bactéries, allergènes, tumeurs et graisses. Peu après, les éruptions disparurent et je perdis sept kilos. J'associais ces exercices mentaux à des techniques physiques comme une meilleure alimentation, un programme d'exercice et des remèdes à base d'herbes. Voici une partie des pensées-semences et des croyances de base que je mis à jour ainsi que leurs antidotes :

Pensée-semence et symptôme : La peau me démange.
Croyance de base : Je n'étais pas en harmonie avec moi-même. J'étais impatiente de passer à la prochaine étape de ma vie, d'amorcer la rédaction de mon livre.
Antidote mental : J'avance aussi rapidement que je le souhaite. Je suis de plus en plus patiente chaque jour.

Pensée-semence et symptôme : Je brûle. Les lésions étaient si chaudes qu'elles me brûlaient la peau.
Croyance de base : La colère que j'avais refoulée me brûlait en sortant à travers ma peau.
Antidote mental : Je transforme ma chaleur intérieure en amour et en paix. Je suis fraîche et détendue.

Pensée-semence et symptôme : Je suis laide. Les lésions sont dégoûtantes.
Croyance de base : J'avais l'impression d'exsuder un poison tant physique que spirituel ; le poison de la haine de soi et de la colère.
Antidote mental : Je suis belle et je purifie mon âme.

Pendant cette période, je consultai un interniste et un dermatologue pour m'assurer que je ne souffrais pas d'une maladie organique grave. Aucun traitement médical n'était indiqué, mais le dermatologue m'assura que cette maladie était moins grave qu'elle n'en avait l'air, qu'elle était seulement laide et inconfortable. « Cela aussi passera », me dit-il pour me réconforter. Qui peut dire lequel des traitements que j'appliquai fut le plus efficace dans ma guérison ? Ma seule certitude, c'est que j'appris beaucoup sur moi-même et que cette expérience me fit grandir sur le plan affectif.

La peau reflète d'une manière flagrante notre état inconscient. On peut la guérir en modifiant sa façon de penser. Pearsall raconte l'histoire d'un garçon qui souffrait d'une maladie soi-disant incurable appelée hyperkératose ichtyosiforme, qui entraîne le durcissement et le noircissement de la peau. « Les principaux manuels de dermatologie indiquent qu'il n'existe aucun remède connu à cette terrible maladie, écrit-il. Le docteur Mason, hypnothérapeute, examina le garçon et lui conseilla certaines visualisations destinées à le détendre et dans lesquelles il imaginait que sa peau redevenait comme avant. En moins de dix jours, sa peau avait retrouvé une apparence normale. Les résultats du docteur Mason, publiés dans le *British Medical Journal*, furent confirmés par trois autres chercheurs médicaux. » Par la suite, d'autres médecins obtinrent des résultats positifs dans le traitement des troubles de la peau. De conclure Pearsall : « Nous savons aujourd'hui que la " réaction cutanée causée par les cellules T " est reliée à nos émotions et croyances, que la peau réagit intensément à nos sentiments[5]. »

Jack, un de mes anciens étudiants, s'exprimait souvent avec hostilité comme si « le poing lui démangeait ». En même temps, il grattait les écailles blanches qui couvraient ses bras. Sous bien des angles, Jack était un être doux qui n'aurait jamais fait de mal à une mouche, mais il n'en était pas moins dévoré par une profonde colère. Comme il n'était pas prêt à reconnaître que sa colère prenait sa source en lui, sa peau fournissait un exutoire à ce sentiment. N'ayant nulle part où aller, elle « suintait de son corps », créant le psoriasis et ses affreuses démangeaisons.

SUPÉRIORITÉ DE L'ESPRIT SUR LA MATIÈRE

Si Barbara Brown mit à contribution ses recherches sur le cerveau et le comportement dans un ouvrage intitulé *Supermind : The Ultimate Energy*, elle puisa également dans son expérience personnelle. Quand on lui annonça qu'elle devait subir une amygdalectomie, elle prit le temps de se préparer émotivement avant l'intervention. « De temps à autre, écrit-elle, je me disais que l'opération se déroulerait sans heurts et sans douleur, et qu'elle n'entraînerait aucune complication. » Exécutée à froid, l'opération se déroula à merveille. « Je ne sentis rien, ne saignai pas et me rétablis sans aucune difficulté. La suprématie de l'esprit sur la matière. La capacité de l'esprit d'assurer les fonctions vitales du corps m'a servi à d'autres moments, mais j'avoue ignorer comment il accomplit de si remarquables exploits. Je sais cependant que c'est moi qui le *veux*... »

À un autre moment, Barbara Brown faillit s'amputer le pouce dans un accident survenu à la maison. Une fois son pouce recousu, elle rentra chez elle sans s'arrêter pour acheter des analgésiques. Faisant encore une fois appel au pouvoir de l'esprit, elle se répéta à plusieurs reprises qu'elle ne souffrirait pas. Comme le chirurgien l'avait prévenue que son pouce serait engourdi et déformé, elle ordonna à celui-ci de guérir parfaitement et sans cicatrices. Grâce à ses suggestions mentales et à quelques verres d'alcool bien tassé, elle maintint la douleur à distance. « Mon pouce guérit rapidement et seule une toute petite cicatrice me rappelle cet incident[6]. »

Au cours des dix dernières années, j'ai appris à mieux me connaître en observant mes pensées, en prenant conscience de mes sentiments et de leurs effets sur mon corps.

Cette conscience de moi me permet de mener une vie plus heureuse, plus sereine et plus créative. Il est devenu tout à fait clair pour moi que *les mots sont des choses mentales auxquelles nous donnons une signification en les incarnant physiquement*. Nous pouvons démasquer notre corps et découvrir cette signification. De même que nous pouvons *mettre à jour* nos pensées-semences pour trouver les modèles qui conduisent à la maladie, nous pouvons *choisir* celles qui nous aideront à créer des schémas nouveaux et plus sains. *Si nos mots et nos pensées peuvent nous rendre malades, ils peuvent aussi nous redonner la santé.*

EXERCICE AUTODIDACTIQUE N° 12
L'effet miroir

But : En apprendre davantage sur vous-même en examinant attentivement votre corps ; vous exercer à vous observer et à vous voir comme vous regardez les autres. Cet exercice vise strictement à vous renseigner. Une conscience de soi accrue conduit souvent à la guérison sans qu'il soit nécessaire de faire quoi que ce soit.

Instructions

1. *Mettez-vous debout devant un grand miroir.* Prenez plusieurs inspirations profondes pour vous détendre. Observez l'apparence de votre corps sans essayer de l'améliorer. Est-il droit ? Avez-vous une épaule plus haute que l'autre ? Votre dos est-il voûté ?

   Le miroir est un outil utile pour s'observer car certaines personnes ne se voient jamais telles qu'elles sont vraiment : elles rentrent le ventre, redressent le dos ou sourient pour améliorer leur apparence.

2. *Remarquez les pensées qui vous viennent tandis que vous regardez votre corps.* Si vous vous critiquez,

observez l'effet de vos jugements sur votre état affectif. Une fois votre examen terminé, remerciez votre corps de vous avoir soutenu jusqu'ici dans votre vie.

EXERCICE AUTODIDACTIQUE N° 13
Les noms : des pensées-semences

But : Comprendre le pouvoir des souvenirs.

Instructions

1. Fermez les yeux et détendez-vous. Répétez le nom d'une personne qui a été ou est encore très importante pour vous. Il est probable que l'image de cette personne ou la seule évocation de son nom suscite en vous de puissants sentiments de joie, de tristesse ou même de colère. Votre corps est malin : il sait quelles sensations physiques produire.

2. Utilisez votre propre nom comme pensée-semence positive. Regardez-vous dans le miroir et dites-vous : « Je t'aime et t'apprécie, (dites votre nom) ». Dites pourquoi vous vous aimez. Par exemple, je pourrais dire : « Je t'aime et t'apprécie, Barbara, parce que tu es prête à déterrer tes émotions inconscientes et à écrire à leur sujet pour aider les autres. » Plus vous trouvez de raisons, mieux c'est. Faites cet exercice chaque jour en vous brossant les dents.

Je brûle d'impatience.
Se ronger d'inquiétude.
Avaler la pilule.

CHAPITRE 6

Le corps,
un baromètre émotionnel

Il fut un temps où j'étais convaincue de pouvoir « avaler des pierres » tellement j'avais l'estomac solide. L'aspect positif de la pensée-semence « je pourrais avaler des pierres » réside dans l'idée qu'un estomac en santé est capable d'« encaisser », ce qui laisse supposer que la personne est forte et peut aussi « encaisser ». Elle prouve que je croyais mon système digestif en excellente santé. À trente-quatre ans, on me découvrit des calculs biliaires. Le traitement reconnu à l'époque étant l'ablation de la vésicule, je m'y soumis sans rechigner.

Je souffris ensuite de troubles alimentaires et soignai davantage mon alimentation. Le lien entre la pensée-semence

« je pourrais avaler des pierres » et mes troubles digestifs me sauta aux yeux au cours d'une méditation. Les pierres sont lourdes et indigestes, et les porter est aussi un fardeau. Plus tôt, cette pensée-semence m'avait incitée à croire que je pouvais digérer à peu près n'importe quoi. Mais en fait, je devais faire attention à la nourriture que j'ingérais et aux pensées que j'absorbais. Quand je me nourrissais d'une manière insensée et entretenais des craintes, ma digestion en souffrait. Dès que je pris conscience de ma négativité et de mes inquiétudes, les troubles disparurent. Ce relâchement émotif est crucial. Un mystique oriental l'a décrit d'une manière frappante en disant : « Quand on est heureux, on peut digérer des pierres. » Mon corps est un excellent outil d'apprentissage en ce qui touche les connexions langagières.

BIEN MANGER POUR RESTER EN FORME

Mon intérêt pour la guérison holistique me conduisit à améliorer ma santé en soignant mon alimentation. Pendant des années, je suivis un régime végétarien sans trop me soucier de ma digestion. Auprès de divers professeurs, je m'initiai à différentes approches en matière d'alimentation. J'essayai entre autres la cuisine macrobiotique, l'hygiène naturelle, le régime du Dr Pritikin et une diète à base de crudités et de jus de légumes. Tous ces régimes possédaient certains aspects en commun, notamment ils étaient végétariens et sans sucre, mais ils présentaient aussi des différences importantes. J'étais souvent très confuse quant à ce que je devais manger.

Dans ma quête d'une meilleure santé, je me lançais dans chaque nouveau régime avec la conviction que j'étais sur la bonne voie. Je connaissais des gens qui avaient suivi chacun d'eux avec succès. J'étais contente de ressentir un bien-être sans cesse croissant. Je perdais même du poids sans faire d'effort. Mais après avoir succombé à des pensées du genre « ce régime est ennuyeux, trop rigide, difficile à suivre », je recommençais à avaler presque n'importe quoi. En m'initiant aux règles de chaque régime, je pensais souvent : « Est-ce que je fais du tort à ma santé en mangeant ceci ? » Mon monologue intérieur était dominé par la peur et la confusion. Quel régime devais-je suivre ? Quelles règles devais-je observer ? Et lesquelles devais-je violer ?

La peur agit comme un aimant qui attire les expériences négatives. En voulant à tout prix éviter une chose, nous donnons de l'énergie à cela même que nous voulons éviter. En tant que membre de l'univers physique, nous sommes tous sujets à la loi de la gravité qui veut que ce qui monte finisse toujours par redescendre de même qu'à celle de l'attraction qui fait que l'on attire à soi ce à quoi l'on pense. La peur, qui est fondée sur des croyances négatives, crée une attente négative qui peut produire un effet Pygmalion. Je savais cela rationnellement.

Mais comme je ne pouvais pas suivre tous ces régimes incompatibles entre eux, qu'arriverait-il si je choisissais le mauvais ? Je détenais un excès d'informations, il fallait que je fasse un choix. La crainte de mal choisir me hantait. Je m'étais programmée pour souffrir de troubles digestifs quel que soit le régime choisi. *Peu importe la qualité de ma nourriture, mon alimentation mentale était riche en anxiétés.*

Au cours d'un atelier, je m'entendis dire : « Quelque chose me ronge. » Je ne parlais pas de la nourriture. Mais je reconnus bientôt le lien entre celle-ci et le sens de cette pensée-semence.Cette découverte me libéra des peurs que j'entretenais face à la nourriture, de mon impatience et de mes troubles digestifs.

Toutes mes croyances sur mon système digestif étaient interconnectées. Une fois les pensées-semences qui les étayaient mises à jour, elles se démêlèrent peu à peu et revêtirent de multiples formes. Je craignais la nourriture et étais confuse quant au régime qui me convenait. J'avais acquis des réflexes conditionnés par rapport à chaque type d'aliment : trop gras, mauvais pour la circulation, difficile à digérer en cas de mauvaise combinaison. J'étais allergique à certaines denrées. Je me méfiais des additifs ou appréhendais de manger des aliments morts ou pauvres en enzymes. Au restaurant, je redoutais la nourriture avariée et les manipulations malsaines. Certains jours tout ce que je mangeais alimentait ma peur.

Malgré tout, j'adorais manger, mais mes inquiétudes constantes aggravaient mon stress et gâchaient mon bien-être. Je comprenais que, même si ma vie devenait parfaite, même si la paix régnait dans le monde, je ne connaîtrais pas la sérénité tant que je n'aurais pas éliminé mes peurs relatives à la nourriture. Je résolus de me libérer de mes craintes, de manger des aliments et de nourrir des pensées susceptibles de m'aider.

Je modifiai ma perspective du tout au tout. *J'imaginai que quelque chose rongeait mes conditionnements et mes croyances malsaines et les faisait disparaître.* Je pris la pensée-semence récurrente et malsaine « quelque chose me ronge » et la tournai contre mes croyances négatives. De la sorte, une pensée autrefois négative devenait l'outil de ma propre transformation.

LE CORPS, UN BAROMÈTRE

Le corps est le baromètre de nos émotions. Même si vous n'êtes pas conscient que vous êtes négatif ou perturbé, un malaise physique peut refléter votre détresse affective. Alice Katz, psychothérapeute et auteur de *Compulsive Overeating*, affirme que « manger est une manière tant d'exprimer que de dissimuler ses émotions. Ce que nous mangeons, à quel moment et pour quelles raisons, tout cela peut être relié à des souvenirs et des croyances inconscientes. Les souvenirs déclenchent souvent le désir de manger.

« Une de mes clientes obèses adorait les pâtes. Elle se rappelait la fois où son oncle préféré l'avait emmenée à un cocktail. Elle s'était servie une grande assiette de nourriture et sa famille l'avait félicitée quand elle avait repris des pâtes. Une autre cliente se rappelait qu'on lui interdisait de manger des bonbons quand elle était petite. Les bonbons étaient « un fruit défendu ». Par dépit, une fois devenue adulte, elle se mit à s'empiffrer de bonbons. Manger était un acte de défi : un comportement inadéquat qui la blessait. »

Bien des gens mangent trop sous l'effet du stress. Alice Katz écrit : « Nous utilisons la nourriture à mauvais escient pour nourrir un état affectif comme la solitude. Mais pour vraiment atténuer un sentiment de solitude, ce sont des gens qu'il faut. » Ma sœur Arlene dit souvent : « La nourriture m'a aidée à passer à travers l'opération au cerveau de Barbara. » Elle noie ses peurs dans la nourriture.

Dans une étude publiée dans le *Brain/Mind Bulletin*, les chercheurs Marvin Acklin et Gene Alexander[1] ont découvert *une nette association entre l'incapacité d'exprimer ses émotions et une variété de maladies allant des troubles gastro-intestinaux jusqu'à la dermatite en passant par la migraine et les douleurs lombaires.*

Dernièrement, mon amie Jean contracta une mauvaise gastrite qui dura plusieurs jours. Une fois rétablie, elle reconnut que sa sensibilité au stress l'avait rendue plus vulnérable physiquement. « Je me suis coincée dans un emploi avec un employeur que je n'aime pas », dit-elle. En réagissant de la sorte, son corps montrait à Jean à quel point elle était malheureuse. Dès qu'elle fut suffisamment rétablie pour reprendre son travail, elle démissionna.

Lillian, une écrivain, parle des douleurs intestinales qui l'ont tourmentée pendant son divorce. « J'étais persuadée que rien ne clochait physiquement et pourtant je souffrais beaucoup. Des examens ont démontré l'absence de toute lésion organique. En fin de compte, j'ai compris que je ne pouvais tout bonnement pas "digérer" la manière dont se déroulait le divorce. »

Jacques, ingénieur et accro de l'amélioration de soi, me demandait souvent des conseils. Quelque chose semblait « le ronger » ; il n'était jamais satisfait. Il affirmait vouloir se débarrasser de son conditionnement négatif « viscéral ». Récemment, les médecins ont découvert qu'il avait des parasites intestinaux depuis longtemps.

Dans son ouvrage *L'amour, la médecine et les miracles*, le docteur Bernie Siegel relève le commentaire d'un de ses patients qui vient de subir une intervention d'urgence visant à lui retirer plusieurs mètres d'intestins morts. Siegel sait écouter ses patients qui se confient souvent à lui. Le patient en question, un analyste jungien, avoua à Siegel : « Je suis heureux de vous avoir comme chirurgien car je suis une analyse didactique en ce moment et je ne pourrais pas faire face à toute la merde qui remonte à la surface ni digérer les saloperies de ma vie[2]. »

Lorsque nous nous engageons dans une activité qui nous pousse au-delà de nos capacités, cela provoque souvent des sentiments pénibles ou négatifs. Pendant quinze ans, Henry, un de mes étudiants, assuma la direction générale de l'entreprise de gros, fort rentable, de Jim. Lorsque celui-ci prit sa retraite, Henry acheta l'entreprise en souscrivant à un emprunt. Pendant les dix années subséquentes, il travailla d'arrache-pied pour rembourser son prêt et agrandir son entreprise. Diriger sa propre entreprise exigeait le maximum de lui. Il disait souvent : « Des pensées comme " Pourquoi ai-je acheté cette entreprise ? " me venaient sans cesse à l'esprit. La pression exercée par l'emprunt et le désir de garder l'entreprise sur ses rails ne me laissent pas beaucoup de temps ou d'énergie pour moi-même. Je me sens souvent isolé ; je n'ai personne avec qui partager ce fardeau. *J'éprouve un besoin et pour le combler, je mange trop et je grossis.* »

Dans ses moments de loisir, Henry se plaignait souvent de maux de tête et de vagues malaises. Son sentiment d'insuffisance, sa crainte de l'échec et l'inconfort général que lui causait sa position de patron, tous ces sentiments luttaient pour être reconnus. En fin de compte, Henry finit par saisir le message de son corps. Il comprit que ses malaises physiques l'invitaient à modifier son attitude et son mode de vie. Il prit davantage de repos, se détendit, se mit à l'exercice et mangea moins, ce qui eut pour effet d'atténuer son stress. Pendant la séance de counseling, il se rendit compte que plusieurs choix s'offraient à lui : il pouvait fermer l'entreprise, engager quelqu'un pour la diriger à sa place ou même la vendre. « Le travail est censé améliorer ma vie, pas la remplacer. »

Comme Henry souhaitait conserver son entreprise, il engagea du personnel pour l'assister, ce qu'il avait hésité à faire auparavant. Il m'avoua récemment : « J'ai tout gâché mais maintenant je vais la ressusciter. » Aujourd'hui, il dirige son entreprise avec une nouvelle lucidité. Il a pris conscience que sa peur et son doute de soi avaient entravé sa capacité d'opérer des choix avisés. Depuis qu'il a éliminé son stress affectif, il ne souffre plus et sa santé s'est améliorée. Cette nouvelle sensation de bien-être l'a aidé à penser plus clairement. Henry a *digéré* ses expériences passées, *assimilé* les informations qui l'ont poussé à *éliminer* ses pensées négatives et à opérer des changements positifs. Il continue dans cette voie.

VLAN! UNE ÉMOTION VIENT DE TE TOMBER DESSUS

Nous sommes nombreux à croire que notre vie serait merveilleuse si seulement nous étions maîtres des circonstances extérieures. Cela paraît logique aux yeux de beaucoup malgré les preuves en faveur du contraire. La vraie qualité de notre vie découle de *notre réaction intérieure*.

Par exemple : un homme fait faillite et s'enlève la vie tandis qu'un autre tire une leçon de l'expérience et devient prospère. Une femme attrape un cancer et pleure sur son sort; une autre en profite pour changer et émerge de l'expérience plus heureuse et plus sereine. Certaines personnes répondent aux injures par d'autres injures tandis que d'autres écoutent avec compassion, apportant un peu de paix à un environnement perturbé. Un chauffeur vous laisse passer avant lui tandis qu'un autre vous fait un geste obscène. Ces réactions découlent d'attitudes distinctes et l'expérience ressentie dans chacune de ces situations est certainement différente. Chacun de nous détermine la qualité de sa vie à travers les croyances profondes qui influencent son comportement.

Pour comprendre l'effet de nos émotions sur nous, il est utile de saisir leur véritable nature. Les émotions sont réelles! Ce sont des réactions automatiques qui reflètent nos expériences passées. Ce sont les parties primales (originales, archétypales, fondamentales) et instinctives de notre être. Julia Bondi, auteur de *Lovelight: Unveiling the Mysteries of Sex and Romance*, croit que nos réactions instinctives peuvent nous éclairer sur nos croyances inconscientes:

> *Nous avons évolué au-delà des créatures émotionnelles aux réactions instinctives que nous étions. Nous détenons désormais le pouvoir de la pensée, véritable cadeau de Dieu, qui nous sert à maîtriser l'énergie de nos émotions. Les émotions-réactions sont toujours là, prêtes à être ressenties. L'expérience les réveille. De même que les pensées! Nous réagissons émotivement et l'explication que nous nous donnons pour exprimer nos sentiments instinctifs et y faire face peut se transformer en croyance inconsciente. En un sens, nous sentons l'émotion puis tentons de chasser notre souffrance en la justifiant intellectuellement.*
>
> *Comme les émotions sont primales et instinctives, l'esprit et la pensée sont notre façon tant d'entrer en*

contact avec elles que de les diriger d'une manière
appropriée. Réagir émotivement et sans réfléchir nous
porte souvent à dire ou à faire des choses que nous
regrettons par après. La réflexion consciente nous aide à
affronter nos émotions d'une manière constructive dans
la mesure où nous n'utilisons pas nos pensées pour les
juger ou les nier. Une juste réflexion nous permet de
modifier nos croyances profondes afin de les réaligner
avec nos émotions d'une manière saine et utile.

Par exemple : si j'ai six mois, que j'ai faim et que personne ne me donne un biberon ou un sein, mon instinct me pousse à crier pour exprimer mon émotion. Il n'y a aucune pensée dans cette réaction, seulement l'émotion crue. Mais en vieillissant, je peux réfléchir afin de trouver une bonne façon de satisfaire mon appétit. Je peux demander à manger à maman ou prendre un biscuit dans la jarre à biscuits.

Les pensées sont un pont qui nous relie à nos émotions parce que nous ne réagissons plus simplement par instinct. En grandissant, nous devenons des êtres pensants. En observant et en comprenant ce qui nous arrive, la raison pour laquelle une expérience est nécessaire, nous pouvons reconnaître les sentiments inconscients qui l'ont provoquée.

Par exemple, bébé Jeanne pleure en voyant le médecin. C'est là une réaction primale et instinctive, le résultat d'expériences antérieures souvent douloureuses et effrayantes. La visite du médecin est synonyme d'injections, de sang, de tâtonnements et même de rudes manipulations. En vieillissant, Jeanne peut justifier sa réaction à l'égard des médecins par la pensée inconsciente : « Les médecins sont des gens qui me font mal. » À un niveau conscient, elle éprouve peut-être de la réticence à consulter un médecin sans savoir pourquoi. Sa croyance inconsciente (que les médecins lui font mal) influencera son comportement tant qu'elle ne la reconnaîtra pas consciemment. Si Jeanne peut comprendre que les médecins sont là pour son bien, même si une injection est douloureuse, elle pourra modifier sa conduite en conséquence.

Il vaudrait mieux qu'elle pense : « C'est vrai que les médecins me font mal quand ils me soignent, mais c'est pour mon bien. Je n'ai plus besoin d'en avoir peur désormais. » Elle accepte alors l'émotion primale qu'est sa peur. La pensée-semence « les médecins me font mal », profondément ancrée en elle quand elle était bébé, n'est plus valable aujourd'hui. Jeanne est alors libre de se laisser soigner par les médecins.

La maladie (le mal-aise) découle du sentiment inconscient « Je ne m'aime pas » ou « Je n'ai aucune valeur ». Cette croyance provient souvent de décisions prises dans l'enfance et oubliées par la suite : « Si le professeur m'a grondé, c'est donc que je suis méchant. » Croyance inconsciente : « Je ne vaux pas grand-chose. »

Les expériences de la vie réveillent vos souvenirs émotionnels, puis vous trouvez un tas de raisons dans vos expériences antérieures pour justifier votre mépris de soi.

Si vous ne modifiez pas ce mépris de soi initial, vous justifiez votre émotion du moment et l'employez à mauvais escient. Vous vous lancez dans la voie du souvenir en vous remémorant toutes vos croyances négatives passées et vous vous enfoncez dans un bourbier de pensées malsaines. Vous n'avez aucune chance d'affronter votre émotion d'une manière constructive. Votre conduite et vos propos seront malavisés.

Pour modifier la signification de votre sentiment initial, vous devez d'abord en prendre conscience. Observez le monologue intérieur qui le valide, puis révisez les croyances que vous avez élaborées à partir de vos expériences passées à cet égard. Vous devez *reconnaître votre propre valeur* : « Même si le professeur m'a grondé, cela ne veut pas dire que je suis méchant. Je suis quelqu'un de bien. » Ce dialogue modifié donnera naissance à de nouvelles croyances intérieures. Vous vous êtes débarrassé de l'émotion primale qui était une force négative dans votre vie et l'avez tournée à votre avantage.

Certaines personnes éprouvent une véritable hantise à la perspective d'aller chez le dentiste. D'autres sont terrifiées à l'idée de prendre la parole en public. Elles n'ont pas reconnu et accepté leurs réactions initiales à ces situations ni éliminé leur peur. Il n'est pas trop tard cependant. Ayant mis le doigt sur un événement passé qui les a traumatisées, elles peuvent les réviser à la lumière de la sagesse et de l'intuition acquises depuis. La meilleure manière d'apaiser ses émotions est d'en apprendre quelque chose.

Les émotions existent. Elles sont toujours là. Les laisserez-vous vous dominer? Ou utiliserez-vous leur énergie pour vous bâtir une vie heureuse? La qualité de votre vie dépend davantage de vos états intérieurs que des circonstances extérieures. Pour que vous vous sentiez bien, votre système affectif tout comme votre système digestif doivent être en parfait état de marche.

EXERCICE AUTODIDACTIQUE N° 14
Exercice d'observation de soi

But: Mieux vous connaître. En vous habituant à vous observer comme si vous étiez une autre personne, vous deviendrez plus objectif et plus honnête avec vous-même.

Instructions

1. *Tout au long de la journée, observez-vous régulièrement, pendant que vous êtes assis ou debout ou tout en marchant.* Faites semblant que vous vous trouvez de l'autre côté de la pièce par rapport à votre corps et décrivez ce que vous voyez. Ne vous découragez pas. Si vous ne pouvez pas vous voir, faites semblant ou imaginez que vous le pouvez.

2. Vous pouvez aussi vous observer en *décrivant les sensations que vous éprouvez dans chaque partie de votre corps.*

Exemples :

- J'ai le dos voûté dans la position debout.
- J'éprouve un tiraillement dans le bas du dos du côté droit.
- J'ai une crampe dans le ventre.
- Le bras gauche me démange.
- Mes yeux pleurent.

3. *Remarquez chacune de vos pensées.* Dites : « Je pense... » Puis détournez votre attention de vous-même pour la reporter sur votre activité du moment.

4. *Servez-vous consciemment de votre intellect pour décrire ce que vous ressentez physiquement et émotionnellement à n'importe quel moment.* Nous entretenons tous un monologue intérieur – cet incessant babillage qui trouble notre sérénité. Les pensées « Que se passerait-il si...? » ou « Pourquoi moi ? » ou « Pour quelle raison ? » ou « Qu'est-ce qui ne va pas chez lui ? » nous traversent l'esprit à l'occasion. Contentez-vous de noter la teneur de vos pensées sans y changer quoi que ce soit.

EXERCICE AUTODIDACTIQUE N° 15
Questions sur la maladie

But : Trouver l'origine de votre maladie. Vos affections courantes peuvent refléter un schéma affectif caché. En observant vos symptômes récurrents (angine, boutons d'acné, douleurs à l'estomac, tumeurs, foulure à la cheville), vous pouvez mettre à jour les pensées-semences qui en sont la cause.

Instructions

1. Comment vous sentez-vous... en ce moment ? Décrivez pour vous-même les sensations que vous percevez dans différentes parties de votre corps en vous arrêtant particulièrement aux sensations inconfortables. Décrivez votre état affectif. Êtes-vous heureux, triste, en colère, excité, curieux, intéressé ? Vous ennuyez-vous ?

2. Concentrez votre attention sur votre symptôme physique principal. Décrivez-le.

3. D'après vous, quelle en est la source ?

4. Demandez-vous ce que cette maladie (ce mal-aise) veut vous enseigner.

5. Que se passe-t-il dans votre vie en ce moment ? Passez en revue les quelques semaines qui viennent de s'écouler. Y a-t-il un événement que vous appréhendez ou que vous attendez avec impatience ?

6. Vous rappelez-vous un moment dans le passé où vous avez éprouvé le même sentiment ou vécu des circonstances similaires ?

7. Selon vous, qu'est-ce qui vous aiderait à vous sentir mieux ?

Il faut un certain entraînement et de la discipline personnelle pour comprendre le message de la maladie. Mais le jeu en vaut la chandelle car votre vie quotidienne sera plus heureuse, plus saine et plus satisfaisante.

EXERCICE AUTODIDACTIQUE N° 16
Tenir un journal

But : Écrire pour mieux se connaître et devenir plus conscient.

Instructions

1. Relatez les événements de la journée ainsi que vos sentiments dans votre journal. Même si vous avez de la difficulté en général à entrer en contact avec vos sentiments, le fait de vous concentrer sur vous-même en tenant un journal contribuera à ramener vos sentiments profonds à la surface. Écrivez au moins une fois par jour.

2. Décrivez ce que vous avez vu, les endroits où vous êtes allé, les projets que vous avez réalisés, votre état d'esprit général pendant la journée. Vous n'avez pas besoin de faire des phrases complètes. Je me sers souvent de mon agenda pour griffonner les détails que je ne veux pas oublier.

3. Une fois par semaine, relisez vos notes et voyez si elles vous apprennent du nouveau sur vous-même.

    Par exemple, pour déceler l'effet de divers aliments sur vous, écrivez ce que vous avez mangé et plus tard, ce que vous avez ressenti. Votre journal peut vous aider à découvrir quelle influence ont sur vous les gens, les lieux et les choses. En le relisant plusieurs jours ou semaines plus tard, vous pourriez constater que, chaque fois que vous allez à tel endroit ou rencontrez telle personne, vous êtes contrarié. Souvent, nous savons ces choses inconsciemment, mais nous n'en prenons véritablement conscience qu'en relisant nos notes. Plus vous vous connaîtrez, plus il vous sera facile de changer.

Être fou de chagrin.
Ne plus avoir toute sa tête.
Brûler d'envie.
Bouche cousue!

CHAPITRE 7

Clichés et langage corporel

Dernièrement, une femme écrivait à un courrier du cœur au sujet de son cher amoureux. Elle disait « sa conduite me tue tout simplement ». « Il veut ma mort » est une autre expression courante. Pourquoi nous exprimons-nous de la sorte? Pour verbaliser une émotion. Or il peut être dangereux de formuler un sentiment en disant « cela me tue ».

Linda Zelizer est hypnotiste et psychothérapeute. L'un de ses patients souffrait d'une maladie de cœur. Elle releva chez lui un comportement intéressant: « Quand mon patient décrivait certains incidents qui l'avaient bouleversé, il se frappait la poitrine de la main droite en s'exclamant "Cela me brise le cœur", imprimant ainsi l'image d'un cœur brisé dans son subconscient. Lorsqu'il s'en rendit compte, il abandonna ce geste et cette expression. Au cours d'une séance d'hypnose, il se donna des suggestions positives telles que " Mon cœur est fort et en santé", et il se rétablit parfaitement. »

Des expressions comme « cela me brise le cœur » peuvent créer l'image d'un cœur brisé dans le subconscient, cette partie non rationnelle de l'esprit qui n'exerce aucune discrimination. La pensée-semence « cœur brisé» devient alors une croyance imagée ancrée dans le corps. Plus une pensée est employée fréquemment, plus elle est nocive. Le langage a un effet sur nous lorsque notre corps traduit certaines pensées-semences et croyances profondes en symptômes physiques.

Un cardiologue et généraliste me racontait : « Mes patients disent souvent "Cela me brise le cœur" ou "J'avais le cœur brisé". Mais pas seulement ceux qui souffrent d'une maladie de cœur !» Cela me rassure de voir que bien des gens qui s'expriment de la sorte n'ont pas le cœur malade. Reste qu'ils courent le risque – en utilisant des clichés provocateurs – de se créer des lésions organiques. Le bon sens et la prudence nous conseillent de bannir ces dangereux clichés de notre vocabulaire, puis de *compenser notre conditionnement passé* en reconnaissant tous les éléments de notre vie qui nous mettent « du baume au cœur ».

LE FARDEAU DES PENSÉES-SEMENCES

Diverses sensations corporelles comme la douleur et la tension musculaire peuvent refléter notre impression que la vie est intenable. Si vous avez l'impression d'en porter trop lourd sur vos épaules, vos émotions peuvent se traduire par une pensée comme « Je n'en peux plus ».

Jackie Ruzgar, chiropraticienne, rapportait ceci : « Au cours des six derniers mois, j'ai eu au moins une douzaine de patients qui se plaignaient, dans des termes divers, de "porter le poids du monde sur leurs épaules". Or tous tant qu'ils étaient souffraient de douleurs aux épaules. Guérir ces douleurs est devenu l'une de mes spécialités. »

Le docteur Bob Lang, endocrinologue, possède l'art de savoir écouter. Il écrit en ce moment un livre qui s'intitulera *Healing Conversations*. « Les conversations que nous tenons avec nous-mêmes semblent influer sur notre santé. *La maladie peut résulter de conversations inefficaces.* Les maux de dos, par exemple, affligent souvent les gens qui se plaignent d'" en avoir plein le dos ". Ceux-ci ne reconnaissent pas toujours les incidences de cette pensée jusqu'à ce que je la leur mentionne au cours d'une " conversation curative ". *La guérison est souvent le résultat d'une conversation efficace.* »

LE CORPS EXPRIME LE FOND DE SA PENSÉE

Les histoires ci-dessous présentent des exemples parfaits de gens qui ont découvert que les messages de leur corps provenaient en fait de leurs pensées et leurs émotions. Voyez si elles s'appliquent à votre cas sans oublier, cependant, que chaque personne reçoit ses propres signaux uniques.

Au cours d'une séance de counseling, Paula, une de mes anciennes étudiantes, découvrit une pensée-semence qui traduisait une profonde insatisfaction. Son genou la faisait souffrir chaque fois qu'elle devait affronter une situation qu'elle se sentait incapable de supporter. Elle s'accrochait à un mariage malheureux et disait souvent : « Je ne peux pas le supporter. » Lorsqu'elle reconnut le lien entre son langage et son genou, elle put quitter son mari et s'engager dans une union beaucoup plus heureuse. Aujourd'hui, lorsque son genou est douloureux, elle sait qu'elle doit faire une sorte d'examen de conscience.

La cheville de Nina était encore douloureuse deux ans après qu'elle eût reçu une blessure bénigne. Elle ne pouvait pas s'adonner à son activité préférée, le patinage. Au cours d'une séance de counseling, elle se rendit compte qu'elle disait souvent : « Je ne peux pas le supporter. » Ayant saisi la connexion langagière entre cette pensée-semence négative et sa cheville, elle cessa de l'alimenter, et l'état de sa cheville s'améliora suffisamment pour qu'elle puisse se remettre à patiner.

Un autre étudiant, Bob, développa une condition semblable au tétanos après avoir reçu une injection de Novocaïne. Pendant trois mois, il put à peine ouvrir la bouche. Ayant entendu parler de la connexion langagière, il m'avoua qu'il avait l'habitude de penser « Je devrais la fermer ». Si vous souffrez de dysfonction temporo-mandibulaire, vous êtes-vous déjà réprimandé parce que vous parliez ou mangiez trop ? Avez-vous déjà regretté de ne pas être resté « bouche cousue » ?

Le corps ne fait pas la distinction entre les expressions figurées et littérales, mais prend nos paroles et nos pensées au pied de la lettre. Roberta Tager, psychothérapeute et conseillère en santé, nous apporte un exemple personnel : « Dernièrement, j'écoutais les cassettes d'une séance de counseling que j'avais eue avec mon supérieur. Me jugeant durement, je ne cessais de répéter "Je dois la boucler". Deux jours plus tard, je perdais la voix. Faites attention à ce que vous dites : vous pourriez bien l'attraper ! »

Mme Tager vécut d'autres expériences reliées à la connexion langagière. Elle relate l'incident suivant : « Le docteur Maxwell présidait le comité d'admission du cercle sportif dont il était membre. Au cours de son mandat, il disait souvent : "Je n'ai vraiment pas besoin de ça !" (en anglais *I need this like a hole in the head* qui signifie « j'ai autant besoin de cela que d'un trou dans la tête »). Or au bout de quelques années, il lui poussa sur le visage une excroissance formant un creux qui ressemblait littéralement à "un trou dans la tête". Le renfoncement, qui se trouvait sur le côté droit de son visage entre la tempe et l'œil, fut corrigé au cours d'une chirurgie. Un rapport du laboratoire indiquait que les cellules basales ou cancéreuses avaient été entièrement retirées. Inutile de préciser que le médecin n'utilise plus ce cliché. »

Sue, une ancienne étudiante, raconte l'histoire suivante : « Quand j'étais petite, ma mère et moi passâmes six semaines à l'étranger en vacances. Au moment de partir pour l'aéroport, mon père me dit à quel point je lui manquerais. Par la suite, chaque fois que je prenais l'avion, j'attrapais une infection aux oreilles sans savoir pourquoi. Au cours d'un séminaire de développement personnel, je me suis souvenu d'avoir réagi aux paroles de mon père en pensant "Je ne veux pas entendre cela". La semence "ne pas entendre" durant les voyages en avion avait été plantée dans mon esprit. La découverte de cette pensée-semence a éliminé les infections aux oreilles sans autre forme de traitement. Et je voyage très souvent en avion. »

Le docteur Vincent Scavo, oto-rhino-laryngologiste, confirme l'utilisation fréquente de clichés chez ses milliers de patients. « Vous seriez étonné de voir le nombre de patients qui me disent "Je ne veux pas entendre cela !", dit-il. Ils viennent me consulter et je suis leur médecin. Je ne mets pas de gants blancs mais ils refusent d'entendre la vérité. »

Émilie, une professionnelle, souffrait de terribles maux de tête chaque fois qu'elle chaussait ses nouvelles lunettes. Les médecins ne trouvaient aucune cause organique à ces maux de tête. « Comme je voyais mal sans mes lunettes, explique-t-elle, j'ai consulté un thérapeute pour voir si mes maux de tête étaient d'origine psychologique. Il m'a demandé ce que je ne voulais pas voir et j'ai compris le fondement de cette question. Il y avait quelque chose que je ne voulais pas voir. J'ai résolu le problème et je peux maintenant porter mes lunettes sans souffrir. Maintenant, je veux voir ! »

Tout le monde ne connaît pas un succès aussi rapide. Une patiente de Linda Zelizer se querellait souvent avec son mari. Elle comprit que sa vue s'était mise à baisser quand elle avait pris la décision de ne pas « voir cela ». Elle crut à une coïncidence, arguant que sa vision faiblissante était un problème uniquement physique et refusa d'envisager l'existence possible d'une autre cause. Lorsque Mme Zelizer voulut lui faire prendre conscience de la composante mentale et émotive de son problème, elle se mit en colère et cessa son traitement.

De dire Mme Zelizer : « Bien des gens refusent de voir le lien entre leur corps, leurs paroles et leurs pensées. Je leur souligne qu'ils emploient certaines expressions *tout en ignorant* leurs conséquences éventuelles. Souvent nous leur donnons le choix de se prendre en main ou de demeurer des victimes. Beaucoup, comme cette femme, se sentent plus à l'aise dans le rôle de victime. Ils refusent de reconnaître le lien entre ce qu'ils pensent et disent, et ce qu'ils ressentent. »

Un des patients de Mme Zelizer perdit la voix. Au cours de la thérapie, il se souvint d'avoir pensé, après s'être querellé avec sa conjointe : « Dire le fond de sa pensée peut détruire une relation. » En perdant la voix, il s'assurait de ne pas pouvoir dire ce qu'il pensait. Il fut stupéfait de comprendre qu'il avait lui-même créé sa laryngite. Il apprit alors à s'exprimer d'une manière plus appropriée, à s'affirmer tout en demeurant aimant. Il retrouva sa voix en moins d'un mois.

Une amie se plaignait de son kyste pilonidal, un kyste congénital logé à la base de la colonne qui peut parfois s'infecter et être retiré en chirurgie. Elle m'avoua que son kyste empirait chaque mois pendant ses règles. Je lui demandai si elle « en avait plein le cul » de ses règles ? Elle demeura bouche bée en comprenant le sens de cette suggestion.

Carl Gruning, professeur adjoint en optométrie, décrit un cas similaire : « L'un de mes patients, un jeune garçon, vint me voir parce qu'il avait du mal à se concentrer lorsqu'il lisait. Sa vision était brouillée et un œil se mettait souvent à "vagabonder", ce que l'on appelle strabisme divergent dans le jargon professionnel. Il me fut référé pour suivre un entraînement visuel destiné à améliorer son aptitude à lire et sa concentration. Il exprimait son problème en ces termes : "Mon esprit vagabonde quand je lis."

«Pendant son programme d'entraînement, il apprit à coordonner et à concentrer sa vision et à intégrer correctement son système visuel au reste de son corps. Dès la fin de la thérapie, sa vision s'améliora de façon notable. Aujourd'hui, il lit sans effort et sa compréhension s'est améliorée. Commentant les résultats du traitement, il déclara : "Mon esprit vagabonde rarement quand je lis maintenant."»

Durant six mois, Anne, psychothérapeute, prit soin de sa fille qui souffrait de troubles émotifs. Plus tard, elle m'avoua qu'elle lui en voulait mais était incapable de lui confier ses sentiments. C'est à cette époque qu'apparut une bosse sur son sein droit. Elle dut subir une mastectomie qui lui «ôta un poids de sur la poitrine».

Lors d'une réunion de son groupe de soutien, Jane avoua qu'elle se réveillait souvent le matin les dents serrées et en proie à de vagues appréhensions. Elle dut subir plusieurs traitements dentaires. Elle se demandait si cela avait un lien avec son habitude de dire : « Cela m'agace les dents. »

Le père Bruce Ritter, fondateur de Covenant House, un refuge pour l'enfance en difficulté, lançait dernièrement une campagne de financement avec une lettre qui débutait ainsi : « Si je dois raconter une fois de plus l'histoire des six-gosses-qui-ont-fondé-Covenant-House, "je me brûle la cervelle". Cette histoire est véridique, mais je l'ai déjà racontée des douzaines de fois et j'en ai marre. » Je trouve cette expression « hallucinante » (en anglais *mind-blowing*, littéralement « qui brûle la cervelle »). Je lui écrivis pour lui souligner le danger de s'exprimer ainsi et l'invitai à cesser d'écrire, de penser et de parler en ces termes. Apparemment, bien des gens lui avaient écrit pour lui dire à quel point ses paroles les avaient bouleversés. Il me répondit en disant qu'il avait surtout voulu exprimer une émotion et ne s'était pas arrêté au sens littéral de ses paroles – mais que désormais il y prendrait garde.

MESSAGES CONTRADICTOIRES

Un message contradictoire est un énoncé qui comprend des images à la fois positives et négatives. Par exemple : « Je suis joliment contrarié » ou « Il est terriblement gentil ». Lorsque vous entendez les mots « terriblement » et « gentil » ensemble, auquel des deux réagissez-vous ? Les messages contradictoires peuvent provoquer une rupture des communications entre le corps et l'intellect.

Notre langage regorge d'expressions employées dans un sens contradictoire. Ainsi nous disons « J'en fais une maladie », « Cela me rend malade », « C'est affligeant » pour nous excuser auprès de quelqu'un ou pour exprimer la sympathie, le regret, le remords. Or la personne qui parle ainsi n'est pas nécessairement malade, mais elle désire seulement exprimer sa consternation avec force.

Lorsque vous dites « j'en fais une maladie », vous risquez de déclencher une réaction tant physique que mentale. C'est un mensonge qui ne peut manquer d'avoir des répercussions car *vos paroles contredisent vos sentiments*. Présenter ses excuses en disant « Cela me rend malade » est peu avisé car le corps peut percevoir cette affirmation comme un ordre et provoquer des sensations physiques désagréables. Ce genre d'expression transmet à votre inconscient une série d'instructions susceptibles d'engendrer la maladie.

PRESCRIPTION MÉDICALE : PAROLES, PENSÉES ET ATTITUDES POSITIVES

Nous pouvons créer à dessein des pensées-semences utiles. Il existe dans notre langue des expressions qui peuvent nous aider à notre insu. Voici un exemple : M. Niles, un client de Mme Tager, souffrait d'un cancer du pancréas et, de l'avis des médecins, n'avait plus que quelques mois à vivre. Deux ans plus tard, il se portait comme un charme. Il dit souvent : « Je ne laisse plus rien me troubler. » Ses paroles reflètent une attitude positive qui réduit l'effet des émotions stressantes et augmente l'efficacité de la chimiothérapie. Ne vous en faites pas ! La vie est belle !

En utilisant le langage d'une manière éclairée, nous pouvons renverser les conséquences de nos abus précédents. Évidemment nous utilisons souvent le langage d'une manière positive. Remarquez l'équilibre entre vos pensées-semences positives et les négatives. Prescrivez-vous une dose plus importante de pensées positives et saines et un jeûne de pensées négatives et malsaines. Le jeu en vaut certainement la chandelle !

EXERCICE AUTODIDACTIQUE N° 17
Hygiène verbale 1

But : Vous faire prendre conscience des clichés et autres expressions que vous utilisez peut-être inconsciemment.

Instructions générales

Lisez les listes suivantes au complet. Certaines de ces expressions font-elles partie de votre langage courant ? Demandez-vous quelle émotion vous voulez vraiment communiquer à travers elles. Pouvez-vous trouver une meilleure façon de l'exprimer ? Notez quels clichés vous sont les plus familiers. Vous paraissent-ils appropriés ? Certains jouent peut-être le rôle de pensées-semences pour vous. Demandez-vous quel effet ils peuvent avoir sur votre corps. Pratiquez l'hygiène verbale – réfléchissez avant de parler. Annulez ou effacez les expressions de votre langage qui pourraient s'avérer malsaines. L'hygiène verbale purifie votre esprit en faisant le ménage dans vos pensées et vos mots. Pensez, parlez et agissez de manière à empêcher la maladie de se manifester physiquement.

Expressions, clichés et pensées-semences

J'étouffe de rage.

J'ai pleuré toutes les larmes de mon corps.

Je suis à bout de nerfs.

Je n'ai pas la tête sur les épaules.

J'en ai gros sur le cœur.

Je dois à tout prix cesser de manger.

Je suis fichu.

J'ai le ventre plein.

Je ne peux pas sentir cette personne.

Cela m'est resté en travers de la gorge.

Je suis bleu de peur.

J'ai les nerfs en boule.

La peur me paralysait.

Je voudrais être mort.

Je suis dans le pétrin jusqu'au cou.

J'ai déchargé ma bile sur lui.

J'ai perdu la tête.

Cet incident m'est resté sur l'estomac.

Je suffoquais de colère.

J'ai failli mourir.

Je me bats :

    pour attirer l'attention ;

    pour défendre mes opinions ;

    pour faire respecter mes droits.

J'ai piqué une crise de nerfs.

Il me chauffe les oreilles.

Je me sens :

    comme un chien dans un jeu de quilles ;

    constipé.

Je n'ai plus toute ma tête.

Je n'en crois pas mes oreilles.

Je ne vois plus clair.

Je suis pris au dépourvu.
Cela me rend malade.
J'ai des sueurs froides.
Cela me démange.
J'en ai par-dessus la tête.
Cela me fend le cœur.
Il a le don de me crisper.
J'ai l'estomac barbouillé.
Je brûle d'impatience.
Je suis :
    dévoré d'envie ;
    mort de peur ;
    dans la lune ;
    rongé de remords ;
    dans tous mes états ;
    pétrifié, paralysé, incapable d'agir ;
    tiraillé ;
    raide comme un piquet ;
    fou d'inquiétude, de peur, de chagrin ;
    dans une impasse ;
    mort de fatigue ;
    trop bon pour toi ;
    étouffé par l'émotion.
Le cœur m'a manqué.
Je suis acculé au pied du mur.
Je suis un raté.
Je meurs d'envie de :
    prendre ma retraite ;
    faire ceci ;
    obtenir cela ;
    voir ceci ;
    ... et ainsi de suite.
Cela
    est un vrai casse-tête ;
    me fait perdre la tête ;
    m'a donné un coup au cœur ;

me tue ;
me fait tourner les sangs ;
me tord les boyaux ;
me crève le cœur ;
coûte les yeux de la tête ;
m'énerve ;
me donne la chair de poule ;
me glace le sang dans les veines ;
est difficile à avaler ;
me pèse sur les épaules ;
me met les nerfs en boule ;

Il faut bien avaler la pilule.
J'ai un nœud dans la gorge.
Quelque chose me ronge.
J'en ai gros sur le cœur.
J'ai la tête ailleurs.
Mes pieds me font mourir.
Je me fais un sang d'encre.
Je me ronge les sangs.
Cela est bien ma chance.
J'ai cela dans le sang.
J'en ai plein le dos.
J'ai les nerfs à vif.
Quelle expérience énervante !
J'ai la mort dans l'âme !

EXERCICE AUTODIDACTIQUE N° 18
Hygiène verbale 2 – Pensées-semences collectives

But : Mettre à jour certaines idées préconçues et croyances répandues.

Le but de ces listes est de vous aider à observer vos pensées. Vos pensées et paroles reflètent vos croyances. Décidez ensuite consciemment si ces croyances s'appliquent à vous et si vous voulez vous y accrocher.

Certaines sont des clichés, d'autres des pensées-semences, d'autres non. Mais toutes représentent des croyances précises nourries par divers groupes de gens. Il peut arriver que vous rejetiez une idée consciemment, mais si vous l'entendez exprimer assez souvent, elle s'intègre au tissu de vos croyances inconscientes et vous pouvez en subir l'influence à votre insu. À vrai dire, il vaut la peine de vivre consciemment.

Parmi les énoncés ci-dessous, lesquels sont tapis dans les profondeurs de votre esprit comme des bombes à retardement? Certaines sont peut-être bénéfiques pour vous, alors choisissez consciemment de les garder.

Croyances relatives à la santé

Les gens bien portants sont des malades qui s'ignorent.

Ce sont toujours les jeunes qui partent en premier.

Vieillesse et maladie vont de pair.

Le cancer, les attaques et les maladies de cœur sont mortelles.

Le sida est fatal.

La maladie fait partie de la vie. On n'y peut rien. Elle est inévitable.

Cette maladie (cancer, accident vasculaire cérébral, etc.) est courante dans ma famille.

C'est la goutte d'eau qui fait déborder le vase.

Sans médicament, cette maladie ne peut s'améliorer.

On doit aller à la selle une fois par jour.

Je mourrai au même âge que mes parents.

Qui ne risque rien n'a rien.

Une pomme chaque matin éloigne le médecin.

Il faut faire contre mauvaise fortune bon cœur.

Suffoquer de colère.

Muet de surprise.

Faire le mort.

Je n'ai pas la tête sur les épaules.

J'ai besoin de me vider le cœur.

Il faut rire avant d'être heureux de peur de mourir
     sans avoir ri.
Tel qui rit vendredi, dimanche pleurera.
C'est à mourir de rire.
Le stress :
     peut vous tuer ;
     est mauvais pour vous ;
     est bon pour vous.
Il vaut mieux savoir/ne pas savoir.
Ce qu'on ignore ne fait pas mal.

Croyances relatives à la prospérité, au travail et au sexe

Argent est synonyme de pouvoir.
Il faut de l'argent pour faire de l'argent.
Il est né avec une cuillère d'argent dans la bouche.
Plus on en a, mieux c'est.
Qui a plus a le moins.
Les hommes ne pensent qu'à ça.
Tous les hommes aiment le sexe.
Les femmes mettent une éternité à atteindre
     l'orgasme.
Les femmes se servent du sexe pour « dominer » les
     hommes.
Les hommes utilisent l'argent pour « dominer » les
     femmes.
La résistance provoque l'obstination.
Patience et longueur de temps font plus que force ni
     que rage.
Voir c'est croire.
Qui sème le vent récolte la tempête.
On récolte ce qu'on a semé.
La modération est la plus belle des vertus.
À cœur vaillant rien n'est impossible.
Mieux vaut tard que jamais.
On ne peut pas toujours gagner.
C'est une situation perdue d'avance.

Mieux vaut prévenir que guérir.
Je vais être le premier à être congédié, tu vas voir.
C'est toujours à moi que ces choses arrivent.
On ne peut pas avoir à la fois le drap et l'argent.
L'argent ne fait pas le bonheur.
Le temps c'est de l'argent.

Métaphores sur la nourriture – Matière à assimiler

Manger de la vache enragée.
Il ne te mangera pas.
Nourrir son esprit.
Avoir soif de tendresse.
Faire rentrer à quelqu'un ses mots dans la gorge.
Ruminer un problème.
Ravaler sa fierté, sa colère, son dégoût, son sourire,
    ses paroles.
Avoir faim de quelque chose.
Gros plein de soupe.
Ne pas être dans son assiette.
Un ton mordant.
Avoir une boule dans la gorge.
Ne pas savoir à quelle sauce on sera mangé.
Se manger le nez.
Il n'est pas bon :
    de trop manger ;
    de manger trop peu.

Superstitions, dictons populaires

Il y a un prix à payer pour le bonheur.
Un bonheur (ou un malheur) n'arrive jamais seul.
Jamais deux sans trois.
Le vendredi 13 est un jour de malchance.
Passer sous une échelle attire la malchance.
Méfie-toi des chats noirs.
L'ail éloigne les vampires.
Croix de bois croix de fer, si je mens je vais en enfer !

Fais une petite prière pour moi, ça me portera
     bonheur.
Les petits ruisseaux font les grandes rivières.
Méfie-toi de l'eau qui dort.

Croyances se rapportant aux relations

La vengeance est douce à tous les cœurs offensés.
Plus ça change plus c'est pareil.
Il est facile de changer lorsque le refus de changer
     comporte un prix.
Les filles sont meilleures que les garçons en...
Les garçons sont meilleurs que les filles en...
Les filles me rendent fou.
Les garçons me rendent folle.
Les bons finissent toujours les derniers.
Si tu n'as rien d'intelligent à dire, tiens ta langue.
Pourquoi les autres s'en prennent-ils toujours à moi ?
Ne fais jamais confiance :
     à une femme ;
     à un homme.
Ne fais jamais confiance à une personne :
     de plus de trente ans ;
     de moins de trente ans.
Tous les humains sont fondamentalement mauvais
     (l'idée biblique du péché originel).

Stéréotypes raciaux

Tous les groupes raciaux et religieux ou presque font
l'objet de préjugés. Voici quelques-unes des centaines de
croyances ethniques et raciales qui existent. Notez la
nocivité de ces stéréotypes négatifs pour la paix dans le
monde. Lesquelles de ces idées préconçues vous sont fami-
lières ? Y croyez-vous ?

Les Juifs aiment l'argent.
Les Arabes sont menteurs et tricheurs.

Les musulmans sont fanatiques.
Les chrétiens sont fanatiques.
Les Noirs sont :
    beaux ;
    laids.
Ce sont :
    de bons danseurs ;
    de merveilleux athlètes ;
    de mauvais étudiants.
Les Anglais sont froids.
Les Irlandais sont de gros buveurs.
Les Irlandais sont chanceux.
Ne fais jamais confiance :
    à un Français ;
    à un Allemand.
On ne peut pas faire confiance aux Russes.
Les Américains sont tapageurs et effrontés.
Les Orientaux sont :
    frugaux ;
    travailleurs ;
    malins ;
    peu dignes de confiance ;
    impénétrables.
Les Mexicains sont idiots, paresseux.
Les Cubains sont durs.
Les Italiens sont des mafiosi ; obsédés par le sexe.
    Ils (n'importe quel groupe sauf le vôtre) ne sont pas aussi bons, intelligents, gentils, etc., que nous (notre groupe).

EXERCICE AUTODIDACTIQUE N° 19
Hygiène verbale 3 – Les mots qui blessent et les mots qui guérissent

But : Reconnaître les façons de parler et de penser néfastes et celles qui sont bénéfiques.

Je vais leur en faire voir de toutes les couleurs.

Cela est triste à pleurer.

Tu n'es pas assez bon pour moi.

Tu es :

>   trop bon pour moi ;
>   une catastrophe latente ;
>   une bombe à retardement sur pattes (se dit de
>   quelqu'un qui risque d'avoir un infarctus ou
>   un accident cérébrovasculaire) ;
>   un idiot, un crétin, un pauvre type ;
>   un bon à rien ;
>   un béni-oui-oui ;
>   masochiste ;
>   trop dur avec toi-même ;
>   tellement beau ;
>   de l'or en barre ;
>   rusé comme un renard ;
>   un dur ;
>   soupe au lait.

Tu as :

>   un air pincé ;
>   une tête à faire peur.

C'est bon de te revoir.

Tant mieux pour toi.

Prends garde de :

>   ne pas tomber ;
>   ne pas attraper le rhume ;
>   ... et ainsi de suite.

Ravale tes sentiments.

Noie ton chagrin.

Cela me fait chaud au cœur quand...

Souris et le monde te sourira.

À chacun sa part.

Être gentil ne fait pas mal.

Lis sur mes lèvres.

Mange tout ton soûl.

Mords-toi la langue !
Ce n'est pas juste !
Tu n'arriverais jamais à rien.
Pourquoi ai-je dit cela ?
Ravale ta fierté.
Je serais incapable de faire cela.
J'ai bien peur que non.
Je te déteste.
Je t'aime.
Si seulement... !
Que se passerait-il si...?
Pourquoi moi ?
Ne lâche pas.
Cent fois sur le métier remettez votre ouvrage.
Courage n'est pas témérité.
Tu n'as pas l'air dans ton assiette.
Tu as l'air :
    fatigué;
    malade;
    en pleine forme;
Tu es :
    merveilleux;
    en beauté;
    séduisant.
Faire contre mauvaise fortune bon cœur.
Tirer son épingle du jeu.
Attends-toi au meilleur. Prépare-toi au pire.
Cela aussi passera !
Rien ne sert de nager contre le courant.
La vérité sort de la bouche des enfants.
Mieux vaut prévenir que guérir.
La fortune sourit aux audacieux.
À quelque chose malheur est bon.
Chaque jour, à tous points de vue, je vais de mieux en
    mieux.
Je te souhaite bien du plaisir.

EXERCICE AUTODIDACTIQUE N° 20
Exprimer une émotion pénible

But : Surmonter sa peine ou sa vexation et éliminer le besoin de l'exprimer à travers une maladie physique.

Instructions

1. Reconnaissez vos sentiments sans toutefois vous appesantir sur eux. Plus vous les remâcherez, plus vous vous habituerez à eux et aurez de chances de créer une maladie.

2. Exprimez votre peine d'une manière positive, en pleurant ou en en parlant.

3. Trouvez des activités positives et nourrissantes : faites de l'exercice, prenez un bain ou recevez un massage.

4. Remplacez vos pensées négatives par des positives. Pensez à des choses aussi simples que : « Cela me réchauffe le cœur de regarder un arc-en-ciel, d'écouter de la musique ou de savourer un bon repas (ou toute autre activité agréable). » Même si vous êtes profondément malheureux, vous pouvez trouver une activité propre à vous rasséréner.

5. Si vous vous apitoyez sur vous-même, avec ou sans raison valable, il est parfois utile de penser à des gens dont la situation est pire que la sienne.

Il faut le voir pour le croire.
Un malheur ne vient jamais seul.
Je ne ferai pas de vieux os.

CHAPITRE 8

Perceptions de la santé
et de la maladie

Nos croyances à l'égard de la réalité façonnent notre perception de celle-ci. L'idée de la prophétie qui s'accomplit a un certain fondement scientifique. Les spécialistes de la perception ont démontré que nos attentes déterminent ce que nous voyons, entendons et ressentons. Les actualités regorgent d'exemples de cela. Nous avons beau tous entendre les mêmes mots ou lire la même histoire, notre interprétation personnelle dépend de nos croyances profondes. Votre race, votre nationalité, vos croyances culturelles, politiques et religieuses vous prédisposent à voir un événement donné d'une manière précise. Prenons le cas d'Oliver North, impliqué dans l'affaire de la vente d'armes à l'Iran pour financer les *Contras*: est-il un traître ou un patriote ? Votre réponse à cette question dépend de vos croyances sur un tas de questions. La plupart des conservateurs le voient comme un héros et la plupart des libéraux, comme un traître.

Quand nos croyances se matérialisent, elles se trouvent renforcées. Souvent, elles se confirment précisément parce que nous y croyons ! Pour modifier notre attitude, nous devons avoir l'esprit suffisamment ouvert pour discerner de nouvelles preuves et redéfinir nos croyances intérieures. Dans la mesure où nous sommes conscients de nos croyances et disposés à les mettre de côté, nous pouvons apprendre à jeter un regard objectif sur les événements.

Les scientistes sont censés chercher des vérités parfaitement objectives. Pourtant, ils commencent à se rendre compte qu'ils conçoivent leurs instruments et leurs expériences en vue de prouver certains effets définis à l'avance. En d'autres termes, ce qu'ils s'attendent à découvrir conditionne leur manière de le chercher. Par voie de conséquence, ils trouvent souvent ce qu'ils cherchent puisque tous leurs efforts tendaient vers ce but. Nous créons le monde tel que nous le voyons.

En fait, nous percevons la réalité d'une manière sélective et ne remarquons pas tout ce qui pénètre dans notre champ d'attention. Pour un télévore, le son du téléviseur assourdit les bruits du monde extérieur. Un enfant absorbé dans ses jeux n'entend pas sa mère l'appeler pour dîner. Le chat qui guette une souris n'entend pas des bruits qui ne lui auraient pas échappé dans d'autres circonstances. Dans *Vital Lies, Simple Truths*, Daniel Goleman, Ph. D., écrit : « Le plus crucial peut-être de tous les actes de perception est celui qui consiste à décider ce qui entrera ou n'entrera pas dans notre champ de conscience. Ce filtrage se produit avant que quoi que ce soit atteigne notre conscience ; la décision elle-même est prise en dehors de la conscience[1]. »

Vous ne voyez pas seulement avec vos yeux pas plus que vous n'entendez uniquement avec vos oreilles. Vous voyez et entendez aussi avec votre intellect et votre cerveau. Cette cécité aux nouvelles idées et informations nous empêche souvent de reconnaître nos croyances malsaines et de les modifier.

Si je crains d'attraper une maladie, mes pensées mettent mon corps dans un état de nervosité qui favorise l'apparition de celle-ci. Mais si je suis convaincue d'être en bonne santé, je trouverai des preuves qui appuieront cette croyance. Je serai plus détendue et deviendrai la personne rayonnante de santé que je crois être. L'esprit permet l'éclosion de la maladie même s'il ne la cause pas nécessairement. Notre état physique comme nos pensées-semences reflètent nos croyances. En un sens, le corps est une version « solidifiée » de l'esprit ! Edgar Cayce, le célèbre mystique et guérisseur, résumait cela en ces mots : « Les pensées sont les matériaux et l'esprit est le bâtisseur. »

CROYANCES ET SYSTÈME IMMUNITAIRE

Notre façon de percevoir notre univers semble avoir une incidence sur notre immunité face à la maladie. Paul Pearsall affirme : « Le docteur Steven Locke, de l'Université Harvard, a découvert que l'activité naturelle des cellules tueuses faiblissait, non pas sous l'effet de changements radicaux ou en raison des facteurs de stress présents dans la vie des sujets humains en bonne santé, mais en fonction de leur interprétation du stress : selon qu'ils se croient ou non capables d'affronter efficacement le stress. C'est comme si les cellules immunitaires affichaient la même confiance que le penseur hôte. Le docteur Steven Maier et ses associés, chercheurs à l'Université du Colorado, se sont demandé quels aspects du système immunitaire réagissaient à la " perception " – la manière dont notre cerveau affronte notre monde. Ils ont constaté, en menant des études sur les rats et l'efficacité des cellules tueuses, une baisse de l'efficacité chez les sujets qui ne se sentaient *pas maîtres de la situation*[2]. »

Sandra Levy a découvert que, chez les femmes traitées pour un cancer du sein, l'activité des cellules tueuses est beaucoup plus efficace lorsque les malades font des pieds et des mains pour guérir que lorsqu'elles se résignent à leur sort. Il est clair que nos pensées et sentiments à l'égard de ce qui nous arrive ont des incidences directes sur notre santé. Croyez en la force de votre corps et il vous récompensera.

Pearsall affirme également : « Ce n'est pas seulement le stress ou les contraintes de la vie qui influent sur notre efficacité immunitaire, mais notre perception du monde aussi... Les chercheurs savent aujourd'hui que les cellules du système immunitaire et du cerveau lui-même sont dotées de récepteurs qui permettent une interaction entre les deux systèmes. Chacune de nos pensées, chacune de nos émotions modifie notre système immunitaire et chaque défi que relève celui-ci redéfinit notre façon de penser et de sentir[3]. »

UN ESPRIT FLEXIBLE DANS UN CORPS FLEXIBLE

Il y a de nombreuses années, la psychothérapeute Roberta Tager fut atteinte de sclérose en plaques, une maladie dégénérative du système nerveux central qui provoque le durcissement des tissus. Elle décrit son expérience comme suit :

> *J'ai vu quelques-uns des modèles inconscients qui m'ont façonnée et ont causé ma maladie. Ma façon de penser était rigide ; ma façon d'accomplir la plupart de mes tâches dénotait une vision étroite. J'ignorais que chaque situation comporte une variété d'options.*
>
> *Au début de ma maladie, un incident aussi banal que d'être enfermée à l'extérieur de ma résidence me*

déséquilibrait. Devant les obstacles, je paralysais presque, je demeurais pétrifiée. Mon énervement croissait tandis que je cherchais fébrilement une solution. Si je n'en trouvais pas, je sentais cette énergie se tourner contre moi. J'étais frustrée! L'énergie qui circulait dans ma colonne vertébrale me brûlait. Elle n'avait aucun exutoire, j'ignorais comment l'employer. Je crois que cela a eu des répercussions directes sur mon système nerveux : épuisant les nerfs et les mettant à vif, et déclenchant les symptômes de la sclérose en plaques. Les nerfs abîmés sont moins à même de transmettre des messages aux muscles. Je comprends aujourd'hui que l'énergie excédentaire doit être libérée d'une manière positive et non tournée contre son hôte. Le corps n'est pas fait pour emmagasiner l'énergie, le stress ou les émotions excessives ; il risque de s'effondrer et de tomber malade.

Mes modèles de pensée rigides m'ont empêchée d'employer mon énergie d'une manière plus créative. La vie m'apparaissait comme une suite d'impasses. J'étais rigide mentalement et me sentais souvent paralysée, mais j'étais incapable de verbaliser ces sentiments à l'époque. Aujourd'hui, je discerne les connexions langagières qui ont alimenté ces modèles et créé mon corps malade. La SP est une maladie qui entraîne la rigidité des muscles et parfois la paralysie. Pour certains, elle devient une impasse.

Ma première réaction au diagnostic fut une grande terreur. Terreur d'être infirme, paralysée ou de mourir dans la force de l'âge. Toutefois, j'ai choisi une autre voie. Je me suis rebranchée sur ma voix intérieure ; elle m'a aidée à évacuer ma peur de la SP, ce qui a entraîné une diminution des symptômes. Je suis virtuellement guérie car il y a plus de vingt ans que je ne présente plus de signes de la maladie. J'ai intégré la visualisation, la relaxation, la vitaminothérapie et la maîtrise du mental à mon processus de guérison et accompli un travail

intérieur qui consistait à modifier mes croyances et à
m'ouvrir à ma propre créativité.

Une puissante énergie mentale alimentait les pensées-
semences de Roberta Tager qui contracta une maladie
grave. Les croyances rigides peuvent entraîner une rigidité
physique associée à d'autres maladies. Dans le cas de
Mme Tager, ses attitudes rigides se manifestèrent dans un
processus appelé sclérose en plaques qui aurait pu la conduire à une paralysie totale, eût-elle omis de se réveiller à
temps.

Il serait erroné de conclure que tous les cas de sclérose
en plaques découlent d'un manque de souplesse mentale. Il
s'agit là d'un lien possible. En outre, il serait faux d'affirmer que toutes les personnes rigides développeront une
maladie grave. Certaines personnes ont un corps moins
flexible, voilà tout. L'idéal est de conserver une flexibilité
physique et mentale dont le degré fluctue selon les circonstances.

Votre personnalité et vos processus de pensée peuvent
augmenter ou réduire vos chances de contracter une maladie reliée au système immunitaire. Le docteur George F.
Solomon, professeur de psychiatrie à l'UCLA, s'est penché
sur le cas de femmes souffrant d'arthrite rhumatoïde, une
maladie causée par un dysfonctionnement du système
immunitaire. Chez ses patientes, « le masochisme, l'esprit
de sacrifice, la négation de l'agressivité, la soumission, la
dépression et la sensibilité à la colère sont plus prononcés
que chez leurs sœurs en meilleure santé. En outre, elles ont
la réputation d'être toujours nerveuses, tendues, sou-
cieuses, extrêmement stressées et d'humeur inégale[4]. » Il
souligne que les membres de leur parenté qui jouissent
d'une bonne santé malgré la présence d'un facteur rhumatoïde – qui peut les prédisposer à contracter la maladie –
semblent être aussi en meilleure santé psychologique. Il
semble qu'un « mélange de prédisposition physique et

d'affaissement des défenses psychologiques favorise l'éclosion de la maladie ». L'idée d'une prophétie qui s'accomplit prend peut-être sa source dans le fait que notre corps réalise les prédictions de notre intellect.

HYPNOSE ET CROYANCES

L'hypnothérapeute Linda Zelizer dit : « Il arrive qu'une personne consulte un hypnothérapeute parce qu'elle souhaite éradiquer une habitude précise, et qu'elle se heurte alors à un problème plus profond. Même si, au niveau conscient, elle veut modifier son habitude, elle doit aussi être disposée à affronter ses croyances inconscientes. Il se pourrait que sur le plan émotif, elle ait intérêt à *ne pas* régler son problème. J'ai rencontré de nombreux cas où l'hypnose mettait à jour des problèmes plus profonds que le patient devait d'abord résoudre s'il voulait perdre sa mauvaise habitude. En voici quelques-uns :

> *John Kaiser voulait cesser de fumer parce qu'il souffrait d'un emphysème avancé. Toutefois, à un niveau primal, il était persuadé qu'en renonçant à la cigarette, il satisferait les exigences de sa femme et de sa mère, qui le talonnaient toutes deux pour qu'il renonce à la cigarette. Chez cet homme, fumer était devenu un symbole inconscient de rébellion et de liberté.*
>
> *Anne Carey souffrait d'un trouble cardiaque et avait peur de mourir. Comme elle était obèse, elle craignait de contracter des maladies reliées à son obésité. Elle se disait souvent tout en mangeant : « À quoi bon ? Tans pis si je meurs ! » En un sens, elle se tuait à petit feu. Elle reconnut que ses symptômes superficiels cachaient une partie d'elle-même qui était déprimée et souhaitait en finir avec la vie.*
>
> *Georgina Roberts souhaitait maigrir mais la minceur la terrifiait car, à ses yeux, elle était synonyme*

d'attirance sexuelle. Or petite, elle avait été agressée
sexuellement par un oncle qui se disait incapable de
résister à un aussi joli corps.

Ces exemples illustrent comment nos croyances profondes influent sur nos problèmes superficiels, nous
empêchant parfois de les résoudre. Lorsque vous en prenez
conscience, vous êtes mieux à même de faire face aux sentiments qu'elles engendrent. Vous pouvez décider consciemment si une croyance profonde est encore vraie ou
utile pour vous.

John pourrait harmoniser sa peur d'être dominé avec
son désir de vivre et décider de cesser de fumer malgré la
lutte de pouvoir qui l'oppose aux femmes de sa vie. Il pourrait se dire : « Elles ne veulent pas me dominer, elles ne font
que me manifester leur amour de cette façon. Elles veulent
que je vive vieux. » Ann pourrait explorer les racines de sa
dépression et décider si elle veut vraiment mourir. S'attaquer
à sa dépression la laissera libre de résoudre son problème de
poids et sa crainte de la maladie. Georgina doit reconnaître
et accepter ses sentiments face aux sévices sexuels dont elle
a été victime et se demander si elle veut que cet horrible incident gouverne sa vie. « Ai-je absolument besoin d'être grosse
pour me protéger des hommes ? »

On pourrait citer à l'infini des cas de prédictions qui se
sont accomplies. J'en veux pour preuve la manière dont
certaines femmes justifient leur irritabilité juste avant leurs
règles. La « tension prémenstruelle » tant redoutée suscite
des commentaires tels que « j'attends mes règles d'une
minute à l'autre ». Pendant leurs règles, les femmes disent
souvent « J'ai mes règles »pour justifier leurs comportements déplacés. Ce langage reflète une croyance répandue
selon laquelle les femmes ont une conduite peu rationnelle
pendant leurs règles et doivent être excusées.

Les changements physiques mensuels sont réels et la
tension prémenstruelle s'accompagne souvent de com-

portements fâcheux. Mais dans quelle mesure notre langage influence-t-il notre expérience ? Est-il la cause ou l'effet ? Qu'est-ce qui vient en premier : l'expérience ou la conviction ? Si les femmes tiennent pour assurée leur soi-disant tension prémenstruelle, elles se condamnent à la subir encore et encore. Il vaudrait mieux qu'elles cherchent les pensées qui la provoquent tout en recourant aux nombreuses techniques médicales susceptibles de la soulager.

Si nous voyons nos règles comme un moment où notre conditionnement négatif est plus près de la surface, nous pouvons en profiter pour reconnaître celui-ci et le modifier. En faisant remonter à la conscience des émotions normalement enfouies dans notre inconscient, nos règles nous donnent la chance de les guérir.

JE VAIS VIVRE JUSQU'À MA MORT!

Mon amie Debby m'a parlé de son oncle Harry qui disait souvent : « Je ne vivrai jamais jusqu'à cinquante ans. » Toute sa vie, il avait nourri la conviction qu'il mourrait avant son cinquantième anniversaire. Au cours d'une intervention mineure à la vessie, qui eut lieu à la veille de son cinquantième anniversaire, il s'éteignit sur la table d'opération.

On a beaucoup parlé du fait qu'Elvis Presley voyait les chanteurs plus âgés tels que Bing Crosby et Rudy Vallee comme des caricatures de ce qu'ils avaient été au début de leur carrière. Sa pensée-semence : « Cela ne m'arrivera jamais. » Il mourut à quarante-deux ans et n'eut jamais la chance de vieillir avec plus d'élégance.

Si vous vous attendez à vous sentir bien, votre attitude positive contribue à créer ce bien-être peu importe les circonstances. Souvent, mais pas toujours, s'attendre au mieux ouvre la voie au mieux et se préparer au pire provoque le pire. Le concept de la prédiction qui s'accomplit repose sur le fait que *les événements confirment toujours nos croyances*. La conscience de soi et un examen de conscience honnête, parce qu'ils peuvent nous aider à déterrer nos croyances profondes, sont les clés d'une vie en santé.

EXERCICE AUTODIDACTIQUE N° 21
Je crois...

But : Vous aider à détecter vos croyances.

Dressez une liste qui commence par les mots « Je crois... ». Puis remplissez les espaces vierges. Consacrez quelques minutes par jour à votre liste qui aura tôt fait de s'allonger. Gardez un crayon sur votre table de chevet. Il m'arrive souvent de me réveiller la nuit pour inscrire une nouvelle croyance sur ma liste.

Exemples de croyances

Lesquels parmi les énoncés ci-dessous s'appliquent à vous ?

A. Je suis sympathique et aimable.

B. Je suis égoïste et centré sur moi-même.

A. Ma santé est plutôt bonne.

B. J'éprouve de fréquents malaises.

A. Je nourris des pensées positives.

B. Je nourris souvent des pensées négatives.

A. Je suis déterminé à aller bien.

B. Je ne recouvrerai jamais une santé parfaite.

A. Je prends mes propres décisions.

B. Je laisse le médecin décider pour moi.

A. Les autres me viennent souvent en aide.

B. Les autres veulent ma peau.

A. Il existe une puissance supérieure qui prend soin de moi.

B. Je suis seul dans un monde hostile.

Vous comprenez maintenant comment procéder et pouvez élaborer vos propres questions afin de déceler vos croyances profondes.

EXERCICE AUTODIDACTIQUE N° 22
Faire semblant

But : Vous exercer à modifier la situation du moment en dirigeant vos pensées ; utiliser votre pouvoir mental pour atteindre une meilleure santé physique et émotionnelle.

Toute ma vie, j'ai imaginé qu'il m'arrivait des malheurs. Comme la plupart d'entre nous, je prévoyais souvent le pire. Maintenant je me sers de mon imagination avec une plus grande conscience de mon pouvoir mental. Quand je me rends compte que je suis en train d'envisager le pire, j'annule ce scénario négatif et le remplace par un scénario plus agréable. Cela donne d'excellents résultats dans mon cas.

Par exemple, deux ans après mon opération au cerveau, les médecins me proposèrent d'améliorer ma voix en injectant une sorte de téflon dans ma corde vocale paralysée qui gonflerait et se raidirait de sorte que l'autre corde pourrait vibrer contre elle. Cela était censé améliorer la qualité de ma voix. Or une partie de moi-même n'aimait pas l'idée d'utiliser du téflon. Tout en cherchant un médecin qui me conviendrait, je souhaitais trouver une autre manière de rapprocher mes cordes vocales. Je me prenais souvent à penser : « Ne pourrait-on pas placer quelque chose près de ma corde paralysée pour la déplacer afin que l'autre puisse l'atteindre ? »

Imaginez ma stupéfaction quand j'entendis parler d'une nouvelle opération inventée au Japon qui consistait à rapprocher de façon permanente la corde paralysée de l'autre au moyen d'un petit morceau de plastique. Je subis cette opération et ma voix s'améliora.

En faisant semblant, vous augmentez vos chances d'atteindre n'importe quel résultat. Tout en mettant la dernière main à mon manuscrit et en attendant de trouver un éditeur, j'imaginais souvent qu'un éditeur me téléphonait pour m'annoncer : « J'ai adoré votre livre et je veux le publier. » J'inventais les détails de notre entretien et avais même placé une bouteille de champagne au réfrigérateur pour célébrer cet appel quand il arriverait. Puisque vous êtes en train de lire ce livre, vous savez que j'ai réussi.

Instructions

Songez à une situation négative de votre vie que vous voulez modifier. Visualisez le résultat escompté. Par exemple : si vous voulez maigrir, voyez-vous mince. Prétendez que vous mangez moins d'aliments engraissants. Complimentez-vous pour avoir choisi de manger sagement. Faites semblant que vous prenez davantage d'exercice. Inventez ou imaginez un scénario qui vous incitera à modifier le comportement qui vous fait grossir. Si vous mangez moins et faites davantage d'exercice, vous perdrez certainement du poids.

Lorsque vous faites semblant, vous *prétendez* qu'une chose est telle. Souvent cela vous incite à adopter les nouveaux comportements et attitudes qui sont essentiels à votre réussite. Faire semblant est une manière de concrétiser des croyances saines choisies consciemment. Les pensées et sentiments positifs ainsi engendrés auront sur vous un effet physiologique positif qui vous encouragera à penser et à agir différemment.

Vous pouvez aussi imaginer un résultat même si vous avez l'impression qu'il ne dépend pas de vous. La plupart du temps, vous obtiendrez ce résultat de toute façon, comme ce fut le cas pour l'opération qui améliora ma voix. Un exemple classique de cela se manifeste quand on se dirige vers un lieu où l'on n'est pas certain de trouver un endroit où garer la voiture. D'une certaine façon, lorsque je m'attends à trouver une place, j'en trouve toujours une. Certaines personnes appellent cela une coïncidence. Mais les attentes semblent façonner la réalité.

EXERCICE AUTODIDACTIQUE N° 23
Prenez position

But : Vous habituer à parler d'une manière créative pour atteindre les résultats voulus. Vous prenez position en affirmant qu'une chose est comme ça et en vous engageant à la réaliser à travers vos paroles et vos pensées. Vous ne mentez pas, vous créez du neuf en mettant à contribution votre volonté et votre imagination pour faire semblant jusqu'à ce que vous ayez modifié votre réalité. Vous vivez dans la confiance au lieu d'être victime des circonstances.

1. Choisissez une situation que vous souhaitez modifier même si elle vous paraît sans espoir. Affirmez votre position.

2. Remarquez tout blocage susceptible d'entraver votre projet. Faites votre possible pour le retirer. Peut-être n'y a-t-il rien que vous puissiez faire.

3. Exprimez votre confiance dans le résultat final fréquemment et à haute voix. Demandez à quelqu'un d'affirmer avec vous que vous atteindrez votre objectif.

4. Détournez votre attention de la situation actuelle et concentrez-la plutôt sur votre objectif.

5. Reconnaissez qu'un pouvoir supérieur est à l'œuvre dans votre vie et remerciez-le au moindre signe de progrès.

6. Si les choses ne tournent pas comme vous voulez, reconnaissez que certaines choses ne sont tout bonnement pas dues pour arriver et acceptez-le. Tirez une leçon de l'expérience. Ne vous blâmez pas.

EXERCICE AUTODIDACTIQUE Nº 24
Détecter ses pensées négatives et les reformuler

But : Vous exercer à laisser aller vos inquiétudes en détectant vos pensées-semences et en les modifiant. Cet exercice est utile pour tous les soucis y compris ceux concernant la santé, les finances, le travail ou même la peur de l'échec.

1. *Séparez la situation de l'émotion.* Quelle émotion ressentez-vous face à la situation qui vous perturbe ? Est-ce de la peur, de la colère, de la frustration, de l'envie ou autre chose ?

2. *Observez vos pensées* : que vous dites-vous mentalement par rapport à la situation ?

3. *Parlez de vos pensées* à quelqu'un qui peut vous aider à transformer vos croyances négatives en pensées-semences plus positives. Ne vous ouvrez pas à quelqu'un qui appuiera votre jugement négatif de vous-même.

4. *Créez une nouvelle pensée-semence plus positive.* Par exemple, si vos tracas sont d'ordre pécuniaire, dites : « L'argent ne me glisse pas entre les doigts car je suis très prudent. Donc même si mon inquiétude entraîne un coût émotionnel, elle m'a quand même aidé à garder mon entreprise solvable. Je m'admire pour cela. » Cette

sorte d'affirmation vous aidera à voir vos peurs dans un contexte positif et plus utile. Trouvez une manière de replacer vos peurs dans un nouveau contexte.

5. Voici des *exemples de pensées-semences* que vous pouvez adapter à votre situation :
   J'ai confiance et prends des décisions rapidement et facilement.
   J'assume mes responsabilités financières avec plaisir.
   Je suis un chef et un administrateur solide et déterminé.
   J'ai tout l'argent nécessaire pour régler toutes mes factures à temps.

EXERCICE AUTODIDACTIQUE N° 25
Des attentes positives dans des situations négatives

But : Combien de fois n'avez-vous pas dit : « Je suis en train d'attraper le rhume » ou « Je suis sur le point de tomber malade » ? Aviez-vous raison ? Cet exercice peut vous aider à stopper une maladie qui s'annonce et à modifier vos attentes malsaines.

Envisagez une autre possibilité. Accepteriez-vous d'avoir tort et de ne pas concrétiser votre croyance ? Ne serait-il pas merveilleux de demeurer en santé parce que vous *cessez d'affirmer votre croyance* en l'éclosion imminente d'une maladie ? Vous pouvez prendre des précautions dès l'apparition des premiers symptômes : vous reposer davantage, prendre un supplément de vitamine C et de zinc, éviter les produits laitiers pendant quelque temps, vous gargariser, prendre un bain chaud. Faites votre possible pour éviter le rhume, mais ne présumez pas qu'il est inéluctable. La frontière est mince entre créer la maladie en ne tenant pas compte des avertissements de son corps et créer une bonne santé en se dupant.

Instructions

1. Faites l'exercice suivant la prochaine fois que vous sentirez venir un rhume, une angine, un mal de tête, une indigestion ou un mal de dos.

2. Demandez-vous d'abord si vous avez besoin d'un congé. Puis accordez-vous-le pour éviter d'avoir besoin d'une maladie comme prétexte. Prenez un congé de bien-être plutôt. Avez-vous besoin de solitude ou de compagnie ? Faites ce qu'il faut pour combler ce besoin sans tomber malade.

3. Décrivez les sentiments que vous éprouvez en pensant à l'affection que vous craignez. Soyez précis. Faites tout ce qu'il faut pour votre corps et vos émotions afin de l'éviter.

4. Trouvez une manière plus positive de parler de vos sentiments. Au lieu de dire « Je sens venir un rhume », dites-vous « Mon corps me signale que j'ai besoin d'un peu de temps libre. Je l'écoute et prends un congé de bien-être. » Prenez position en faveur d'une bonne santé et souvent, vous arriverez à la créer.

5. Si malgré cela vous tombez malade, prenez soin de votre corps en recourant à tous les remèdes physiques que vous savez utiles. Réconciliez vos pensées et vos émotions en imaginant un dénouement favorable sous la forme d'un retour rapide à la santé.

Renverser une situation non désirée ou une maladie est souvent un processus lent et difficile. Il est parfois nécessaire de passer à travers l'expérience pour en tirer un enseignement. Inutile de vous culpabiliser ou de vous blâmer si vous n'obtenez pas de résultats positifs avec un exercice. Soyez indulgent envers vous-même. Si un exercice n'est pas efficace dans votre cas, c'est souvent pour le mieux.

Ce qu'on ne sait pas ne fait pas mal.
Il y a de quoi perdre la tête.

CHAPITRE 9

Projections et attentes

À ce point-ci, il devrait être clair que votre discours et vos pensées ont une influence sur vous. Or ils ont aussi une influence sur les autres tout comme les leurs ont un effet sur vous. Vous savez à quel point un sourire ou quelques mots gentils peuvent égayer votre journée. Les paroles affectueuses d'un ami ont le pouvoir d'atténuer votre stress. Comparez cela à l'effet des propos agressifs. Les paroles et pensées des autres vous affectent plus que vous ne le pensez. Leur potentiel destructeur est encore plus sérieux à notre époque nucléaire. Nous devons tous devenir conscients de nos pensées afin que les paroles et actions qui en découlent apportent santé, amour, harmonie et paix à la planète Terre.

Nous sommes influencés par les paroles des médecins parce que nous prêtons à ces derniers le pouvoir de savoir

et de guérir. Il n'y a rien de mal à cela quand ils nous rassurent ou nous prodiguent des conseils médicaux utiles,
mais il y a des moments où les paroles du médecin peuvent
alarmer le patient sans raison. Même les mauvaises nouvelles doivent être communiquées sous un jour positif.

Au cours d'un atelier, le docteur Bernie Siegel parla du
rôle du médecin en chimiothérapie. Les cancérologues ont
l'habitude d'informer leurs patients des effets secondaires
désagréables de la chimiothérapie, qui englobent les
nausées et les vomissements. Certains préparent leurs
patients en les invitant à placer un récipient près de leur
lit. Ce conseil, aussi judicieux soit-il, crée chez le patient
une attente hypnotique. Il n'est pas rare qu'il réponde aux
attentes de son médecin en souffrant des effets secondaires.

Or les nausées et les vomissements ne sont pas des
conséquences inévitables de la chimiothérapie. Au contraire. Un grand nombre des patients du docteur Siegel ne
ressentent aucun effet négatif. Comme Siegel reconnaît
que le subconscient joue un rôle puissant dans la guérison, il ne prépare pas ses patients à souffrir après leur
traitement, mais les aide plutôt à voir celui-ci comme la
forme de thérapie qu'ils ont choisie. Les patients qui
reconnaissent ce choix éprouvent souvent moins de difficultés.

Une patiente du docteur Siegel refusait les traitements
de chimio et de radiothérapie qu'elle voyait comme des
poisons, comme des techniques envahissantes produisant
de dangereux effets secondaires. Forte de cette attitude,
elle aurait sans nul doute ressenti des effets négatifs peu
importe l'efficacité des traitements. Cependant, elle modifia peu à peu sa façon de penser au point de reconnaître la
radio et la chimiothérapie comme des formes positives
d'énergie susceptibles de l'aider à guérir. Ayant modifié ses
croyances, elle se soumit aux traitements en toute tranquillité d'esprit. En fin de compte, son expérience fut très

positive et elle continua même de travailler pendant le traitement.

LES PRÉDICTIONS QUI S'ACCOMPLISSENT

En général, lorsque votre médecin vous décrit un traitement, il vous indique aussi ses effets secondaires éventuels. Je suis en faveur de cela surtout si le traitement comporte des risques importants car ces symptômes pourraient vous prendre par surprise et vous plonger dans la peur et la confusion. Il est fort possible cependant que vous preniez trop au sérieux les paroles du médecin et provoquiez l'effet même que vous vouliez éviter. Vous pouvez empêcher cela en étant conscient de l'effet des attentes négatives et en vous servant de la pensée positive.

Siegel raconte : « Si je vous donne une injection de solution saline en disant "Voici un traitement de chimiothérapie qui fera tomber vos cheveux", 30 p. 100 des hommes perdront leurs cheveux. » Un tiers des femmes auront la même réaction même si on leur administre un placebo.

Les malades subissent parfois des effets secondaires même s'ils n'ont pas été prévenus. Aussi quand un médicament semble approprié, le médecin se heurte à un dilemme : « Comment informer mon patient tout en demeurant positif ? » Une solution consiste à informer le patient tout en suscitant un espoir en lui. Le médecin peut dire, par exemple : « Certains personnes souffrent de nausées après la chimiothérapie, mais de plus en plus de malades évitent cet effet déplaisant. Je soupçonne que vous serez l'un de ceux-là. »

Les patients ont aussi leur part de responsabilité et ils ne devraient accepter que les traitements auxquels ils font confiance. Pour qu'un traitement réussisse, il faut avoir autant confiance en soi-même qu'en son médecin. Maints patients arrivent à se guérir eux-mêmes et à prévenir ou minimiser les effets secondaires de leur traitement grâce à la visualisation (imagination positive) ou à des affirmations qui créent une image mentale du résultat désiré.

DIALOGUES CURATIFS

Diminuer la panique – une première étape importante de la guérison – est une autre manière d'influencer les autres par nos paroles. L'affolement découle de la croyance en un résultat appréhendé. L'espoir est la croyance en un résultat désiré. Dans une histoire bien connue relatée dans *The Healing Heart,* Norman Cousins parle d'une manière rassurante d'un homme qui fut terrassé par un infarctus tandis qu'il jouait au golf. L'homme cessa de s'affoler en écoutant les paroles encourageantes de Cousins. En moins d'une minute, son rythme cardiaque se calma et se régularisa ; l'homme reprit des couleurs, il regarda autour de lui et s'intéressa à son traitement[1].

Jackie Ruzga travaillait comme infirmière dans une salle d'urgence avant de faire des études de chiropractie. Elle raconte :

> *Quand un patient arrivait dans un état grave – qu'il avait subi un arrêt cardiaque ou se trouvait dans un coma diabétique –, notre premier objectif était de le rassurer, de l'installer confortablement et de l'aider à ne pas s'affoler. La peur nerveuse entraîne une hyperventilation qui accélère le rythme cardiaque et prive le corps d'oxygène. À plus d'une reprise, j'ai observé l'effet positif d'une caresse affectueuse et de quelques paroles rassurantes : « Tout va bien. Vous allez vous en sortir. »*
>
> *Un patient qui souffrait d'arythmie – un rythme cardiaque irrégulier – se trouvait dans un état d'agitation extrême. Je plaçai ma main sur son dos et lui glissai quelques paroles réconfortantes. Ses battements cardiaques se calmèrent presque aussitôt. Un jeune homme*

qui venait d'avoir un accident de moto se trouvait en état de choc et ses blessures saignaient abondamment. Calmer le patient contribue fortement à ralentir l'hémorragie. Une fois rassuré, l'homme était suffisamment détendu pour que l'on puisse s'occuper de sa fracture ouverte sans l'anesthésier.

L'infirmière est un substitut maternel. En touchant ses patients et en leur parlant, elle les rassure et contribue ainsi à les garder en vie. Un homme qui se préparait à subir un test de diagnostic avouait être « mort de peur » à la vue de tous les appareils de haute technologie qui l'entouraient. Après avoir reçu quelques explications, il se sentit rassuré et passa les examens sans difficulté.

Les patients ont besoin qu'on leur parle et les touche car ils se sentent souvent isolés. C'est pourquoi le lavage à l'éponge est une part aussi importante des bons soins infirmiers. Cette chaude communication entre l'infirmière et le patient atténue les anxiétés de ce dernier en lui montrant que quelqu'un se soucie de lui, qu'il n'est pas seul dans cette épreuve.

Même les patients inconscients ont besoin d'être rassurés. Bernie Siegel affirme qu'il communique de façon continue avec ses patients dans la salle d'opération, leur expliquant ce qui se passe. Selon lui, cela peut faire la différence entre la vie et la mort. « Parler aux patients qui souffrent d'arythmie cardiaque pendant l'opération peut normaliser leur cœur et ralentir un pouls trop rapide[2]. » Même les patients inconscients réagissent aux paroles d'espoir et d'amour.

Dans le passé, les chirurgiens étaient persuadés que les patients sous anesthésie n'entendaient pas ce qui se passait dans la salle d'opération et n'en gardaient aucun souvenir. Daniel Goleman décrit une recherche menée au Chicago Hospital dans laquelle on vérifia les effets d'un message transmis aux patients qui subissaient une opération au dos[3]. Pendant qu'ils étaient endormis, on leur adressa une suggestion susceptible de les aider à éviter une complication postopératoire courante qui consiste à ne pas pouvoir uriner et nécessite le recours à un cathéter. Aucun des patients ayant reçu cette suggestion n'eut besoin d'un cathéter tandis que plus de la moitié des membres du groupe de contrôle, qui n'avaient pas bénéficié de la suggestion, en nécessitèrent un. Que vous vous en souveniez ou non, les paroles des autres ont une influence sur vous.

LES ATTENTES

Les informations effarantes diffusées par les médias, le corps médical ou nos amis à propos d'une maladie peuvent implanter dans notre esprit des croyances et des peurs qui auront un résultat négatif sur notre guérison. On est davantage bouleversé si on *prévoit* le résultat redouté. D'affirmer Roberta Tager : « Toute maladie est un groupe de symptômes qui se trouvent à être présents au moment du diagnostic. En les nommant, vous leur donnez du pouvoir et ils auront plus de chances de coller à vous parce que vous possédez désormais une maladie connue à laquelle vous croyez. Nommer peut contribuer à la guérison en désignant le traitement qui s'impose ou l'entraver si cela nourrit vos attentes négatives et vous réduit à l'impuissance. »

Le diagnostic de la sclérose en plaques engendre souvent la terreur. Mme Tager se considère chanceuse que la maladie ait été si peu connue au moment où elle fut décelée chez elle en 1963. Ainsi elle disposait de peu de données négatives à ruminer et trouva sa propre voie de guérison. Le cancer est un autre diagnostic qui sème encore la terreur. Il est synonyme de souffrance et même de condamnation à mort malgré le fait que les traitements s'améliorent et que les taux de survie sont en hausse constante. Loin de constituer une sentence de mort, le cancer

donne souvent aux gens la chance d'opérer des changements positifs dans leur vie – d'apprendre à mener une vie
plus riche, plus créative, plus aimante et plus joyeuse. La
maladie peut être une puissante force motrice. Elle donne
la possibilité de grandir et d'apprendre puisque les
humains croissent souvent à travers les épreuves.

Bernie Siegel et d'autres professionnels parlent souvent
du cadeau que représente une maladie. Apprendre à donner et à recevoir de l'amour est un effet secondaire positif
de bien des maladies. J'en ai moi-même fait l'expérience
car l'opération que j'ai subie au cerveau m'a permis de sentir l'amour inconditionnel que me portait ma famille.

Le médecin qualifié vous dit la vérité sur votre état tout
en demeurant optimisme, tâche malaisée s'il croit que votre
maladie est mortelle. Sachez cependant qu'aucune maladie
n'est vraiment fatale tant que vous n'êtes pas mort.

Erik Esselstyn, ancien doyen d'université devenu
thérapeute, survit à un cancer du canal cholédoque depuis
plus de douze ans. Parlant du pouvoir de l'espoir, il dit :
« Quand j'ai quitté l'hôpital après mon opération, il n'était
pas question que je suive des traitements de chimio et de
radiothérapie, jugés inefficaces pour ce type de cancer.
Mais le chirurgien m'a encouragé en disant : "Revenez me
voir dans cinq ans. "

« Je me suis dit : "Il s'attend sûrement à ce que je vive
s'il ne veut pas me voir avant cinq ans. Il s'est fixé un
objectif à long terme – loin dans le futur. Je vais viser cette
cible moi aussi. " L'espoir est une force puissante dans le
processus de guérison, une force que ce docteur intelligent
avait sagement activée. Je lui en suis très reconnaissant.
Même si, à l'époque, je n'étais pas certain de survivre,
j'étais déterminé à faire tout mon possible pour favoriser
ma guérison complète. »

De nombreux patients comblent les attentes du
médecin qui leur administre des médicaments sans aucun
pouvoir curatif intrinsèque surtout s'ils croient que ces

pilules peuvent les aider. Cet effet placebo est un exemple de prophétie qui s'accomplit. Les études effectuées dans ce domaine démontrent le pouvoir de la foi dans le processus de guérison. Comme les gens sont souvent inconscients de leurs vraies croyances, beaucoup guérissent qu'ils croient ou non au traitement.

Un cas classique et célèbre, qui illustre le rôle des attentes dans la guérison, met en cause un patient du psychologue Bruno Klopfer, qui était atteint d'un cancer avancé. À la clinique où se trouvait le patient, on essayait un nouveau médicament aujourd'hui discrédité mais fort vanté à l'époque, le krébiozène. Ayant supplié qu'on le lui administre, le patient reçut une injection. Peu de temps après, ses tumeurs « fondirent comme neige au soleil » provoquant une apparente guérison. On poursuivit le traitement trois fois par semaine jusqu'à ce que le patient pût quitter l'hôpital.

Peu de temps après, la nouvelle se répandit que le médicament ne valait rien. Le patient, ayant perdu espoir, vit ses tumeurs revenir promptement.

Klopfer, reconnaissant l'effet puissant des croyances du patient, le rassura en offrant de lui donner une forme spéciale et plus active du médicament. Ce traitement, administré en grande pompe, n'était en fait qu'une simple solution aqueuse. La disparition des tumeurs fut encore plus spectaculaire que la première fois. Le médecin poursuivit les injections de solution aqueuse qui produisaient des merveilles, et le patient demeura sans symptômes pendant quelque temps. Plusieurs mois plus tard, des études finales démontrant hors de tout doute l'inefficacité du krébiozène furent publiées. Lorsqu'il en prit connaissance, le patient vit ses tumeurs réapparaître et il mourut peu de temps après.

Le docteur Ronald Glasser, dans son livre *The Body Is The Hero*, parle d'un article publié au début des années trente dans le *Journal of the American Medical*

Association par un médecin qui avait évalué trente-cinq études publiées sur l'usage de médicaments dans le traitement de l'hypertension artérielle[4]. À sa grande stupéfaction, ce médecin avait découvert que, dans chacune des études, les chercheurs affirmaient avoir obtenu un soulagement complet ou notable avec les médicaments testés. Ces documents affirmaient que le gui, la diathermie, l'extrait de pastèque et même des gouttes d'une dilution d'acide chlorhydrique administrées trois fois par jour provoquaient une amélioration chez 85 p. 100 des patients.

> *Comme la composition chimique de toutes les substances testées était très différente, l'auteur fut forcé de conclure que le seul dénominateur commun de toutes ces études était que les patients « voulaient guérir, ils voulaient que leur médecin réussisse, ils voulaient que le médicament soit efficace, ils voulaient aller mieux ». Il attribuait le succès des études à l'effet placebo, un effet bien connu mais dont on a peu discuté.*

PANSER LE CORPS

Le docteur Glasser signale aussi un cas où les médecins ne trouvaient aucune cause aux soi-disant allergies graves dont souffraient deux patients. Ceux-ci étaient frustrés et fâchés que l'on ne trouve rien qui clochât chez eux. Tous les tests cutanés étaient négatifs. Un jeune médecin qui éprouvait de la sympathie pour eux fit remarquer en blaguant à moitié que si seulement les tests cutanés pouvaient être positifs, on pourrait établir un diagnostic, administrer un traitement et guérir ces patients. Le lendemain matin, les tests cutanés des deux patients étaient positifs.

Le pouvoir de l'esprit sur le corps est stupéfiant. Les personnes souffrant d'une soi-disant personnalité dissociée sont intéressantes à observer. Selon la personnalité présente lors de l'examen, elles subissent d'ahurissantes métamorphoses physiques. Chez la même personne, une personnalité peut être allergique à une substance et l'autre non.

Au même titre que les explications du médecin, les messages diffusés par les médias peuvent constituer des prédictions qui s'accomplissent. Pensez aux gens qui ont tendance à souffrir du rhume des foins. Depuis quelque temps, les médias diffusent le niveau de pollen quotidiennement et ce, pendant plusieurs mois. « Le niveau de pollen s'élève aujourd'hui à 5 (ou 30 ou 150)! » Plus il grimpe, plus on nous prédit d'affreuses souffrances. Parfois on nous recommande même de ne pas sortir.

Les chiffres supérieurs sont des pensées-semences « maladisantes ». Quelle est l'utilité de divulguer ces chiffres ? Comme le taux de pollen varie selon les endroits, on peut fort bien se trouver dans un lieu où il y a beaucoup de pollen une journée où l'on annonce un niveau peu élevé. Dans ce cas, si vous avez l'habitude de vous exprimer par le rhume des foins, vous en manifesterez sans doute les symptômes, que vous connaissiez ou non le taux de pollen. Les avertissements constants peuvent être nocifs pour les gens qui sont très sensibles à la suggestion ou aux prédictions concernant les niveaux de pollen.

En 1983, les médias annoncèrent que la saison serait sans doute terrible pour les gens souffrant d'allergies saisonnières. Ils nous rappelèrent que le printemps humide et l'été chaud et sec favorisaient la croissance des mauvaises herbes, ce qui ferait grimper le taux de pollen. Combien de personnes qui n'avaient jamais eu le rhume des foins en ressentirent les symptômes cette année-là? J'en ai rencontré plusieurs. La divulgation des taux de pollen découle d'une intention positive. Mais si l'on tient compte du pouvoir créateur des croyances, il est possible que ces annonces produisent un résultat contraire. Que peut-on faire après avoir été informé du taux de pollen? Porter un masque?

Étant donné la profusion de messages négatifs que nous entendons et lisons, il est grandement temps que nous apprenions à utiliser les affirmations positives et la visualisation pour les contrer. Pearsall parle d'« une femme qui souffrait beaucoup du rhume des foins depuis douze ans. On l'aida à imaginer qu'elle n'avait plus de symptômes et elle s'en libéra complètement pour la première fois[5]. »

Le magazine *People* divulguait un message consternant dans sa livraison de mai 1989. L'article-vedette décrivait les effets à long terme du divorce sur les enfants de tous âges. Le titre suivant figurait sur la couverture : « Les enfants du divorce : des cœurs blessés. » Songez à l'image évoquée par ces mots, mémorable message transmis au subconscient. Comme on annonçait souvent ce numéro à la télévision, je l'achetai pour évaluer la force de ce message. La page de l'index portait la citation suivante : « Pendant des années, les psychologues ont cru que les gosses pouvaient se remettre d'un divorce comme on guérit de la varicelle. Mais ces enfants le savent et une étude récente le confirmait, la souffrance causée par un mariage détruit peut poursuivre un enfant pendant des années, provoquant en lui de la confusion et une souffrance affective même lorsqu'il entrera dans l'âge adulte[6]. » Malgré son contenu bouleversant, l'article comme tel se terminait sur une note plutôt optimiste, qu'atténuait cependant le titre navrant.

ON REÇOIT CE QUE L'ON CROIT

Le docteur Bernard Lown, professeur de cardiologie à l'Université Harvard, relate deux anecdotes bien connues sur l'effet des paroles sur les patients[7]. Une femme entendit son médecin parler d'elle comme d'un cas classique de S.T., ces lettres désignant la « sténose tricuspide » ou souffle cardiaque, une maladie courante et bénigne. Or la patiente étant convaincue que S.T. signifiait « situation terminale », rien ne put la faire changer d'idée et son médecin demeura introuvable. Elle mourut le jour même malgré les efforts des médecins pour la sauver.

Un patient qui se trouvait dans un état critique à la suite d'un infarctus guérit miraculeusement en entendant son médecin dire au personnel soignant : « Ce patient a un troisième bruit de galop très fort et très sain » (un signe en fait que le muscle cardiaque fournit un effort et faiblit). « Quand je vous ai entendu parler de galop sain à vos collègues, expliqua-t-il à son médecin, je me suis dit que mon cœur était encore plein de vitalité et que je ne pouvais pas être en train de mourir. J'ai repris courage pour la première fois et j'ai su que j'allais guérir et vivre. » Comme quoi l'ignorance est parfois source de félicité et ce que l'on ignore ne fait pas mal. Les paroles et pensées de notre entourage peuvent nous influencer positivement ou négativement. Un thérapeute me raconta l'histoire ci-dessous :

Un des mes clients contracta une fièvre rhumatismale dans son enfance. On lui disait sans arrêt : « Ne joue pas ou tu vas mourir. » Quand il lui arrivait de jouer, il se sentait faible ou étourdi. Ces sensations renforçaient l'avertissement selon lequel les jeux violents pouvaient le tuer. En fait, l'enfant souffrait d'un type de maladie qui guérit tout seul après l'adolescence, mais la pensée-semence désormais inconsciente « Ne joue pas ou tu mourras » s'était ancrée dans le corps-esprit du garçon sous forme d'une croyance profonde.

Quand je le vis pour la première fois, il avait supprimé la joie et l'enjouement de sa vie. Au cours de l'atelier, il découvrit la pensée-semence qui entravait sa vitalité et sa capacité de mordre dans la vie à belles dents. Par la suite, il devint beaucoup plus heureux et mena une vie beaucoup plus créative. Il est possible de compenser l'effet nocif de ses croyances profondes en en prenant conscience tout simplement.

Une femme appelée Faith m'apporta de nouvelles preuves de l'effet des paroles des adultes sur les enfants :

> *Quand j'étais petite, j'avais les jambes sévèrement arquées et marchais en pointant les pieds vers l'intérieur. Ma tante me dit : « Je souffre de voir que ta jambe n'est pas droite. » Elle toucha ma jambe et me montra comment la redresser et marcher plus droit.*
>
> *J'aimais profondément cette tante et souffrais de la voir souffrir pour moi. Je repensais souvent à ce qu'elle m'avait dit et m'évertuais à garder ma jambe droite. Au bout de quelques jours, ces pensées quittèrent mon esprit conscient et je me mis à jouer et à vivre normalement. Plusieurs mois plus tard, ma tante me fit remarquer que ma jambe était droite. J'étais enchantée de lui avoir fait plaisir. Désormais elle ne souffrirait plus pour moi.*

Un homme du nom de Jim décrit comment il a surmonté le conditionnement qui le limitait lorsqu'il était enfant :

> *En grandissant, je marchais difficilement et retombais souvent à l'âge de cinq ans. Un médecin diagnostiqua la maladie de Perthes, qui entraîne une malformation de la hanche. Au début des années quarante, ce diagnostic était rare et les médecins ignoraient le résultat du traitement. Ils me recommandèrent de ne pas marcher, de garder le lit, d'éviter toute pression sur la hanche et me plâtrèrent les deux jambes, de la hanche aux orteils.*
>
> *Je passai une année entière au lit et manquai l'école jusqu'à la quatrième. Une fois le plâtre retiré, les médecins prirent congé de mes parents sur les paroles suivantes : « Encouragez votre fils à travailler fort dans ses études afin de pouvoir décrocher un emploi de bureau.*

Il aura sans doute du mal à accomplir des efforts ou des activités physiques. » Mais mes parents, et en particulier ma mère – Dieu la bénisse !– a toujours cru que je me rétablirais parfaitement. Et je l'ai cru moi aussi ! Elle me disait souvent : « Si tu désires une chose assez fort, tu l'auras. » Elle m'a inculqué la foi en la pensée positive.

Aujourd'hui, je suis distributeur de sodas. Mon travail est surtout physique : soulever, tirer, conduire un camion. Je joue au racket-ball et prends régulièrement de l'exercice. Je suis convaincu que mon esprit peut ordonner à mon corps de faire n'importe quoi. Je ne prends jamais de médicaments et n'ai pas manqué une seule journée de travail en seize ans. Lorsque je ne me sens pas bien, je me repose en me disant que j'irai bientôt mieux. Puis je me rétablis ! De temps en temps, je passe un examen médical et les médecins me félicitent pour ma bonne forme !

L'ESPOIR GUÉRIT

Jim et Faith témoignent avec force de l'importance de s'entourer de gens qui croient en vous et vous rassurent quand vous êtes malade. La peur crée un stress pour le corps. Les prophètes de malheur font mordre la poussière à l'espoir. Rappelez-vous qu'un espoir n'est jamais faux car une attitude détendue et confiante crée dans le corps un environnement plus propice à la guérison. Ne feignez pas d'ignorer vos symptômes, bien réels. Vérifiez s'ils sont dus à une cause organique et espérez une issue favorable. L'espoir est un puissant mécanisme de guérison.

Même le fœtus est influencé par les pensées et paroles des autres. Comme nous l'avons vu dans les chapitres précédents, chaque émotion crée sa propre neurochimie. Les neurotransmetteurs produits dans le cerveau de la femme enceinte traversent la barrière placentaire pour se rendre dans le corps du fœtus. Ainsi, lorsque la mère ressent de la honte, de la colère ou une grande joie, la chimie physique du bébé se modifie en conséquence.

L'enfant non encore né réagit tant aux sons qu'aux pensées et aux sentiments. Au cours d'une émission de télévision intitulée « L'hypnose pour bébé», le psychologue John Bradshaw parla de ces effets[8]. Il cita les travaux de deux chercheurs de l'Université de Boston – William Condon et Louis Sander – qui découvrirent que les mouvements soi-disant fortuits des bébés étaient coordonnés avec la parole. Il semble que les sons perçus par le fœtus programment ses réactions neuromusculaires.

À l'aide de films sonores se déroulant à grande vitesse et d'une analyse informatique, Condon et Sander constatèrent que chaque bébé possédait «un répertoire individuel complet de mouvements corporels synchronisés avec la parole ». L'enfant réagissait à chaque son par une réaction musculaire individualisée ; chaque fois qu'un même son se répétait, le bébé avait la même réaction. Chaque bébé étudié possédait déjà ses propres réactions idiosyncratiques au langage. Ce conditionnement débute quand l'enfant est encore dans l'utérus. On peut donc penser que la vie des gens est influencée par les pensées-semences plantées en eux pendant leur séjour dans l'utérus et que les mots employés en présence d'une femme enceinte peuvent avoir des incidences importantes sur le fœtus.

La Bible dit « La vérité vous libérera ». La vérité, c'est que *ce que nous entendons* influence *ce que nous croyons*. Et nos croyances déterminent si nous vivrons ou mourrons, si nous serons malades ou en santé, si nous nous épanouirons ou nous étiolerons.

EXERCICE AUTODIDACTIQUE N° 26
Rappels utiles

But : Vous exercer à présenter l'information d'une manière plus positive, plus utile et moins critique.

Parlez aux autres d'une manière positive en employant des mots, des pensées et des images qui suggèrent la santé, pas la maladie. Par exemple, mieux vaut dire : « Vous serez en meilleure santé si vous mangez des fruits et des légumes » que « Vous tomberez malade si vous vous nourrissez mal ». Cette information a beau être vraie, il existe une manière plus positive de la communiquer.

Ce sont *les derniers mots* de la phrase qui frappent l'esprit. La tournure de votre avertissement est importante. Ainsi, vous feriez mieux de dire « Rappelle-toi d'apporter ton devoir » au lieu de « Tu ne dois pas oublier ton devoir ». L'esprit se concentre sur les derniers mots, dans ce cas-ci « oublier ton devoir ».

Voici quelques exemples :

Courant	Mieux
Évite de tomber malade.	Reste en santé.
N'oublie pas le lait.	Rapporte du lait.
Fais attention quand tu traverses la rue sinon tu pourrais te faire frapper.	Regarde des deux côtés avant de traverser la rue.
Fais attention ou tu vas tomber.	Tiens-toi bien.
Apprends bien tes leçons sinon tu vas échouer.	Apprends bien tes leçons et tu passeras.
Tu me rends dingue.	Tu me stimules.
Tu me fais mourir.	Je me fais du souci pour toi.
Tu m'embrouilles les idées.	Je ne te comprends pas.

Pendant la journée, écoutez votre langage et relevez vos propos négatifs. Trouvez une image efficace pour vous : un chien de garde ou un jardinier – assis entre votre cerveau et votre bouche – qui surveille ou arrache tous vos propos négatifs et les remplace par des positifs. Par exemple, dire d'une personne qu'elle est entêtée au lieu de dire qu'elle a des idées bien à elle.

EXERCICE AUTODIDACTIQUE N° 27
Du feed-back sur votre mode d'expression

But : Vous aider à reconnaître l'effet de vos paroles sur les autres.

Instructions

1. Surveillez l'effet de vos paroles sur votre entourage. Exercez-vous tout en bavardant avec un ami. Essayez de tenir uniquement des propos rassurants.

2. Puis tenez des propos négatifs.

3. Remarquez si votre ami réagit différemment.

4. Enfin expliquez-lui ce que vous faites. Demandez-lui sa réaction à vos deux modes d'expression.

EXERCICE AUTODIDACTIQUE N° 28
Parler aux enfants

But : Prendre davantage conscience de votre manière de parler aux enfants afin de choisir des mots plus pertinents.

Le conditionnement négatif auquel sont soumis les jeunes enfants est souvent flagrant dans les salles d'attente des cabinets médicaux ou dans les magasins, surtout les supermarchés. J'ai été frappé de constater l'ampleur des programmes négatifs que les parents transmettent à leurs enfants, surtout lorsque l'un ou l'autre est contrarié. Par exemple : « Arrête ou je te tue » ; « Tu me rends folle » ; « Tu ne seras jamais bon à rien ».

Instructions

Pour stimuler l'estime de soi des enfants :

1. Dites à votre enfant qu'*il est déjà tel que vous voulez qu'il soit*. Dites-lui par exemple : « Tu es un bébé intelligent et joyeux. » « Tu es mignon et gentil. »

2. Remarquez ses comportements *positifs*. Lorsque votre enfant affiche les idéaux et comportements que vous appréciez, complimentez-le afin de renforcez ceux-ci. Évitez de souligner sa mauvaise conduite. Si vous désapprouvez sa conduite, exprimez votre sentiment en mettant l'accent sur le comportement positif : « Cesse tout de suite ! Je préfère que tu te comportes comme ceci. »

3. Commencez dès maintenant à utiliser des affirmations positives avec vos enfants, qu'ils soient adolescents ou plus âgés.

4. Soyez convaincu que votre enfant peut réussir dans toutes ses entreprises. Ne le blâmez pas s'il échoue. Louez ses efforts.

5. Donnez à votre enfant des messages positifs pour augmenter sa confiance en lui et son estime de soi.

6. Encouragez votre enfant à faire ses propres choix en lui offrant diverses options.

7. Attendez-vous à ce que votre enfant ait des talents et il en aura. Ce ne seront peut-être pas ceux que vous aviez espérés, mais respectez l'unicité et le libre arbitre de chaque individu.

Mieux vaut tard que jamais.
Faire contre mauvaise fortune bon cœur.

CHAPITRE 10

Manuel d'instructions

Les scientistes de diverses disciplines sont arrivés à la conclusion qu'il existait dans l'univers un instrument capable de faire progresser la civilisation bien au-delà des espoirs actuels. Jusqu'ici, cet instrument étonne ses utilisateurs en raison de la grande diversité de ses usages. Parce qu'il présente une grande valeur aux yeux de la société, il existe un réel désir d'augmenter sa durée de vie et d'améliorer ses capacités quotidiennes. Maximiser son potentiel est devenu un souci principal de cette décennie.

Cependant, les utilisateurs de tout le pays se heurtent au même problème. Aucun manuel d'instructions ne vient avec cet instrument. Grâce à des années d'expérimentation, toutefois, nous avons découvert que chaque utilisateur doit explorer les options qui s'offrent à lui et créer son propre manuel d'instructions. Chaque utilisateur possède des outils uniques pour créer ce manuel parce qu'il est l'instrument dont il est question.

Cet instrument est, bien sûr, l'être humain. Nous devons apprendre à en prendre soin si nous voulons maximiser son potentiel et rendre son utilisateur heureux. Comprendre la communication corps-esprit est la clé. Être humain est un merveilleux cadeau !

L'esprit communique avec le corps à travers le langage, les pensées, les images et les métaphores. Les pensées-semences programment le corps et les émotions, créant soit la maladie soit le bien-être. Le corps répond au moyen de sensations physiques. L'esprit, en interprétant ces sensations, fournit des informations qui favorisent une communication encore plus complète. Ce système fonctionne de manière continue et automatique. Un esprit conscient peut intervenir et le modifier pour le meilleur ou pour le pire. La maladie fait partie du processus de guérison.

Le corps humain est composé de milliards de cellules qui remplissent une vaste gamme de fonctions électriques, mécaniques et chimiques. Le corps sait très bien ce qu'il fait. Il fonctionne en communiquant avec chacune de ses parties. La machine corporelle fonctionne continuellement sans assistance consciente de notre part. Les organes et les systèmes comme le système digestif communiquent constamment entre eux à notre insu.

Pensez à votre corps comme au matériel de traitement de l'information de l'ordinateur personnel avec lequel j'écris ce livre-ci. Le corps est la machine. Toutefois, il faut plus que le matériel (le corps) pour que la machine fonctionne : il faut des programmes ou logiciels. Pour écrire au moyen de mon ordinateur, j'ai besoin d'un logiciel de traitement de texte qui dit à l'ordinateur quoi faire. En tant qu'humain, vous avez, à l'instar du système d'exploitation de l'ordinateur, des logiciels intégrés à votre système. Ils forment ce que l'on appelle l'inconscient. Vous fabriquez aussi des programmes au moyen de vos pensées, vos images et vos paroles. À travers vos connaissances, vous vous programmez continuellement tout au long de votre vie.

Un ordinateur bien programmé peut exécuter des fonctions qui étaient inimaginables il y a moins de cinquante ans. S'il est mal programmé, cependant, il ne fonctionnera pas bien. De même, un esprit humain incorrectement programmé entraînera un dysfonctionnement du système humain. Mais programmé et entretenu correctement, il *vous* permet d'accomplir des exploits inimaginables un demi-siècle auparavant. J'en veux pour preuve les nouvelles inventions qui améliorent la qualité de la vie et nous permettent de nous déplacer plus vite, d'obtenir et de faire presque n'importe quoi. Il suffit de penser aux exploits réalisés par les athlètes olympiques pour ce qui touche la vitesse, l'endurance, la vigueur et la souplesse.

Nous commençons tout juste à vérifier les limites de ce que nous pouvons accomplir. À la fin du siècle, nous aurons peut-être appris à nous entendre avec les autres et à leur faire suffisamment confiance pour établir une paix mondiale durable. Nous mettrons à contribution notre ingéniosité pour supprimer la maladie et la faim. Nous voyagerons peut-être à la vitesse de la lumière. Un instrument humain en santé, bien entretenu et admirablement développé pourra faire tout cela et bien plus. Notre niveau de conscience joue un rôle clé dans l'actualisation de ce potentiel.

L'un des objectifs du présent ouvrage est de vous encourager à penser librement et à inventer les logiciels humains appropriés. Par penser librement, j'entends aussi aligner votre réflexion sur le Soi supérieur, le Soi divin qui existe pour tous et en chacun de nous. Toute réflexion qui prend sa source dans ce Soi débouche sur un désir d'harmonie et de paix dans le monde. Il nous pousse à nous unir dans un but commun pour le bien de l'humanité tout entière.

La plupart des ordinateurs sont dotés de mécanismes de rétroaction qui apportent les corrections nécessaires avant qu'une défaillance complète ne survienne. Lorsque cette défaillance se produit, l'opérateur peut apporter un correctif en autant qu'il reconnaisse le problème à temps. Mon ordinateur personnel comporte trois options que je peux utiliser en cas de défaillance pour éviter de perdre mes données : arrêter, recommencer et ignorer. Ces options me permettent de prendre les mesures nécessaires pour éviter une perte de données désastreuse.

Sur une machine, un signal retentit ou un voyant rouge s'allume pour signaler à l'opérateur qu'une correction s'impose. Mais le voyant rouge du corps humain est souvent plus subtil. Il peut revêtir la forme d'un vague malaise ou d'une intuition – notre sixième sens – qui nous dit que quelque chose va de travers. Si nous ne tenons pas compte des premiers signaux, nous risquons d'en subir les conséquences sous forme de douleur ou de maladie. La maladie fait partie du mécanisme de rétroaction du système humain.

Chaque partie du système donne du feed-back aux autres. Votre esprit est l'intelligence qui *fait fonctionner* le système et *observe* le système en opération. Le système fonctionnera de manière plus efficace dans la mesure où vous êtes conscient. L'état de votre corps – le matériel de traitement de l'information – vaut celui des pensées – les logiciels – qui le programment en autant que vous débarrassiez continuellement votre système des parasites extérieurs ainsi que des bruits, distorsions et virus internes.

Les ordinateurs subissent parfois des distorsions attribuables à des parasites ou à des virus présents dans le système. Le système humain subit aussi des distorsions (la maladie) causées par des parasites intérieurs – stress résultant de problèmes structuraux, mauvaise alimentation, présence de toxines ou de bactéries, manque de repos, pensées-semences et croyances négatives. Les parasites brouillent les communications au sein du système humain en suscitant des malentendus entre les cellules et les organes et entre l'esprit et le corps. Même si le système humain poursuit son travail, les parasites peuvent causer de véritables dommages organiques.

La distorsion affecte autant l'esprit que le corps. Il est difficile de penser clairement quand le corps est affaibli. Si le système sanguin est bourré de toxines, le cerveau est mal nourri. Or des cellules cérébrales mal nourries peuvent engendrer des pensées malsaines. La sénilité, par exemple, pourrait être due à la mort de cellules cérébrales mal nourries. La plupart des maladies chroniques ou dégénératives semblent présenter quelques-unes de ces relations causales. Le système immunitaire, sorte de patrouille qui s'occupe de chasser les envahisseurs de notre corps, a besoin d'une nourriture physique et mentale appropriée pour être au mieux de sa forme. Si les difficultés éprouvées par votre système sont trop nombreuses, vous devez le fermer pendant quelque temps et vous aliter pendant que les réparations s'effectuent. L'ordinateur tombe en panne ; vous avez peut-être besoin d'être hospitalisé.

VOLER À L'AVEUGLETTE

Si j'entre une erreur dans mon ordinateur, mes données s'embrouillent. Une fois, tandis que j'essayais un programme de traitement de texte, j'ai effacé un disque en entier en enfonçant des touches dont je comprenais mal la fonction. Tenter de faire fonctionner un système sans comprendre le programme est stupide – un peu comme de voler à l'aveuglette. En utilisant les mauvaises commandes, j'ai créé l'équivalent d'une maladie dans l'ordinateur et ai effacé le disque. Tenter de faire fonctionner votre corps sans en comprendre la conception, c'est aussi un peu comme voler à l'aveuglette. De nombreuses erreurs résultent du manque d'informations sur la manière de faire

fonctionner notre système humain. Nous y entrons souvent des données malsaines qui provoquent la maladie.

Le niveau de bruit présent dans notre environnement
crée aussi des problèmes. Le bruit est analogue aux parasites d'une machine ou d'un ordinateur. C'est une information confuse ou déconcertante, une donnée peu utile et
non désirée! Les parasites de l'esprit humain proviennent
de nos préjugés, nos systèmes de croyances, nos pensées-
semences malsaines, nos expériences passées et nos souvenirs. Le bruit déforme les messages que vous recevez.
Dans la mesure où vous n'êtes pas conscient de vos
préjugés, les bruits internes colorent votre perception de la
réalité. Pour jouir d'une santé optimale, vous devez
recevoir des informations exactes sur vos sentiments et vos
besoins. La distorsion est l'incapacité de percevoir le sens
véritable d'un événement ou d'une sensation.

LA COMMUNICATION INTRAPERSONNELLE

Lorsque l'esprit, le corps et les émotions sont unifiés,
chaque partie du système reçoit des informations exactes.
En présence d'une dichotomie corps-esprit, l'erreur et la
distorsion prédominent. Si votre santé est mauvaise, cela
peut être dû au fait que les messages *que votre corps transmet à votre esprit* sont obscurs et inefficaces. Une mauvaise
santé indique aussi que les messages *que votre esprit transmet à votre corps* sont malsains. Ces parasites dans les
communications intrapersonnelles – entre les différentes
parties de vous-même – peuvent engendrer la maladie.

Dans un article publié récemment dans le *Smithsonian*
et intitulé « Un code moléculaire relie les émotions, l'intellect et la santé », Stephen S. Hall écrivait : « La vision classique du corps comme trois systèmes distincts est remise en
question au moment où la recherche nous indique la voie
de la nouvelle médecine du XXIe siècle... Certains biolo-
gistes croient qu'il faut repenser certains principes chéris

depuis longtemps, à commencer par la distinction que fait la médecine traditionnelle entre le système nerveux central (siège de la pensée, de la mémoire et des émotions), le système endocrinien (qui sécrète de puissantes hormones) et le système immunitaire (qui protège le corps contre les invasions microbiennes)[1]. »

Les molécules transportent des messages entre les divers systèmes anatomiques. Le neuroscientiste Francis O. Schmitt, du Massachusetts Institute of Technology, appelle « substances informationnelles » ces substances biochimiques puissantes que sont les neurotransmetteurs ou hormones ». Certains chercheurs affirment que la découverte du fonctionnement de ces substances pourrait influencer la médecine de l'avenir de la même façon que les recherches en génétique l'ont fait dans le passé. Hall écrit : « Les substances informationnelles qui, pour beaucoup, exercent un effet puissant sur l'humeur et les émotions, nous permettent de comprendre le lien moléculaire que l'on soupçonne depuis longtemps entre l'état d'esprit et l'état de santé[2]. »

Les substances biochimiques dont parle Schmitt semblent être les véhicules qui transportent ces messages – pensées et émotions – jusqu'aux différentes cellules du corps. Ces messagers déclenchent la production d'autres substances propres à stimuler ou à entraver les fonctions physiologiques. L'esprit, le corps et les émotions convergent dans le système immunitaire dont le rôle est de repousser la maladie. Toutes les formes de parasites qui affectent votre système, qu'elles soient d'origine physique ou mentale, peuvent produire des informations biochimiques négatives. Cette pollution nuit alors à l'efficacité des autres systèmes.

LA COMMUNICATION INTERPERSONNELLE

Les paroles des autres peuvent ajouter aux parasites qui vous empêchent de voir clairement ce qui est vrai pour vous. Un message émanant de la personne que vous aimez et en qui vous avez confiance peut déformer votre perception de la réalité. Les parasites dans la communication interpersonnelle – entre vous et les autres – peuvent nuire à vos relations personnelles. Si vous ne vous entendez pas avec quelqu'un, c'est sans doute en raison de certains malentendus survenus entre vous. La distorsion entraîne une défaillance de la communication entre les individus, les familles et les nations. Une communication claire est essentielle à l'harmonie.

Les mots revêtent souvent des significations différentes selon les individus. Par exemple, prenons le mot « bouleversé » : Qu'entendez-vous par « Je suis bouleversé » ? Certains comprendront que vous êtes en colère, d'autres que vous avez peur, d'autres encore que vous êtes triste. Pour compliquer les choses davantage, le sens de la phrase « Je suis bouleversé » peut dépendre du moment où on l'emploie. Voici un dialogue qui illustre à quel point la communication peut être déformée :

Marie dit à Jean : « Je suis vraiment bouleversée (triste). »

Jean entend : « Ah, elle est bouleversée (en colère contre moi). Qu'ai-je donc fait ? »

Il répond d'un ton fâché : « Qu'est-ce qui cloche chez toi ? Qu'ai-je fait pour te blesser ? »

Marie est sidérée. Pourquoi Jean se met-il en colère contre elle alors qu'elle est déjà si bouleversée ? Elle n'a pas encore compris que Jean la croit en colère contre lui.

Marie répond avec hargne : « Je ne sais pas pourquoi tu me cries après quand je suis dans cet état. »

Jean entreprend d'expliquer son explosion et le gouffre se creuse encore davantage entre eux. Ces troubles de la communication sont assez fréquents et causent une détresse tacite et des dommages au sein de relations qui pourraient être harmonieuses.

LES MESSAGES CORPORELS

De même que j'utilise la redondance dans ce livre par souci de clarté, les messages de notre corps se répètent souvent surtout lorsque nous faisons la sourde oreille ou les comprenons mal. Notre corps parlera plus fort et plus clairement jusqu'à ce que nous ayons saisi son message.

Par exemple, si je m'habitue à la douleur sourde qui me tenaille le bas du dos, je pourrais finir par la croire inévitable. Je n'en tiendrai pas compte et n'y chercherai pas de remède. Par conséquent, cette douleur sourde cessera de me transmettre des informations nouvelles qui pourraient être utiles pour améliorer ma santé. Il me faudra un message plus fort, sous forme d'une douleur aiguë peut-être, pour que je me décide à agir. Chez moi, les douleurs au dos me conduisent toujours chez le chiropraticien. Au cours des années passées, j'attendais toujours de souffrir le martyre avant de me décider à agir. Aujourd'hui, je connais mieux la structure de mon corps.

Dernièrement, mon amie Anne, qui est obèse depuis longtemps, a découvert qu'elle avait un calcul rénal. Une fois le calcul passé, elle me parla de son poids : « J'attendais (en anglais *wait* [attendre] est l'homonyme de *weight* [poids]) que quelque chose m'arrive, une maladie quelconque. Je savais que si je demeurais obèse, cela aurait des conséquences physiques. » La peur de souffrir est parfois une puissante force motrice. L'expérience douloureuse d'Anne la poussa à prendre de l'exercice et à modifier son alimentation.

Nous avons souvent tendance à pousser sous le tapis les messages de notre corps concernant notre poids. Un excès de poids est souvent causé par l'absorption des mauvais aliments en quantités excessives. En outre, manger trop peu des aliments bénéfiques entraîne une sous-nutrition et le besoin de manger davantage. La fatigue ou une silhouette disgracieuse sont les premiers signes de piètres habitudes alimentaires. Notre corps attire habituellement notre attention de la manière la plus discrète possible. Feindre d'ignorer ce premier message peut entraîner de nouveaux malaises physiques. Les messages deviennent alors plus forts et plus clairs au point qu'il devient difficile d'y fermer l'oreille. L'hypertension artérielle, les maladies de cœur, les troubles du foie et de la vésicule biliaire et de nombreux autres symptômes sont associés à de mauvaises habitudes alimentaires.

Il y a bien des années, je fus sujette à de violentes migraines. Pendant des semaines d'affilée, je souffris le martyre. À l'époque, je ne connaissais rien encore de la guérison naturelle. Les médecins ayant diagnostiqué à tort une « migraine myalgique », je suivis pendant des années un traitement inefficace. Plus tard, mes migraines furent correctement baptisées « migraines vasculaires » mais j'ignorais tout de leurs causes. Je prenais des analgésiques puissants. Puis quand je perdis la voix, je cessai de fumer car je crus que cette laryngite était causée par la cigarette. Cette décision entraîna des bienfaits inattendus puisque mes migraines disparurent. Des années plus tard, je lus que les allergies à la nicotine, à l'alcool et à d'autres substances qui créent une dépendance sont parfois responsables des migraines vasculaires. La cause de celles-ci m'avait échappé faute d'une information complète. Je n'étais pas assez sensible pour distinguer les effets nocifs du tabagisme sur mon corps. Maintenant, ma conscience de mon corps et de la connexion langagière s'est accrue de manière notable et les communications entre mon corps et mon esprit sont de plus en plus limpides.

Il existe aujourd'hui une technologie médicale ultra-sensible qui peut vous aider à obtenir un feed-back biologique précis. Cela peut être utile quand on ignore la cause d'une sensation ou d'un symptôme précis. En général, tout ce qui nous aide à mieux nous connaître est très utile et la technologie médicale ne fait pas exception à cette règle. Les cardiogrames, les radiographies, les examens TDM et IRM, plus nouveaux, de même que l'analyse chimique complexe du sang, des cheveux et de l'urine nous fournissent des renseignements très utiles. Cette technologie de diagnostic peut vous signaler les défaillances de votre système avant que la maladie ne vous terrasse. Notez-les dans votre manuel d'instructions au même titre que d'autres techniques de diagnostic que vous pourrez utiliser au besoin. Aidez votre corps à surmonter les effets des parasites dans votre système en le soumettant à un entretien préventif périodique sous forme d'un bilan médical.

Reste que la clé d'une bonne santé est une communication intrapersonnelle exacte et exempte de parasites : entre les diverses parties de vous-même et entre votre esprit et votre corps. Cultivez votre vision intérieure en mettant à jour vos croyances inconscientes de la même façon que peler les couches d'un oignon libère son essence.

Il est souvent utile de suivre un cours propre à nous guider vers cette vision intérieure. Recherchez les programmes de formation à court terme qui sont devenus à la mode au début des années soixante-dix. Le but de ces cours est généralement de vous aider à vous transformer et à améliorer la qualité de votre vie. Les participants rapportent en général avoir accompli des progrès décisifs dans maints domaines de leur vie.

Les cours de méditation ou le travail avec des conseillers privés peuvent aussi vous aider à vous détendre, ce qui améliorera inévitablement votre communication interne. Un nombre croissant de médecins s'ouvrent à divers modes de guérison et peuvent vous aider à trouver votre voie. La communication sans parasites avec soi-même est à la portée de quiconque est prêt à investir du temps et de l'énergie dans ce processus.

Il est parfois utile de prendre une retraite et de s'immerger dans un programme intensif pour apprendre à mieux se connaître. Le Kripalu Center for Yoga and Health, dans le Massachusetts, offre de nombreux programmes destinés à améliorer votre bien-être. Un programme de trois semaines appelé « Kripalu Health for Life » regroupe un grand nombre d'éléments favorables à la santé: alimentation saine, exercice, massothérapie, cours de relaxation; ainsi que des heures d'ateliers expérientiels dont beaucoup visent l'accroissement de la conscience de soi. Le programme comprend une évaluation médicale complète et un soutien médical continu.

Le centre Kripalu a enregistré les résultats ci-dessous avec preuves à l'appui:

- Hypertension: 80 p. 100 des participants qui prenaient des médicaments avant le programme ont réduit leur dosage de manière significative ou n'en avaient plus besoin.
- Cholestérol: les participants présentant des niveaux excessifs de cholestérol ont enregistré une baisse moyenne de 15 p. 100.
- Triglycérides: réduction moyenne de 15 p. 100.
- Diabète: tous les participants souffrant de diabète adulte ont diminué leurs doses d'insuline ou ont cessé d'en prendre.
- Poids: perte moyenne de trois kilos et demi chez les personnes désireuses de maigrir[3].

LE PROCESSUS DE VÉRITÉ

Le « processus de vérité » est une technique que vous devez à tout prix inscrire à votre manuel d'instructions. En vous observant avec objectivité puis en décrivant fidèlement ce que vous ressentez, vous apprendrez à vous connaître. Cela m'apparut évident pendant une formation Est que je suivis en 1973. « Est » est un acronyme qui désigne le Erhard Seminars Training. Mais ce vocable signifie aussi « cela est » en latin et en français de sorte qu'il s'agit aussi de chercher la vérité sur la façon dont « cela (la vie) est » pour soi à chaque instant. Le « processus de vérité » est un exercice guidé au cours duquel les participants s'exercent à dire la vérité sur leurs sentiments profonds au lieu de se berner avec des excuses et des illusions. Un témoin objectif n'est pas dupe des mensonges de l'intellect.

Si j'ai mal à la tête, j'interromps mes activités du moment afin de mieux l'observer (« le ressentir » dirait-on dans le programme Est). Avec détachement, je décris la forme, la couleur et la température des sensations que j'éprouve dans la tête. Il est utile qu'une autre personne vous interroge sur les caractéristiques de votre symptôme. Certains craignent de se sentir ridicules, mais cette technique est fort efficace, surtout avec les enfants. J'observe ensuite la signification que je prête aux sensations physiques que j'ai nommées « mal de tête » en cherchant des raisons pour expliquer mon expérience.

Je passe en revue mes souvenirs afin de trouver les causes que j'ai toujours associées au mal de tête : allergie, insuffisance de sommeil ou excès de soleil. Découvrir la cause peut aider à prévenir les maux de tête subséquents. Maintenant que je ne fume plus et m'alimente mieux, je n'ai presque plus de maux de tête. Quand cela m'arrive, mon corps m'envoie un signal efficace à travers la douleur pour m'avertir qu'un changement s'impose. Je comprends le message !

Au cours d'un stage de formation Est, chaque participant choisit une difficulté qu'il espère surmonter. Tout en réfléchissant à ce problème – un mal de tête ou une émotion comme la jalousie –, il se décrit à lui-même ses sensations physiques et ses émotions, et remarque ses pensées. Ce processus m'a habituée à m'observer d'une manière plus objective.

Par la suite, de nombreux participants parlaient du relâchement émotionnel survenu pendant le processus de vérité. Il semble que, quand on observe attentivement son expérience du moment et la décrit, les sensations, les émotions et même l'expérience comme telle s'évanouissent. J'ignore au juste pourquoi la douleur disparaît quand on l'observe. Le formateur nous avait prévenus : « Quand on ressent pleinement une expérience, elle disparaît. » Selon moi, cela signifie que *nous sommes censés tirer une leçon de chaque expérience et que, cela fait, nous pouvons passer à la suivante.* En nous observant objectivement, nous extrayons l'essentiel de la leçon contenue dans chaque expérience de la vie.

En fin de compte, l'observation de soi nous aide à mieux comprendre les événements de notre vie et leurs incidences sur nous. Cette compréhension nous rend plus conscients de la conduite à tenir pour prendre soin de notre instrument humain afin d'atteindre une meilleure qualité de vie.

EXERCICE AUTODIDACTIQUE Nº 29
Créer son propre manuel d'autothérapie

But : Élaborer votre propre programme d'autothérapie.

Prenez un cahier à feuilles détachables et divisez-le en sections que vous titrerez comme suit :

Exercices et instructions
Insérez-y des exercices tirés de ce livre-ci ou d'autres sources que vous jugez utiles.

Résultats des différentes expériences
Enregistrez dans cette section ce que vous avez observé, pensé et ressenti en accomplissant les exercices autodidactiques contenus à la fin de chaque chapitre.

Journal quotidien
Notez-y les événements de votre journée. Prenez quelques instants chaque jour pour griffonner les points forts de votre journée au moins. Plus vous les décrirez en détail, plus vous en apprendrez sur vous-

même. Notez votre appréciation de chaque événement. Par exemple : déjeuner avec Jean ; amusant mais tous ces bavardages m'ont fatiguée. Patin à roulettes avec Paul ; compagnie agréable. Séance d'exercice : fabuleuse. Querelle avec patron : quelle barbe !

Dans *The New Diary*, Tristine Rainer conseille de tenir un journal pour mieux comprendre la signification d'une maladie. Dialoguez avec la partie précise de votre corps ou la maladie qui vous afflige. Une femme découvrit que sa bronchite était la voix d'une colère inexprimée. Elle promit de se vider le cœur et la bronchite promit de disparaître[4].

Décisions
Énumérez les pour et les contre pour vous aider à prendre une décision.

Objectifs
Inscrivez les buts que vous espérez atteindre : aujourd'hui, dans une semaine, un mois, un an, cinq ans, et ainsi de suite.

Divers
Comme il s'agit de votre Manuel d'instructions, englobez-y les sections que vous désirez. Ma mère possédait un cahier qu'elle appelait sa bible. Il contenait des données importantes sur sa vie, des informations médicales et financières, des rendez-vous, la liste de ses activités favorites, etc.

EXERCICE AUTODIDACTIQUE N° 30
Comprendre les messages de la douleur

But : Améliorer votre état général de santé. Le corps est aussi logique qu'un ordinateur ; *ce qu'il nous donne* *dépend de la façon dont il a été programmé.* La douleur a pour but de vous faire prendre conscience d'un dysfonctionnement susceptible de mettre votre système hors de fonction. Dès qu'elle apparaît, il est crucial de s'arrêter et de se poser des questions.

Instructions

1. *Que signifie cette douleur?* La réponse à cette question vous indiquera le traitement à suivre. Ne vous affolez pas. Il est essentiel que vous décodiez clairement les signaux de votre corps. Par exemple, si vous éprouvez une douleur à la poitrine, plusieurs explications sont possibles. Vérifiez le sens de ce message en recherchant *d'autres messages corporels connexes.* Avez-vous la nausée? Transpirez-vous? Avez-vous le souffle court? La douleur rayonne-t-elle? Avez-vous des palpitations? Si vous éprouvez ces symptômes et avez dépassé un certain âge, votre douleur peut s'appeler infarctus.

   Si votre douleur à la poitrine s'accompagne de frissons, de fièvre, des symptômes du rhume ou de la grippe, vous pouvez soupçonner une pneumonie. Les douleurs à la poitrine peuvent être causées par une côte fracturée, la rupture d'un sac alvéolaire du poumon, une indigestion, des calculs biliaires, des muscles froissés ou d'autres facteurs.

2. *Qu'ai-je fait à mon corps ou avec mon corps?* C'est en provoquant des sensations que votre corps vous informe que vous ne le traitez pas comme il faut. Si votre main brûle, c'est qu'elle est trop proche du feu. Mangez-vous correctement, trop, pas assez, des aliments sains? Vous réservez-vous des moments de tranquillité et de solitude? Sur quelles sortes de pensées vous appesantissez-vous?

3. *Quelles mesures dois-je prendre pour soulager ces symptômes et améliorer ma santé?* Asseyez-vous

calmement pendant quelques minutes et réfléchissez à vos réponses aux questions ci-dessus. Votre réponse à cette question découlera des informations recueillies ci-dessus. Vous saurez quoi faire ou qui consulter pour obtenir le traitement approprié.

4. *Agissez.* Utilisez le message de la douleur pour améliorer la qualité de votre vie en agissant en fonction de ce que vous avez appris. Par exemple : ayant constaté que certains aliments me causaient des allergies, j'ai cessé d'en manger. Si vous pensez avoir contracté une pneumonie, consultez un médecin et obéissez à ses instructions. Si vous souffrez de fréquents maux de tête et en connaissez la cause, éliminez-la de votre vie. Agissez à partir de ce que vous apprennent vos malaises. Saisissez le message !

EXERCICE AUTODIDACTIQUE N° 31
Le processus de vérité

But : Découvrir la vérité et soulager la douleur. Éliminer les modèles de comportement non désirés tels que la jalousie, l'insécurité ou la temporisation.

Sue, la femme dont nous avons fait la connaissance dans un chapitre antérieur, reconnut la pensée-semence : « Je ne veux pas entendre cela » pendant le processus de vérité et se débarrassa de ses infections récurrentes à l'oreille. L'observation de soi-même dénuée de jugement peut soulager n'importe quelle douleur, qu'elle soit physique ou émotionnelle.

Dans le cas de la douleur physique, commencez par faire l'exercice n° 30 pour comprendre le message de la douleur. Il est possible que vous vous contractiez pour résister à la douleur, ce qui ne fait qu'empirer les choses. Vos sensations physiques se modifieront sans doute pendant ce processus avant que la douleur disparaisse tout à fait. Votre attention consciente peut entraîner une intensification momentanée de la douleur, mais en général, celle-ci s'atténue rapidement par la suite.

Instructions

1. Lorsque vous ressentez une douleur, arrêtez-vous et observez-la. Ne feignez pas de l'ignorer. Ressentez-la pleinement. Si vous avez recours à ce processus pour relâcher une émotion ou modifier un modèle de comportement non désiré, réfléchissez d'abord au comportement.

2. Remarquez l'état d'esprit et les émotions engendrés par vos sensations physiques et vos pensées. Êtes-vous triste, en colère, frustré, etc.?

3. Demeurez aussi détaché que possible en *décrivant la forme, la couleur, la température* de vos sensations. Il est utile de demander à quelqu'un de vous poser ces questions. Faites semblant que votre douleur ou votre émotion a une couleur et une forme.

4. Quelle signification accordez-vous à vos sensations physiques? Passez en revue vos souvenirs afin de trouver les causes de sensations similaires éprouvées dans le passé. Quelles raisons pourraient expliquer ou justifier votre douleur?

5. Quelle circonstance de votre vie actuelle pourrait provoquer cette douleur ou cette émotion?

6. Évoquez toute situation antérieure similaire à celle que vous vivez aujourd'hui.

7. Répétez les six premières étapes une seconde fois.

8. Remerciez votre corps et votre esprit pour la leçon que vous enseigne votre malaise.

9. Reconnaissez toute vérité nouvellement apprise. Écrivez-la dans votre Manuel d'instructions ou votre journal.

EXERCICE AUTODIDACTIQUE N° 32
Activités de détente

But : Vous centrer et écarter les distractions mentales lorsque vous êtes bouleversé.

Parcourez la liste des possibilités ci-dessous. Certaines vous paraîtront bizarres et peu conformes à votre caractère tandis que d'autres vous attireront. Réservez-vous un moment chaque jour pour vous livrer à des activités de détente. Ouvrez-vous à de nouvelles activités et à de nouveaux passe-temps.

Instructions

1. Marchez pieds nus sur la plage ou l'herbe. Cela est efficace même par temps froid.

2. Étreignez un arbre. Cela peut vous paraître idiot, mais essayez quand même. Les arbres sont nos amis et leur permanence est un rappel précieux des valeurs essentielles de la vie.

3. Lisez un livre que vous ne liriez pas normalement.

4. Devenez télévore et végétez pendant quelque temps.

5. Faites voler un cerf-volant.

6. Lisez la Bible.

7. Écoutez une cassette de méditation guidée.

8. Écoutez de la musique spirituelle. Il existe toutes sortes de musique de détente, depuis les hymnes jusqu'à la musique du nouvel âge.

9. Levez-vous et dansez au son de votre musique préférée.

10. Accomplissez une activité artistique ou créative.

11. Faites n'importe quoi « pour le simple plaisir de la chose ».

12. Énumérez vos activités favorites dans votre Manuel d'instructions.

Rien ne sert de courir, il faut partir à point.
Mieux vaut prévenir que guérir.
Les meilleures choses ont une fin.

CHAPITRE 11

Les clés du royaume
de la santé

Nous tenons tous un incessant monologue intérieur. Une voix critique qui ne cesse d'analyser et d'évaluer notre expérience résonne constamment dans notre tête. (« Quelle voix ? » direz-vous. « Celle qui vient de poser cette question ! », répondrais-je.) Grâce à l'introspection, sorte de méditation sur soi-même, il est possible de traiter la profusion de signaux que l'on reçoit chaque jour, de comprendre les stimuli complexes de notre environnement interne et externe.

Le degré d'harmonie qui règne dans votre vie dépend de votre capacité de traiter l'information d'une manière claire, efficace et éloquente. Pour mener une vie saine et réfléchie et nouer des relations enrichissantes, il faut s'exercer à coder et à décoder toute cette information. Grâce à des années d'entraînement, j'excelle aujourd'hui à m'observer moi-même avec une objectivité relative et à décrire clairement ce que je ressens sans (la plupart du temps) me juger ou me condamner. C'est cette capacité de m'observer moi-même qui m'a permis d'écrire ce livre-ci à partir de ma compréhension personnelle. Mes efforts pour m'observer moi-même et résoudre mes problèmes m'ont enseigné l'empathie.

L'INTUITION

Votre intuition, soit votre connaissance directe d'une chose sans l'intervention de votre attention consciente ou de votre intellect, vous dira quand consulter un médecin, quand prendre de l'exercice, quand vous reposer. Nous possédons tous un certain degré d'intuition, que nous y prêtions attention ou non. Je sais quand j'ai besoin d'un traitement chiropratique même en l'absence de symptômes prononcés. Je sens quelque chose et j'ai appris à interpréter ce que je sens et à m'y fier. Peut-être que les personnes intuitives savent comment empêcher les parasites d'envahir leur mécanisme de rétroaction. Leur puissante connexion langagière est aiguisée par leur capacité de décoder les messages de leur corps.

Ma fille Jennifer est très intuitive. Elle dit souvent : « J'ignore pourquoi, mais quelque chose me dit que je devrais faire ceci » ou « Une petite voix me dit que je ne devrais pas manger ceci ». Quand elle était plus jeune, elle disait que la voix était à l'extérieur d'elle-même (et c'était peut-être vrai). Mais aujourd'hui, elle l'associe à une partie d'elle-même en qui elle a confiance. Il est possible de savoir intuitivement ce qui nous afflige avant même de consulter un médecin. Une patiente du psychiatre Harry Brown avait rêvé qu'elle voulait manger de la viande rouge et du sang. « Ce rêve l'avait bouleversée, dit le docteur Brown. Je lui conseillai de faire faire une analyse de sang qui révéla qu'elle était anémique. » Elle était entrée en contact avec un savoir profond et avait reçu en rêve une indication sur la voie à suivre. Guidée par un médecin compétent, elle prit ensuite les mesures nécessaires.

Le circuit corps/esprit/émotions est un système de communication fermé qui nous donne un feed-back instantané. La méditation est une manière de mieux communiquer avec soi-même, de reconnecter les parties en apparence distinctes de notre système et de recouvrer la santé. En outre, elle permet de développer son intuition. Elle calme l'esprit en le débarrassant des pensées critiques et des souvenirs qui déforment souvent notre expérience du moment présent. Elle nous aide à reconnaître les messages de notre corps, de nos émotions et de notre subconscient. Il est possible d'éliminer les parasites bruyants causés par les pensées destructrices et malsaines et de se libérer ainsi des distorsions qui causent la maladie.

LES DIVERSES FORMES DE MÉDITATION

Certaines techniques de méditation exigent que l'on s'asseye le dos bien droit ou que l'on s'allonge sur le dos en gardant les yeux fermés. Observez votre respiration en vous concentrant sur vos inspirations et vos expirations. Si vous pensez à autre chose, cela indique que votre attention s'est éloignée de votre respiration. Ne réfléchissez pas aux pensées qui vous traversent l'esprit, mais contentez-vous de les observer et de reporter votre attention consciente sur votre respiration. Certains professeurs conseillent de suivre le trajet du souffle à l'intérieur de son corps. Pour moi, il s'agit d'imaginer où va l'air que je respire une fois qu'il a pénétré dans mon corps.

Une autre forme de méditation consiste à répéter un mantra. Un mantra est un mot ou une syllabe empreinte

d'une signification spirituelle et d'un pouvoir créateur particulier. On peut le répéter intérieurement ou le chanter à
haute voix. L'attention que l'on porte au mot ou à la
phrase garde l'esprit occupé. La plupart des religions pra-
tiquent une variante de cette méditation : il suffit de penser
au « Je vous salue Marie » des chrétiens, au « Sh'ma
Yisrael » des juifs, au « Om Namah Shivaya » des hindous,
au « Nam Myoho Renge Kyo » des bouddhistes ou au son
sacré « Aum » ou « Om » commun à bien des traditions.

Certains maîtres initient leurs élèves à leurs tons, sons
ou mots favoris. Une technique que j'aime beaucoup consiste à chanter les voyelles de l'alphabet et à imaginer une
couleur pour chacune d'elles. Certaines personnes obtiennent d'excellents résultats en comptant « un, deux... », ce
qui leur apporte la détente nécessaire à la méditation.

Dans la tradition judéo-chrétienne, la méditation est
souvent appelée contemplation. La méditation soit vous
rend plus présent et plus conscient (vous vous connaissez
mieux) soit vous rend moins présent et moins conscient
(vous vous oubliez vous-même et vous rapprochez de
Dieu). Chacun de ces états est bénéfique.

Calmer son esprit en se concentrant sur une chose, qu'il
s'agisse de sa respiration, d'une prière ou d'un mantra, exige
un certain entraînement. Il est conseillé de faire des séances
quotidiennes d'une vingtaine de minutes, de préférence
avant un repas. L'emploi régulier de ces techniques de
détente finit par refouler les pensées qui vous empêchent
d'entendre et de comprendre votre moi conscient.

On a largement vanté les bienfaits de la méditation. Les
personnes qui méditent depuis longtemps affirment
qu'elles sont plus détendues, nécessitent moins de sommeil, sont plus lucides et font mieux face au stress, entre
autres. Bien des malades atteints d'une maladie chronique
ou incurable et entrés en rémission ont observé que la
méditation, sous une forme ou une autre, avait joué un
rôle clé dans leur guérison.

Les chercheurs de la faculté de médecine de l'Université de Californie à Irvine ont découvert que la méditation transcendentale amplifiait la circulation sanguine dans le cerveau. « Chez les méditants, la circulation sanguine était supérieure de 65 p. 100 à celle que l'on enregistrait chez un sujet simplement détendu. Cela pourrait expliquer, du moins en partie, le rôle de la méditation dans l'amélioration des aptitudes mentales observée dans des études antérieures[1]. »

Les alcooliques boivent pour faire face au stress. Un article publié dans le *Brain/Mind Bulletin* rapporte que la méditation fournit aux alcooliques un autre outil pour affronter le stress. Deux médecins de Chicago, directeurs d'un programme de désintoxication, insistent sur le fait qu'« il ne faut pas considérer ces techniques comme une forme de traitement mais bien comme un complément aux traitements médicaux et psychiatriques pendant la période de sevrage aigu ».

Le magazine signale en outre l'utilité de la méditation pour diminuer la consommation générale d'alcool chez les gros buveurs mondains. Dans une étude portant sur les différentes thérapies de relaxation visant à aider ces personnes à boire moins, la méditation (réponse de relaxation de Benson) s'est avérée « le meilleur outil parmi plusieurs traitements évalués[2] ». Parmi les autres choix, mentionnons le relâchement musculaire progressif et la « bibliothérapie » ou paisible séance de lecture biquotidienne. Un groupe témoin ne reçut aucune thérapie. Il semble que les sujets à qui on enseigna la méditation furent davantage enclins à poursuivre le programme de relaxation et, par conséquent, réduisirent leur consommation d'alcool d'une manière plus durable.

Une étude des effets de la méditation transcendentale sur les prisonniers incarcérés à la prison Folsom en Californie révéla une amélioration notable de leur santé mentale. Cette étude, échelonnée sur trois mois et portant sur 26 prisonniers et 30 sujets témoin, visait à évaluer l'anxiété, les tendances à la névrose, l'hostilité, les comportements agressifs, l'image de soi, la tension artérielle au repos et le pouls des sujets. Les chercheurs se penchèrent également sur les habitudes de tabagisme et de sommeil avant et après les tests chez les prisonniers qui méditaient. Au bout de trois mois, les sujets qui pratiquaient la MT étaient « moins anxieux, moins enclins à la violence, plus stables et avaient une meilleure image d'eux-mêmes ». À la fin de cette étude, 500 prisonniers s'inscrivirent sur une liste d'attente pour apprendre la technique[3].

La méditation peut améliorer un grand nombre d'affections. Henry Reed, psychologue et autorité en matière de recherches sur le rêve, réalisa une étude conjointement avec des membres de l'Association for Research and Enlightenment. Il découvrit que la méditation aidait à se rappeler ses rêves, du moins chez les méditants chevronnés[4]. La compagnie de téléphone de New York a intégré la méditation à son programme de maintien de la santé après avoir réalisé une étude d'une durée de dix-huit mois sur la réduction du stress chez 154 employés[5]. D'autres expériences sur la méditation ont prouvé son utilité dans la réduction de l'hypertension[6].

L'ÉTAT D'ÉVEIL

Le concept zen de la méditation vise à créer un état d'éveil qui fait que l'on demeure présent à la réalité du moment sans se laisser distraire par des pensées superflues. Par exemple, tout en lavant la vaisselle, vous concentrez toute votre attention sur la vaisselle de sorte que vous vivez pleinement l'expérience. Comme on ne peut pas se concentrer clairement sur deux pensées en même temps, l'état d'éveil a tendance à chasser l'inquiétude.

S'observer soi-même est une forme de lucidité dans laquelle on se concentre intérieurement sur tout ce qui se passe en soi à un moment donné, y compris ses pensées et sentiments. Le témoin, un observateur objectif, est *la partie de vous-même qui vous observe* sans aucun jugement. Il s'agit de vous détacher de votre environnement afin de focaliser la totalité de votre attention sur votre processus intérieur.

Cet exercice m'apparaît souvent ardu. Mon esprit veut vagabonder, penser à autre chose, se conduire à sa guise. Il faut une bonne dose d'efforts et une intention claire pour contrôler son mental. Dernièrement pendant une méditation, j'ai découvert une image visuelle puissante pour représenter le témoin objectif qui m'observait. Chaque fois que je méditais, une grand œil bleu apparaissait dans mon champ de vision même si mes yeux étaient fermés. L'œil (en anglais *eye*, homonyme de *I*, qui veut dire « je ») me regardait. Cet œil bleu était celui du Soi, qui m'observait pendant que je l'observais. Si vous ruminez sans cesse un problème, il peut être utile de vous en ouvrir à votre journal car cela vous permettra d'en sauvegarder les détails sans avoir besoin de repasser constamment la bande dans votre esprit.

Mes descriptions de l'état d'éveil, de l'intuition et de l'observation de soi sont fondées sur ma propre expérience et peuvent différer de celles que leur prêtent d'autres groupes. Quand notre esprit se calme, quelle que soit la technique employée, nos yeux se dessillent et nous « voyons la réalité telle qu'elle est ». Notre lucidité accrue nous permet d'opérer des choix de vie plus pertinents.

Toutes les techniques de méditation requièrent un certain entraînement, une discipline personnelle et une attitude de calme et d'acceptation de soi-même. Les bienfaits de chacune sont immenses et proportionnés aux efforts disciplinés du méditant, à l'instar de n'importe quelle activité d'auto-amélioration. Méditer, c'est mettre en pratique le désir d'être de plus en plus en contact avec son univers intérieur. La méditation peut se pratiquer de diverses façons pendant la journée.

MÉDITATIONS EN MOUVEMENT

La méditation ne se pratique pas toujours dans la position assise. Il existe aussi des méditations en mouvement, comme le tai chi, le hatha yoga et de nombreux arts martiaux. Bien sûr, bouger en soi est excellent pour le corps, mais dans chacune de ces disciplines, la concentration du mental sur l'activité en cours contribue à détendre l'esprit et le corps.

Lorsque je souhaite me détendre, méditer et prendre de l'exercice, mon activité favorite est la marche. Tout en marchant, je résouds mes problèmes, trouve l'inspiration nécessaire à l'écriture, répète des affirmations, fais de l'exercice et réduis mon stress en libérant toute l'énergie négative accumulée en moi. Quand je marche, c'est moi qui gouverne mon activité mentale. Mais lorsque je m'énerve à propos d'un problème réel ou imaginaire, mon mental prend souvent le dessus et repasse toutes les bandes qu'il a emmagasinées en rapport avec cette difficulté. Je laisse ce processus se dérouler pendant quelque temps parce qu'en observant mes pensées troublées, je comprends mieux mes sentiments inconscients, ce qui me permet d'améliorer ma situation.

La danse est efficace en tant qu'activité sociale, pour améliorer sa forme physique, se détendre et exprimer ses émotions. Le ballet classique, le jazz, les danses folkloriques et les danses sociales exigent souvent une attention soutenue. La musique nous aide à entrer en contact avec notre inconscient. Le simple fait d'écouter de la musique abaisse souvent la barrière qui semble bloquer nos sentiments et pensées et permet ainsi à des images de surgir spontanément. Les images sont une porte ouverte sur ce-qui-n'est-pas-encore-conscient et la musique est la clé qui permet d'ouvrir cette porte. Toute activité physique qui demande votre attention entière – avec ou sans musique – peut devenir une forme de méditation.

LA PRIÈRE PERSONNELLE

La prière est une autre forme de méditation qui occupe l'esprit. On peut la pratiquer assis en silence ou tout en bougeant et le faire dans ses propres mots ou réciter le *Notre Père* ou des versets de la Bible. Le Gayatri Mantra et la prière pour le monde sont d'autres formes de prières qui permettent d'atteindre un résultat précis dans le monde. La Bible dit : « C'est pourquoi je vous déclare : Tout ce que vous demandez en priant, croyez que vous l'avez reçu, et cela vous sera accordé » (Marc 11,25). Une de mes prières favorites est la prière de la sérénité : « Mon Dieu, donnez-moi la sérénité d'accepter les choses que je ne puis changer, le courage de changer les choses que je peux et la sagesse d'en connaître la différence. »

La prière est efficace, peu importe que l'on en soit l'auteur ou que d'autres prient pour nous. Dernièrement, lorsqu'une joggeuse fut brutalement agressée dans Central Park, des milliers de personnes prièrent pour elle. Jusqu'ici la victime s'est rétablie bien au-delà des espoirs de ses médecins. Dans un autre cas, le monde entier suivit de près le sauvetage de Jessica McClure qui était tombée dans un puits au Texas. Là aussi, nos prières furent exaucées.

Le cardiologue Randy Byrd réalisa une étude en double aveugle sur un échantillon aléatoire de 393 patients de l'unité des soins coronariens du San Francisco General Hospital. Cette étude étaie la croyance que les patients présentent moins de complications médicales quand on prie pour eux. Cent quatre-vingt-douze patients firent l'objet de prières contrairement à 201 autres patients. Ni les patients ni le docteur Byrd ne savaient qui bénéficiait des prières jusqu'à l'enregistrement des résultats. Les personnes qui priaient, des chrétiens et des juifs provenant d'un peu partout, connaissaient le prénom des patients et leur diagnostic. Chaque personne priait à sa manière pour plusieurs patients. Les statistiques démontrèrent que les deux groupes de patients étaient aussi malades à leur entrée à l'hôpital mais que ceux pour lesquels on pria présentèrent moins de complications que les autres durant leur hospitalisation[7].

Pendant une méditation ou une prière, tandis que vous unifiez votre esprit, votre corps et vos émotions et reconnectez les parties de vous-mêmes qui semblent séparées, vous augmentez votre capacité de choisir librement. Vous clarifiez votre communication corps-esprit. Vous apprenez à vous mieux connaître. Petit à petit, vous apprenez à reconnaître et à accepter vos émotions, mettez à jour vos croyances et pensées-semences destructrices et les modifiez grâce au pouvoir de la pensée créative. Acceptez-le joyeusement! Une attitude reconnaissante est l'ingrédient principal d'une vie heureuse, saine, enrichissante et paisible.

EXERCICE AUTODIDACTIQUE N° 33
Méditation pour atteindre l'état d'éveil

But: Vous exercer à vous observer sans vous juger.

Instructions

Faites chacun des quatre exercices ci-dessous séparément à quelques reprises pendant une dizaine de minutes jusqu'à ce que vous soyez familiarisé avec la technique. Asseyez-vous le dos droit et fermez les yeux. Plus tard, lorsque vous rassemblerez toutes les sections pour effectuer la méditation au complet, vous pourrez vous observer efficacement tout au long de la journée, même avec les yeux ouverts.

1. *Sensations physiques intérieures*. Concentrez votre attention sur votre corps tout en observant le va-et-vient de
   votre souffle. Remarquez votre posture, vos attributs
   physiques et vos sensations corporelles tels que :
   > le goût,
   > la température,
   > la tension musculaire,
   > la couleur ou l'absence de couleur derrière vos
   > > paupières,
   > les tiraillements de la faim,
   > la douleur.

   Remarquez si la sensation est agréable, désagréable
   ou neutre. Comme le mental aime classifier, observez-le
   pendant qu'il classifie. Vous comprendrez que les pensées ont une vie créative propre.

2. *Sensations physiques extérieures*. Remarquez les sensations provoquées par des facteurs extérieurs à votre
   corps, par exemple :
   > la sensation de l'air sur votre peau ;
   > le contact avec l'objet sur lequel vous êtes assis ;
   > la température ambiante ;
   > les bruits ambiants. Sont-ils paisibles, forts,
   > > calmants, distrayants ?
   > êtes-vous assis dans un lieu lumineux ou sombre ?
   > l'endroit est-il encombré ou spacieux ?
   > notez si la sensation associée à chaque aspect est
   > > agréable, désagréable ou neutre.

3. *Votre état d'esprit*. Observez votre état d'esprit et ses
   modifications. Êtes-vous ennuyé, impatient, en paix ?
   Chaque fois qu'un nouvel état apparaît, notez « esprit
   impatient », « esprit en paix », « esprit sceptique » ou
   même « esprit bouillonnant ».

4. *Images et souvenirs.* Notez toute image ou souvenir qui vous vient à l'esprit. Remarquez comment vous classifiez vos pensées et les évaluez. Certaines catégories se chevaucheront au début, mais peu importe car, en fin de compte, vous les combinerez toutes au sein d'un exercice unique.

5. *Exercice combiné.* Lorsque vous aurez travaillé à plusieurs reprises chacune des quatre catégories, vous serez prêt à les combiner. Prévoyez une séance d'une quarantaine de minutes. Concentrez votre attention sur votre respiration. Une fois assis, observez votre souffle et votre posture et préparez-vous à recevoir d'autres impressions. Remarquez la totalité de votre expérience : sensation, pensée, sentiment ou état d'esprit. En l'absence de toute pensée ou sensation, lorsque aucune autre catégorie d'éveil n'est en action, revenez à votre respiration.

L'état d'éveil finira par être votre état habituel. Cette surveillance peut s'avérer difficile, voire inconfortable, mais elle donne des résultats remarquables si l'on en croit Justin Stone. L'exercice ci-dessus est adapté d'un exercice qu'il décrit dans *Meditation for Healing*. « Pour la première fois, nous voyons comment nous fonctionnons vraiment ; pour la première fois, nous nous connaissons nous-mêmes[8]. » Nos illusions mentales peuvent disparaître, provoquant ainsi la guérison de l'esprit.

EXERCICE AUTODIDACTIQUE N° 34
Améliorer sa vie
grâce à un programme en dix étapes

But : Vous fournir un programme quotidien susceptible d'améliorer la qualité de votre vie. Gandhi aurait dit : « Un effort total conduit à une victoire totale. »

Instructions

1. Notez vos sentiments dans votre journal au jour le jour.

2. Adhérez à un groupe de soutien qui se réunit au moins une fois par mois. Des rencontres hebdomadaires valent encore mieux si vous traversez une crise ou êtes malade.

3. Vivez une heure à la fois.

4. Méditez, priez ou écoutez de la musique une ou deux fois par jour au moins.

5. Faites de l'exercice chaque jour.

6. Mangez des aliments que vous croyez sains.

7. Tout en vous regardant dans le miroir, répétez à haute voix : « Je t'aime (ajoutez votre nom) ». De temps en temps, faites-le sans vos vêtements. Remarquez tous vos jugements négatifs sur vous-même et annulez-les.

8. Remerciez une puissance supérieure pour tous les bienfaits reçus dans votre vie. Remerciez-la aussi pour les épreuves que vous affrontez. Tirez-en des leçons.

9. Étreignez au moins une personne chaque jour.

10. Dites à quelqu'un que vous l'aimez au moins une fois par jour.

EXERCICE AUTODIDACTIQUE N° 35
Prières personnelles

But : Vous relier à un pouvoir supérieur.

Si vous croyez ne pas savoir comment prier, détendez-vous ! Faites comme si vous parliez à une personne que vous aimez et en qui vous avez confiance, dans vos propres mots, silencieusement ou à haute voix, où que vous soyez – assis, debout, en marchant, allongé ou même au volant de votre voiture. La prière est réelle et puissante, et elle vient du cœur quand on choisit ses propres mots. Voici la prière que je récite chaque jour pour demander secours et protection :

« Mère-Père-Dieu, je sollicite votre présence à travers la lumière du Christ et du Saint-Esprit. Je vous en prie, remplissez-moi, entourez-moi de votre éblouissante lumière et protégez-moi. Je vous remercie pour tout ce que j'ai reçu. (Il m'arrive de préciser ce pour quoi je remercie.) Je demande uniquement ce qui est pour mon plus grand bien et celui de tous. Merci ! Je demande l'intervention de la Lumière et du Saint-Esprit auprès de (noms de parents, d'amis, de collègues et d'événements mondiaux). »

EXERCICE AUTODIDACTIQUE N° 36
Qui est responsable de moi ?

But : Assumer la responsabilité de votre vie sans vous condamner ni vous juger.

Répétez l'affirmation suivante chaque jour jusqu'à ce qu'elle fasse partie de vous : « Je suis responsable de ma vie. Je choisis ce que je pense et ressens. Cette responsabilité est exempte de tout blâme, honte ou jugement négatif sur moi-même. Elle consiste simplement à accepter (sans la juger) la maîtrise que je possède sur ma vie. »

Attends-toi au mieux, prépare-toi au pire.
Chaque jour, à tous points de vue,
je vais de mieux en mieux.

CHAPITRE 12

Techniques de guérison :
auto-hypnose, visualisation, chant, affirmation

Une méditation guidée comporte une série de directives qui nous invitent à faire appel à notre imagination créative. Elle est utile quand on sait ce dont on a besoin pour se guérir parce qu'on peut alors imaginer le changement souhaité. Ainsi, on peut visualiser : une augmentation du nombre de ses anticorps pour vaincre un virus ; le rétrécissement progressif d'une tumeur ; un amincissement graduel ; que l'on nage au lieu de fumer ; etc. La visualisation repose sur l'hypothèse que l'on peut influencer son corps par l'intermédiaire de la pensée. En termes simples, c'est ce qui fait que l'on salive rien qu'à l'idée de manger du chocolat, comme si on nous avait mis du vrai chocolat dans la bouche.

SE REPRÉSENTER CE QUE L'ON VEUT

La méditation guidée fait souvent appel à la visualisation. Après avoir calmé son esprit au moyen d'une technique quelconque, le méditant détendu visualise un résultat précis. Certaines personnes voient des images claires tandis que d'autres perçoivent ou sentent confusément le changement désiré dans diverses parties de leur corps. Certaines entendent intérieurement ou pensent des mots qui guident leur force créatrice. La visualisation permet d'atteindre presque n'importe quel objectif. Les planificateurs des grandes sociétés connaissent la valeur de la visualisation pour ce qui a trait à la gestion par objectifs, au ciblage et à l'établissement d'objectifs.

Comme la visualisation permet d'atteindre presque n'importe quel résultat, elle constitue un outil formidable pour réaliser ses buts. Brian Boitano, médaillé d'or aux Jeux olympiques de 1998 en patin artistique, déclarait : « C'était la performance rêvée que j'avais visualisée un million de fois, au moins une fois par jour, depuis l'âge de neuf ans. »

Depuis les années quatre-vingt, la visualisation est de plus en plus utilisée à des fins médicales. Kenneth Pope, du Brentwood, California Veterans Administration Hospital, prenant la parole à la première conférence annuelle consacrée à la visualisation, disait : « Les patients hypertendus qui visualisent l'augmentation du diamètre de leurs vaisseaux sanguins tout en pratiquant une technique de détente générale parviennent à abaisser leur tension artérielle. Ceux qui ont uniquement recours à la relaxation n'obtiennent pas un aussi bon résultat. » Il poursuivit en expliquant que le langage verbal a des effets limités sur le système nerveux autonome. Il ne suffit pas de commander à votre tension artérielle de baisser pour qu'elle le fasse. Par ailleurs, « le système nerveux autonome réagit à un langage plus fondamental, en l'occurrence la visualisation[1] ».

Le psychanalyste Gerald Epstein croit que « les gens doivent comprendre que l'esprit peut réparer le corps à l'aide de la visualisation ». Il rapporte le cas d'un homme souffrant d'eczéma chronique auquel on donna un exercice à faire trois fois par jour pendant trois semaines. Parmi les directives détaillées qu'il reçut figurait celle-ci : « Imaginez que vos doigts sont des feuilles de palmier que vous appliquez sur votre visage. » Pour finir, l'homme devait visualiser la peau de son visage redevenue saine. En premier lieu, l'eczéma passa de son visage à son corps, puis elle disparut complètement[2].

À une femme qui souffrait d'arthrite, on enseigna un exercice de visualisation qui réduisit de neuf centimètres un nodule rhumatoïde qui en mesurait vingt à l'origine dans son genou droit. Un homme devant subir une opération à la prostate présenta une prostate tout à fait normale après avoir fait un exercice simple de visualisation deux fois par jour pendant six mois[3].

La visualisation peut même améliorer la perception visuelle. Si l'on en croit le psychologue et chercheur Ronald Finke, on peut voir une chose plus rapidement si on l'imagine d'abord. « Supposons que vous pilotez un avion à travers un nuage, vous apercevrez la piste d'atterrissage plus rapidement si vous imaginez son emplacement réel à l'avance. En revanche, si vous l'imaginez au mauvais endroit, vous mettrez plus de temps à l'apercevoir que si vous n'aviez rien imaginé du tout[4]. »

LES OURS POLAIRES PEUVENT GELER LE CANCER

Erik Esselstyn est un exemple vivant de l'efficacité de la visualisation et de l'affrontement de ses émotions dans la guérison à long terme du cancer. Il raconte l'histoire suivante :

En 1976, je contractai un cancer du canal cholédoque, une forme rare de cancer, difficile à diagnostiquer et à traiter. Au cours d'un longue intervention chirurgicale, on retira le cancer et une partie de l'estomac, du pancréas, du duodénum, de la vésicule biliaire et du canal cholédoque.

Comme mon pronostic était assez peu encourageant, je me mis à faire de la visualisation deux fois par jour pendant vingt minutes après avoir lu le livre des Simonton, Guérir envers et contre tout. *Pour commencer, je méditais en récitant un mantra pour me détendre et chasser l'énergie statique de mon système. Puis je visualisais une armée d'ours polaires que j'avais recrutés pour m'assister dans ma lutte contre la maladie. J'imaginais un grand troupeau d'ours polaires qui couraient dans mes systèmes sanguin et lymphatique, prêts à dévorer toute cellule cancéreuse qui se trouverait sur leur chemin.*

J'avais choisi les ours polaires parce que ce sont des chasseurs courageux et résolus et des survivants obstinés. Leur couleur blanche fait inévitablement penser aux globules blancs du sang. Se déplaçant en troupeau dans mon système, ils cherchaient et dévoraient toutes les cellules malignes qui se trouvaient à leur merci. D'autres images auraient pu être efficaces, mais l'ours polaire blanc, chaleureux et pelucheux, demeure un ami et un allié de toujours, dans sa recherche de cellules cancéreuses noires « de la taille d'un pamplemousse ».

Pendant les deux années qui suivirent l'opération, je sentais les ours polaires qui détruisaient les horribles cellules malignes. Chaque fois que l'une d'elles était détruite, j'en étais conscient. À la fin de chaque séance de visualisation, les ours polaires victorieux se réunissaient dans mon cerveau pour célébrer leur victoire.

Je continue cet exercice de visualisation depuis que j'ai quitté l'hôpital en 1976. Au bout de deux ans, j'ai cessé d'éprouver la sensation que j'appelle « la destruction

*d'une cellule cancéreuse ». Mes ours polaires ne rencon-
trent plus de menaces de la taille d'un pamplemousse.
Même si je suis persuadé que je ne porte plus aucune
trace de la maladie, je continue de faire cette visualisation deux fois par jour, expédiant par précaution mon
armée d'ours polaires en mission à travers mon système.
Les cellules malignes ne sont jamais revenues. J'éprouve
une profonde reconnaissance envers le chirurgien qui
m'a sauvé la vie et les Simonton qui ont conçu ces techniques d'autothérapie.*

Une autre patiente visualisait des cavaliers blancs
galopant dans son corps et se battant avec les cellules cancéreuses noires. Ces cavaliers blancs symbolisaient les anticorps au travail. Une patiente pacifiste, qui refusait de tuer
son cancer, s'imaginait transportant les cellules malignes
hors de son corps.

Outre l'élimination des cellules cancéreuses vagabon-
des, la visualisation peut aider à détruire les bactéries et les
virus, à réduire les tumeurs, à ressouder les os fracturés et
à restaurer les fonctions organiques de n'importe quelle
partie du corps. Utilisée comme technique préventive, la
visualisation stimule l'immunité quand on s'en sert avant
l'apparition des signes évidents du cancer ou d'une autre
maladie. On peut imaginer que le problème rapetisse, est
réduit en cendres, effacé, dissous ou drainé hors du corps.
La visualisation aiderait même les femmes bien entraînées
à empêcher la conception ou à la faciliter.

AFFIRMATIONS

Le docteur Emmett Miller, directeur médical du Cancer
Support and Education Center de Menlo Park, en
Californie, et auteur de *Self-Imagery*, se spécialise dans la
médecine psychophysiologique et la réduction du stress. Il a
créé *Software for the Mind*, une série d'audiocassettes qui

fournissent au cerveau des « programmes » clairs et faciles à comprendre afin de soutenir l'autoguérison, la réduction du stress, les changements personnels et un rendement optimal.

Une patiente écouta les bandes avant et après avoir subi une hystérectomie complète et une ganglionectomie partielle. « La bande m'a très bien préparée à ce à quoi je devais m'attendre, étape par étape, dit-elle ; tout élément de surprise se trouvait ainsi éliminé. Elle m'a conduite au plus profond de moi-même et laissée avec une sensation de bien-être. » Son chirurgien juge remarquable la guérison de sa patiente. Une autre patiente écouta les bandes avant de subir l'ablation d'un poumon cancéreux, une opération difficile tant pour le patient que pour le chirurgien. Ce dernier a déclaré qu'il n'a jamais vu une guérison survenir aussi rapidement après ce genre d'opération.

Les affirmations sont des pensées-semences conscientes que l'on plante dans son subconscient afin d'obtenir certains résultats. De dire le docteur Miller :

> Pour modifier sa programmation mentale et créer un programme nouveau et sain, la répétition est un élément clé. En général, le modèle de pensée malsain s'est bâti au fil des années par la répétition constante des mêmes pensées. Pour améliorer sa santé, son rendement et sa créativité, on doit répéter ses nouvelles pensées aussi souvent.
>
> Certaines requêtes présentées au cerveau sont suivies sur-le-champ du comportement pertinent. Pourtant on a beau vouloir ou souhaiter arrêter de fumer, manger moins, afficher une attitude positive, surmonter sa phobie des serpents ou cesser de souffrir, cela donne rarement des résultats positifs. Cela s'explique par le fait que ces comportements – bien qu'ils soient jugés mauvais consciemment – sont ancrés dans l'inconscient. Si l'on présente ces mêmes requêtes sous forme de suggestions, d'images et d'affirmations positives, elles sont acceptées plus facilement surtout si la personne a été guidée vers un

état plus détendu, plus réceptif. Dans cet état, nous ma-
nifestons une exquise réceptivité aux nouveaux
« programmes » offerts dans le « langage cérébral », en
l'occurrence sous forme d'affirmations positives, d'auto-
suggestions et d'images sensorielles fondées sur l'expé-
rience. Nous pouvons améliorer notre vie en opérant des
changements positifs dans nos programmes.

Un homme s'était fait amputer la jambe au-dessous du genou. Il supportait si mal sa jambe artificielle qu'il ne pouvait pas marcher. Sa peau se couvrait d'ulcères extrêmement douloureux. Au cours d'une séance d'hyp-nothérapie, il revécut l'accident qui lui avait coûté une jambe et se rappela sa dernière pensée avant de la per-dre : « Je ne marcherai plus jamais. » À l'aide d'une cas-sette de visualisation de Miller, il recréa l'accident et modifia cette pensée. Il se répéta encore et encore : « Ma jambe n'est plus là mais je marcherai au moyen d'une jambe artificielle. » Il répétait cette affirmation tout en s'imaginant en train de marcher. En moins de quelques jours, ses ulcères avaient disparu et il put porter la pro-thèse sans souffrir.

Un autre patient utilisa des cassettes de relaxation pour guérir son tempérament à fleur de peau. Une fois atteint l'état de détente, il s'exerça à affronter des situa-tions épineuses sans se mettre en rogne. Il s'exerça d'abord en imaginant à plusieurs reprises sa réaction posée à des situations provocatrices. À la fin de chaque jour, il revoyait un par un les défis lancés à son calme, se félicitait de ses succès et visualisait une meilleure réac-tion dans les cas où il avait perdu son sang-froid. Au bout d'une semaine, il signala une amélioration appré-ciable de son modèle de conduite.

L'HYPNOSE

Selon l'hypnothérapeute Linda Zelizer :

L'hypnose est un outil puissant, sans danger et facile à utiliser. Au cours d'une séance d'hypnose, vous vous trouvez dans un état modifié de conscience qui fait que votre esprit conscient critique est moins actif et plus ouvert aux changements. L'hypnose a aidé bien des gens à cesser de fumer, à maigrir, à surmonter des peurs et des phobies, à réduire la douleur, à éliminer l'insomnie, à guérir des maux physiques et à améliorer tant leur mémoire que leur concentration.

L'hypnose travaille avec votre subconscient qui influence chacun de vos actes. Le pouvoir de l'hypnose réside dans la réceptivité de l'esprit à la suggestion lorsqu'il se trouve dans un état de conscience modifié. Elle vous permet de dépasser vos limitations acquises et de concentrer votre énergie sur de nouvelles manières de penser et d'agir. Comme vous conservez la pleine maîtrise de vous-même, vous ne risquez pas de dire ou de faire rien qui puisse vous nuire. L'hypnose ne peut même pas vous pousser à faire une chose que vous pensez devoir faire mais ne voulez pas vraiment faire, comme de cesser de fumer.

La technique de l'exploration hypnotique, employée sous la surveillance d'un hypnothérapeute qualifié, peut vous aider à découvrir l'idée irrationnelle qui sous-tend le comportement que vous souhaitez modifier. Une fois entré dans un état de conscience modifié, vos suggestions choisies peuvent vous aider à reprogrammer vos croyances et attitudes. Les changements deviennent alors plus faciles, plus efficaces et plus durables. Avec une ressource aussi puissante, il n'y a désormais plus de raison de croire qu'on ne peut pas changer.

Un nombre croissant de recherches prouvent que les souvenirs prénatals et les traumatismes de la naissance continuent de nous influencer même à l'âge adulte. L'hypnose peut ramener à la conscience des souvenirs cachés afin que la guérison puisse avoir lieu. « Bien des gens se sont souvenus d'expériences prénatales et natales reliées à leurs problèmes psychologiques et physiologiques actuels : maux de tête, troubles respiratoires, phobies, dépression, anxiété. Le souvenir de ces expériences entraîne souvent l'atténuation ou la disparition des symptômes. »

Sous hypnose, un client du thérapeute Jack Downing revécut un rejet douloureux remontant à l'époque où il se trouvait dans le ventre de sa mère. Ce sentiment fut corroboré par la mère qui affirma que son père, en apprenant la grossesse, avait suggéré un avortement. Le gynécologue David Cheek affirme qu'il est troublant de constater à quel point ses patients se souviennent des détails de leur naissance. Il vérifie ceux-ci en consultant les notes qu'il a prises pendant l'accouchement. « En se rappelant la pression douloureuse qu'il a ressentie à la tête pendant la naissance, le patient sous hypnose réussit souvent à éliminer ses maux de tête chroniques de même que ses migraines », d'affirmer un chercheur. « Les patients du docteur Cheek font souvent le lien entre leur naissance et leurs humeurs et modèles de comportement actuels. De nombreux patients souffrant d'asthme et d'emphysème ont failli suffoquer à la naissance[5]. » Comprendre que *cela se passait à une époque qui n'est pas aujourd'hui* aide ces patients à modifier les pensées-semences responsables de leurs souffrances actuelles.

LA FOI

Avoir la foi, c'est accepter ce qu'on ne voit pas. C'est croire sans preuve. Faire confiance est une preuve de foi !

Souvent, c'est en se livrant à un exercice tel que la méditation, la prière, le chant, la visualisation ou la répétition d'affirmations que l'on trouve la preuve que l'on cherche. L'action d'oindre avec les saintes huiles ou d'allumer une chandelle ainsi que la danse de la pluie expriment aussi la foi en quelque chose de plus grand que soi, en un pouvoir supérieur. Avoir la foi est peut-être la condition préalable la plus importante quand on veut se guérir soi-même.

Il faut comprendre cependant que tout le monde ne peut pas se guérir sans intervention médicale, que certaines personnes ne sont pas censées guérir de cette façon. La maladie est un processus de croissance et d'apprentissage. Certains guérissent sans médicaments ni chirurgie tandis que pour d'autres, ces interventions sont une partie importante du processus de croissance personnelle. Roberta Tager fait observer : « Aujourd'hui, nous avons la médecine, la chirurgie, diverses thérapies corporelles et l'amour – qui est peut-être le traitement le plus important. Comme le dit mon mari, qui est médecin : " La guérison spirituelle peut fonctionner main dans la main avec la médecine. C'est une méthode de rechange. " »

Un moine zen disait un jour : « La guérison commence dans la tête. » Parce qu'il y croyait, mon ami Martin adopta l'attitude et les comportements qui le guérirent d'un cancer de la moelle épinière. Même sans cette rémission, il serait plus heureux qu'avant.

Sans une certaine dose de foi, la plupart des gens ne se donneraient pas la peine de méditer, de chanter, de répéter des affirmations ou de faire des visualisations. La foi plante des pensées-semences vitales dans notre esprit. Si vous cherchez des façons d'améliorer votre vie, *vous croyez déjà suffisamment à un avenir meilleur pour faire ce qu'il faut pour le créer.*

EXERCICE AUTODIDACTIQUE N° 37
Méditation assise en silence

But : Approfondir votre expérience de la méditation.

Ananda Saha, artiste et professeur de méditation, donne les directives ci-dessous à quiconque désire accomplir une méditation assise :

1. Il importe de s'engager à méditer sérieusement. Considérez l'endroit où vous méditez comme un lieu sacré.

2. Une séance de méditation est un moment où l'on ne fait rien d'autre qu'essayer d'atteindre une compréhension claire. Il s'agit tout bonnement de rester assis, de respirer et de s'exercer à demeurer lucide dans le but d'accroître cette lucidité.

3. Ayez conscience du lieu où vous vous trouvez, du fait que vous êtes assis, respirez, pensez ou éprouvez une sensation ou une émotion. Plus vous serez conscient des moments où votre esprit vagabonde, plus vous atteindrez une compréhension claire, une perception claire de ce qui est.

4. Cette lucidité débordera peu à peu dans votre vie, même en période de crise.

EXERCICE AUTODIDACTIQUE N° 38
Chanter un mantra

But : Vous détendre ; apaiser votre mental ; utiliser les sons d'une manière créative.

Instructions

1. Adoptez une attitude respectueuse avant de vous mettre à chanter.

2. Certaines personnes s'assoient en lotus ou sur une chaise, d'autres s'agenouillent ou restent debout.

3. Vous pouvez chanter n'importe quel mantra mentionné dans ce livre, à haute voix ou en silence. Certains professeurs croient qu'il faut chanter à haute voix au moins une partie du temps. Cela fait vibrer le son et cette vibration produit l'effet voulu.
   Voici trois mantras que je trouve efficaces :

   Om Namah Shivaya
   Nam Myoho Renge Kyo
   Om Ta Ma Ra Om

En chantant le son Ta, imaginez la couleur rouge ; en chantant Ma, imaginez la couleur bleu ; Ra est associé au jaune et Om, au blanc.

Chantez vos propres affirmations

Dernièrement, tandis que je subissais un examen IRM pour m'assurer que ma tumeur au cerveau n'était pas revenue, je constatai que le martèlement de la machine m'empêchait de chanter, de méditer ou de prier. Je choisis donc une affirmation qui s'accordait au battement rythmé et bruyant de l'appareil et la chantai intérieurement. Je répétai encore et encore les mots « Détendue et heureuse de la tête aux pieds », en disant un mot par battement. Je pus ainsi me concentrer, demeurer calme et éviter les pensées du genre « Ceci est insupportable », qui étaient à la veille d'émerger. J'étais d'excellente humeur une fois l'examen terminé. La tumeur avait disparu pour de bon !

EXERCICE AUTODIDACTIQUE Nº 39
Directives de Linda Zelizer
concernant l'auto-hypnose et la création d'affirmations

But: Vous aider à créer vos propres affirmations et les conditions que vous souhaitez voir apparaître dans votre vie. Cette technique simple mais puissante facilite le changement en faisant appel tant au côté intuitif qu'au côté rationnel de votre cerveau.

Le subconscient peut être vu comme un jardin dans lequel on plante des graines ou comme un champ de mauvaises herbes laissé à l'abandon. Une affirmation est un pesticide puissant, capable d'éliminer une pensée-semence nocive tout en donnant la chance à une pensée positive de pousser et de se multiplier. Les circonstances extérieures de votre vie reflètent votre réalité intérieure de sorte que si vous modifiez celle-ci volontairement, vous obtiendrez d'excellents résultats. Concentrez vos pensées sur des intentions précises car celles-ci sont d'excellents agents de changement personnel ou même politique. Les affirmations peuvent vous conduire d'une manière créative vers un état de bien-être grâce au pouvoir des mots.

Vous pouvez répéter les affirmations à haute voix ou en silence ou même les écrire chaque jour afin de renforcer les programmes que vous voulez introduire dans votre ordinateur mental. Combinées à la visualisation, elles sont encore plus efficaces. Certaines personnes représentent le résultat désiré au moyen d'un dessin. Les affirmations sont des directives que l'on se donne à soi-même. Répétez-les plusieurs fois par jour pendant plusieurs semaines pour atteindre votre objectif. De même que l'aimant attire le métal, les pensées que vous ressassez deviendront la réalité de votre vie. Aucune guérison ne peut survenir sans les paroles, les pensées et les actions pertinentes. Intégrez celles-ci à votre Manuel d'instructions.

Instructions

1. Déterminez un aspect de vous-même que vous souhaitez modifier. Décrivez avec précision les comportements que vous adopterez une fois votre objectif atteint.

2. Détendez votre corps et votre esprit en utilisant n'importe quelle technique de relaxation décrite dans ce livre-ci.

3. Une fois bien détendu, utilisez la visualisation pour imaginer que vous atteignez votre but. Créez une image mentale bien détaillée jusqu'à ce que vous vous voyiez heureux ou ressentiez la joie d'avoir déjà opéré le changement souhaité.

    Par exemple :

    Si vous voulez maigrir, voyez-vous mince.

    Pour pouvoir prendre la parole sans difficulté
    devant un groupe, imaginez-vous en train
    de le faire.

    Pour éliminer une tumeur, voyez-la fondre
    graduellement puis imaginez votre corps sans elle.

    Pour améliorer votre état général de santé,
    imaginez que votre corps fonctionne dans un
    état de santé et d'harmonie parfaites.

4. Trouvez une affirmation qui reconnaît que vous avez atteint votre but. Utilisez le temps présent. Par exemple :

    Je rayonne de santé et de vitalité.
    Je me concentre facilement.
    Je fais des progrès quotidiens au tennis.

Je suis plus fort, en meilleure santé et plus équilibré chaque jour.

Évitez d'employer le futur car cela crée un programme inconscient qui soutient que vous n'êtes pas encore prêt. Le temps présent, au contraire, affirme votre empressement et votre volonté d'atteindre votre objectif maintenant. Élaborez une affirmation positive qui mette l'accent sur l'objectif déjà accompli.

Un homme qui avait lu sur l'hypnose et souhaitait maigrir, commença à répéter l'affirmation suivante : « Je *n'*ai *pas* faim. » En fait, il se mit à grossir. Chaque fois qu'il répétait « Je n'ai pas faim », il regardait au-dedans de lui pour vérifier si c'était vrai. Il pensait si souvent à la faim qu'il appliquait son énergie consciente à avoir faim. Il m'assura qu'il était plus affamé lorsqu'il niait sa faim que lorsqu'il n'y pensait pas du tout.

En vous interdisant de faire une chose, vous concentrez votre attention sur la chose même que vous voulez éviter : essayez de ne pas penser à un éléphant rose en lisant ces lignes. Il est important de focaliser ses pensées et son imagination sur un but positif.

Les mots que vous employez ont une importance extrême. Vous devez formuler des phrases que votre esprit conscient peut accepter. Par exemple, supposons que vous voulez travailler sur votre degré de prospérité. Pour inviter celle-ci dans votre vie, vous décidez d'affirmer : « Je suis une femme riche. » Cette affirmation ferait merveille *si* votre esprit conscient y croyait. Mais si vos dettes s'élèvent à plusieurs milliers de dollars et que vous affirmez « Je suis riche », votre esprit conscient pourrait penser : « Mon œil ! Tu es complètement fauchée ! », renforçant ainsi votre situation négative, en l'occurrence votre manque de prospérité. Pour que vos affirmations soient efficaces, elles doivent sembler *raisonnables, crédibles et acceptables pour l'esprit conscient*, sinon il les jugera chimériques et les rejettera. L'esprit doit croire que l'affirmation qu'il entend pourrait être vraie ou se concrétiser.

5. Demeurez avec l'image et l'affirmation positives que vous avez créées pendant plusieurs minutes. Dans cet état de détente, savourez votre bien-être et le scénario envisagé. Si vous n'aimez pas celui-ci, modifiez vos images jusqu'à ce que vous vous sentiez bien. Les sentiments puissants renforcent vos croyances. S'ils sont négatifs, ils peuvent vous amener à reproduire sans arrêt le même comportement négatif tandis que s'ils sont positifs, ils renforceront votre comportement positif.

6. Pour revenir à votre état de conscience normal, inspirez profondément et prenez doucement conscience de ce qui vous entoure. Ramenez avec vous les sentiments positifs que vous avez créés pendant votre séance de visualisation.

EXERCICE AUTODIDACTIQUE N° 40
Directives du docteur Emmet Miller
concernant la visualisation

But : Créer des attentes ou des expériences positives.

Instructions

1. Trouvez un endroit tranquille et sécuritaire et laissez-vous glisser dans un état de relaxation profonde.

2. Voyez-vous avec force détails en train de vous comporter comme vous le souhaitez en faisant ressortir les avantages de ce comportement. Mettez tous vos sens à contribution.

3. Voyez si vous éprouvez des résistances à effectuer le changement visé. Soyez prêt à modifier votre objectif ou à vous en approcher lentement. Parfois nous ne sommes pas prêts à renoncer à la conduite non désirée parce qu'elle nous procure un avantage que nous désirons consciemment ou inconsciemment.

4. Imaginez des obstacles à votre nouveau modèle de réaction et exercez-vous quotidiennement à surmonter chacun d'eux grâce à votre nouveau comportement.

5. Tous les soirs, passez en revue les obstacles rencontrés au cours de la journée. Félicitez-vous pour vos réactions positives. Exercez-vous à adopter les différents comportements qui vous plaisent.

EXERCICE AUTODIDACTIQUE N° 41
Les écritures bibliques
utilisées comme affirmations

But : Donner une saveur spirituelle à vos affirmations.

Certaines personnes trouvent réconfortante la lecture de la Bible, une forme dynamique d'autothérapie. Les paroles de Dieu sont des pensées-semences susceptibles de se muer en croyances positives profondes lorsqu'elles sont mémorisées et répétées de manière régulière. L'évangéliste Kenneth Copeland affirme que c'est en maîtrisant sa langue que l'on prend les commandes de sa vie. Les versets ci-dessous sont des prescriptions ou promesses données par Dieu :

Une réponse douce fait rentrer la colère, mais une parole blessante fait monter l'irritation. (Proverbes 15,1)

Où il y a un bavard, il y a des coups d'épée ! mais la langue des sages est un remède. (Proverbes 12,18)

Une parole réconfortante est un arbre de vie! La perversité s'en mêle-t-elle? C'est la consternation. (Proverbes 15,4)

Un cœur joyeux favorise la guérison, un esprit attristé dessèche les membres. (Proverbes 17,22)

Dieu est pour nous un refuge et un fort, un secours toujours offert dans la détresse. (Psaumes 46,1)

Un cœur paisible est vie pour le corps, mais la jalousie est une carie pour les os. (Proverbes 14,30)

Ce que craint le méchant, c'est ce qui lui arrive; ce que désirent les justes, On le leur accordera. (Proverbes 10,24)

Vous m'invoquerez, vous ferez des pèlerinages, vous m'adresserez vos prières et moi, je vous exaucerai. (Jérémie 29,12)

Pour toi, je fais poindre la convalescence, je te guéris de tes blessures – oracle du Seigneur. (Jérémie 30,17)

Mais sans briser ma fidélité envers lui ni démentir mon alliance. (Psaumes 89,34)

Et voici toutes les bénédictions qui viendront sur toi et qui t'atteindront, puisque tu auras écouté la voix du Seigneur ton Dieu:

> Béni seras-tu dans la ville, béni seras-tu dans les champs.
> Béni sera le fruit de ton sein, de ton sol et de tes bêtes ainsi que tes vaches pleines et tes brebis mères.
> Bénis seront ton panier et ta huche.
> Béni seras-tu dans tes allées et venues.
> (Deutéronome 28,2-6)

Bonne nuit, doux prince
Fais de beaux rêves!

CHAPITRE 13

Les rêves et le dessin
Les travaux du docteur
Bernie Siegel

L es esprits conscient et inconscient communiquent
entre eux à travers les rêves. Cette connexion langagière emprunte des symboles pour nous conduire
au-delà de notre conscience diurne limitée. Le symbolisme
des rêves échappe parfois à l'esprit conscient qui cherche,
pendant le jour, à décoder cette expérience nocturne.
Néanmoins, les rêves sont particulièrement utiles parce
que, comme le sommeil met en veilleuse l'esprit conscient
et suspend ses jugements, ils peuvent alors nous transmettre de précieux renseignements. La maladie est une
manière inconsciente d'exprimer ses émotions refoulées.
Mais le rêve permet de redécouvrir et de libérer d'une

manière saine et bénigne les expériences émotionnelles emmagasinées en nous, rendant inutile la maladie en tant qu'expression affective.

Le sommeil est un outil de guérison physique, affective et spirituelle. Le rêve permet de surmonter ses peurs, de résoudre ses problèmes, de libérer ses émotions négatives et de comprendre des relations difficiles. Les effets positifs du sommeil sont là, que l'on se souvienne ou non de ses rêves.

Les rêves nous présentent la réalité sous un nouveau jour, modifient notre perception du temps et de l'espace. La science des rêves en est encore à ses premiers balbutiements bien que les humains se soient tournés vers les rêves comme source de connaissance depuis des siècles. Même la Bible parle de prophéties transmises à travers les rêves.

LE LANGAGE IMAGÉ DU SOMMEIL

Voici un exemple d'utilisation des rêves. Mon rêve sur le fraisage survint le 3 décembre 1982. Quoique bref, il était fort significatif.

Je rêvai que le docteur Bernie Siegel était dentiste et qu'il me soignait les dents. Se servant de la fraise, il travaillait de gauche à droite dans ma bouche. Je ne me souviens plus de ce qu'il fit à gauche, mais il fraisa pendant longtemps du côté droit. Il me priait d'ouvrir grand la bouche.

J'écrivis dans mon journal mon interprétation de ce rêve. La voici :

« J'ai beaucoup réfléchi à la signification de ce rêve. Contient-il un message sur la santé ou sur la mort ? Le docteur Siegel travaille avec le cancer et la mort. J'ai écouté ses conférences sur cassettes et lu ses livres. Bien que je ne me sois jamais vraiment souciée du cancer, je crains la maladie et pense souvent à la mort. Le côté *droit* de ma bouche est le symbole de mes émotions inconscientes tout comme le cerveau droit est le siège de l'intuition et de l'inconscient. D'une manière symbolique, le docteur Siegel extrait mes émotions d'un solide rocher (ma dent). Est-ce que je résiste à l'idée de la mort ? En ce moment, je crois que le fraisage représente les efforts que je dois faire pour modifier de façon durable mes attitudes et mes émotions. Je constate aussi que je suis effectivement en train d'effectuer ces changements – petit à petit – et ce, depuis des années. Le processus s'accélérera parce que j'ai maintenant un *exercice* (en anglais *drill*, qui signifie aussi *fraise*) à faire et d'excellents assistants avec qui m'exercer. »

Ayant griffonné ces premières notes, je continuai de m'interroger sur ce rêve qui m'avait profondément touchée. Plus tard, j'y ajoutai le commentaire suivant : « Comme le côté droit représente l'inconscient, un dentiste qui fraise à cet endroit cherche peut-être à extraire les connaissances enfouies dans mon subconscient. Ou encore cette image fait allusion à des exercices et m'invite à m'exercer jusqu'à ce que j'aie maîtrisé la matière et appris mes leçons. L'image du rêve se rapporte dans ce cas à l'éducation dans le sens original latin de « retirer » et dans le sens moderne de « farcir la tête ». Le terme *drilling* a deux sens dans ce contexte. D'une part, le docteur Siegel est mon maître et il me bourre le crâne d'informations. D'autre part, il fraise pour extraire ces informations – les connaissances et expériences sur la guérison que je souhaite partager dans mon livre. »

Je compris tout de suite l'importance de ce rêve qui me donnait des indications (laisser ce qui est à gauche et aller à droite/écrire [*right* et *write* en anglais]). Je fis ce rêve six mois avant de rédiger le premier jet de mon livre. Il m'en confirma le sujet et me donna également l'idée d'interroger le docteur Siegel et d'autres professionnels. En dépit de ses multiples occupations, le docteur Siegel me prodigua des renseignements, son soutien et des encouragements.

Les rêves peuvent être prophétiques. Deux mois après le mien, je dus subir un traitement dentaire destiné à retirer un abcès situé du côté *droit* de ma bouche. C'était précisément à cet endroit que le docteur Siegel fraisait dans mon rêve. Grâce au rêve, mon corps-esprit m'avait préparée à subir le traitement physique nécessaire pour aider mon corps et sauver la dent au-dessus de l'abcès.

LES RÊVES NE CACHENT PAS, ILS RÉVÈLENT

Au cours d'un atelier, le docteur Montague Ullman, psychiatre et co-auteur de *La sagesse des rêves*, et fondateur du Maimonides Hospital Dream Lab, apporta un fondement scientifique à mon expérience onirique. Il expliqua :

> *Rêver est une activité que nous accomplissons régulièrement dans un état profondément modifié d'être (qui fait partie du cycle naturel du sommeil). Le rêve est une fonction de l'état éveillé. En nous réveillant, nous ramenons avec nous une partie de l'expérience du rêve. Les efforts que nous faisons pour nous rappeler nos rêves reflètent notre désir d'exprimer à travers le langage une expérience qui s'est produite sur un mode différent, le mode pictural. Le rêve initial subit une transformation et une partie de l'information est perdue en cours de route.*
>
> *Pendant que nous rêvons, nous produisons une profusion d'images. Le cerveau est programmé pour fabriquer des images toutes les quatre-vingt-dix minutes. Cela signifie que nous rêvons tous, que nous nous en souvenions ou non. Ce fait a été prouvé par des années de recherches effectuées en laboratoire auprès d'un grand nombre de sujets différents. Rêver est un phénomène universel qui devrait et pourrait être accessible à tous. Les rêves sont d'importants messages auxquels nous n'accordons pas une attention suffisante.*

Le but du rêve est de révéler et non de cacher. Nous utilisons des images afin d'exprimer nos sentiments du moment. Exprimés sous cette forme, les images ont des incidences émotives. Les images sont des comparaisons entre deux choses différentes. Elles révèlent la relation profonde entre ces deux choses avec beaucoup plus de force que le langage ordinaire. Les rêves sont faits d'images visuelles parfois difficiles à comprendre. Il arrive que l'on saisisse la signification d'un rêve après quelque temps seulement. Dans bien des cas, nos rêves nous paraissent plutôt mystérieux à notre réveil. Pourtant ils jettent de la lumière sur notre situation courante en nous aidant à voir le présent dans la perspective du passé. Dans cette optique, nous pouvons prévoir certains événements futurs mais nous ne pouvons pas deviner l'avenir. Le travail sur les rêves est curatif en ce qu'il nous confère un sentiment de plénitude.

Le docteur Ullman conseille de travailler sur ses rêves avec une autre personne ou un groupe. Je trouve cela utile à l'occasion. Les questions que me posent les autres lorsqu'ils m'entendent décrire mon rêve et le feed-back qu'engendre ce partage m'ont été précieux dans ma quête de la connaissance de soi. Souvent le rêve replace le contenu de notre vie dans un nouveau contexte et cette perspective modifiée nous aide à jeter un regard créatif sur le présent. Ne parlez pas de tous vos rêves, mais seulement de ceux dont l'imagerie puissante stimule vos émotions. Fiez-vous à votre intuition pour savoir quels rêves vous devez explorer. Les messages essentiels de vos rêves se répéteront sous diverses formes jusqu'à ce que vous les saisissiez.

PRUDENCE DANS L'INTERPRÉTATION DES RÊVES

Il arrive que les rêves prédisent une maladie grave ou même la mort, la vôtre ou celle de quelqu'un d'autre. Ils se muent alors en système d'avertissement utile. Or comme le rêve apparaît sous forme de symboles et d'images, sa signification n'est pas toujours évidente. Les rêves sur la mort, dont l'interprétation erronée peut nous effrayer, ne se rapportent souvent pas à la mort comme telle. Les rêves sur la maladie ou la mort symbolisent souvent des processus émotionnels qui demandent à être explorés et guéris. Ne prenez pas ces cauchemars au pied de la lettre. Vous devez les replacer dans le contexte global de votre vie pour en tirer une signification claire.

Souvent les rêves sur la mort ont un caractère spirituel ou affectif et ils annoncent un changement dans les rapports du rêveur avec le supposé disparu. Un adolescent qui s'apprête à quitter la résidence paternelle ou la femme qui souhaite s'affranchir davantage de son mari peut rêver qu'un décès se produit dans la famille. Avant de partir pour l'université, ma fille Jennifer rêva à deux reprises à ma mort, ce qui de prime abord me causa une grande frayeur. Mais la date qu'elle m'avait donnée est passée depuis un bon bout de temps et je suis toujours en vie. D'un point de vue métaphysique, rêver à la mort d'un parent est une façon pour l'adolescent de grandir et de se détacher de ce parent. Si vous rêvez à votre propre mort, cela peut signifier que vous renaissez à une nouvelle manière d'être. Peut-être qu'un comportement nouveau et plus pertinent est à la veille d'émerger, signifiant la mort de vos vieux modèles de conduite.

La beauté et la difficulté du travail sur les rêves résident dans le symbolisme des messages. Si vous pensez que votre rêve indique que des problèmes couvent dans votre vie, tenez-en compte. Votre rêve tente peut-être d'attirer votre attention sur un problème que vous pourriez éviter en prenant les mesures qui s'imposent, comme le Pharaon qui emmagasina du grain en prévision de la famine annoncée par Joseph.

J. Allan Hobson, professeur à la faculté de médecine de l'Université Harvard, se sert des rêves des étudiants pour les familiariser avec la nature d'un autre état modifié de conscience, l'état psychotique. « Vous ne pouvez pas l'entendre au moyen d'un stéthoscope, dit-il, pas plus que vous ne pouvez le voir sur une radiographie. En outre, les patients hésitent même à vous le décrire. Mais nous atteignons régulièrement en rêve des états mentaux qui sont plus proches de la psychose que tout ce qu'un patient ou moi-même pourrait décrire en mots. » Hobson poursuit en disant que « les étudiants éprouvent tous les symptômes d'une maladie mentale grave dans leurs propres rêves : confusion, perte de mémoire, pensées bizarres, hallucinations, folie des grandeurs, psychose paranoïaque, peur intense, rage et euphorie[1] ».

Les chercheurs ont découvert une nouvelle sorte de rêve appelé « rêve révolutionnaire ». Selon le psychologue Joseph Hart, directeur clinique du Center Foundation de Los Angeles, « il s'agit d'un rêve lucide et puissant. Le rêveur est pleinement conscient de rêver. Il se rappelle tous les détails de son rêve et celui-ci exerce invariablement un puissant effet thérapeutique sur lui. Lee Woldenberg, le directeur médical du Centre, décrit le rêve comme un pont entre le pouvoir, les sentiments et la créativité de l'inconscient, et la lucidité et les capacités cognitives de l'esprit conscient. Nous sommes impressionnés par le potentiel psychothérapeutique de cette sorte de rêve et cherchons des manières d'enseigner aux gens à rêver de cette façon. » Outre qu'ils peuvent nous aider à nous guérir nous-mêmes, les rêves sont reconnus pour engendrer à l'occasion des « trouvailles révolutionnaires » dans divers domaines du comportement humain, depuis les inventions scientifiques jusqu'aux manières de mettre en pratique de nouvelles connaissances pour le bien de l'humanité[2].

L'essentiel, c'est de vous détendre et d'apprécier vos rêves, qui peuvent être aussi passionnants qu'un bon film.

Le psychothérapeute Stephen Aizenstat est une autorité en matière du travail sur les rêves. « Les fèces sont l'une des images les plus attirantes, dit-il. Les fèces sont du fumier, fumier signifie semence et semence signifie croissance. Quand elles apparaissent dans les rêves, je me permets d'espérer. Cela signifie qu'au détour du chemin, il y a un sol fertile pour la croissance, de nouvelles possibilités[3]. » Les rêves contribuent à façonner notre réalité.

Le docteur Bernie Siegel, écrivain et chirurgien, était autrefois professeur clinique adjoint à la faculté de médecine de l'Université Yale. Il a aidé un tas de gens atteints du cancer ou d'autres maladies graves à apprendre à vivre mieux et plus longtemps en les invitant à se joindre à des groupes appelés Exceptional Cancer Patient (ECAP) en compagnie d'autres patients exceptionnels. Chaque patient qui adhère à ce groupe est prêt à prendre sa guérison en main et à y participer activement. Les ouvrages du docteur Siegel mettent en valeur une force curative remarquable qui est celle de l'Amour.

Cet homme souriant au crâne rasé de près se sert des rêves et des dessins de ses patients pour établir un diagnostic et élaborer un traitement. Il agit selon le principe que les dessins spontanés, exécutés à un moment critique de la vie du patient, sont empreints de signification. En tant que chirurgien, il peut confirmer le diagnostic établi en fonction de ces dessins. Il semble exister une remarquable corrélation entre le diagnostic intuitif et le diagnostic réel, fondé sur des techniques médicales et chirurgicales. On dirait que le patient sait toujours, à un certain niveau de conscience, ce qui se passe dans son corps. Les dessins lui permettent de dépasser l'esprit conscient (qui ne sait pas) pour accéder au subconscient (dont le savoir se reflète dans les dessins). Les rêves jouent le même rôle.

Le docteur Siegel soutient qu'à un niveau inconscient, les patients, surtout ceux atteints d'une maladie invalidante, connaissent la cause et le développement de leur maladie et qu'ils peuvent accéder à cette connaissance à travers leurs rêves et leurs dessins. S'ils veulent modifier le cours de leur maladie d'une manière favorable, ils doivent opérer des changements à ce niveau. Le docteur Siegel raconte des expériences fascinantes en rapport avec les rêves.

RÊVES ET DESSINS SPONTANÉS
par Bernard S. Siegel, M. D., et Barbara H. Siegel, B. Sc.

En général, les médecins sont formés comme des mécaniciens et leur formation accorde très peu d'attention à la relation entre la psyché et le corps ou *sôma*. Dans le cadre de ma quête personnelle et de ma démarche de croissance, et grâce aux rapports sympathiques que j'entretiens avec Elisabeth Kübler-Ross, j'ai pris connaissance des travaux de Susan Bach, psychothérapeute anglaise et disciple de Carl Jung. Ses travaux sur les dessins spontanés ont inspiré les miens.

En tant que chirurgien, j'ai exploré le rôle actif de l'esprit dans la maladie et ai été sidéré de constater l'abondance des informations contenues dans les rêves et les dessins. Je me suis aperçu que les patients connaissaient leur diagnostic. L'esprit sait littéralement ce qui se passe dans le corps. Comme je partageais mes croyances avec eux et faisais preuve d'ouverture, mes patients ont commencé à me dévoiler leur connaissance des événements futurs et de l'issue de leur traitement et de leur maladie. Aujourd'hui, je les interroge systématiquement sur leurs rêves et les invite à dessiner dans le cadre de leur traitement et du processus des tests diagnostiques.

LES RÊVES

Une patiente atteinte d'un cancer du sein me raconta un rêve dans lequel elle voyait le mot « cancer » apparaître sur son crâne rasé. Au réveil, elle sut qu'elle avait des métastases au cerveau. Elle ne développa des symptômes physiques que trois semaines plus tard, et le diagnostic du rêve fut confirmé à ce moment-là.

Une autre patiente rêva qu'un coquillage s'ouvrait pour laisser passage à un ver. Une vieille femme lui montre le ver en disant : « Voilà ce qui cloche chez toi. » La patiente, une infirmière dont on n'arrivait pas à diagnostiquer la maladie, se réveilla en sachant qu'elle avait contracté une hépatite. Son médecin confirma ce diagnostic.

JE ME TOURNE VERS LES DESSINS

Comme je me sentais limité en tant qu'analyste des rêves, je me suis tourné vers les dessins qui, à l'instar du matériel inconscient contenu dans les rêves, peuvent s'avérer utiles pour établir un diagnostic et élaborer un traitement pertinent. Je m'inspire des directives de Susan Bach pour interpréter les dessins, qui prédisent souvent avec exactitude le moment et la cause de la mort du patient. Rappelez-vous que j'ai affaire à des patients gravement malades qui se trouvent parfois en phase terminale.

Je leur demande de se dessiner eux-mêmes ou de se représenter d'une manière symbolique de même que leur maladie, leur traitement et leurs globules blancs. Ces dessins m'apportent une toute nouvelle gamme d'informations. Les rêves et les dessins révèlent la nature vitale de nos processus de vie. Ce ne sont pas seulement nos émotions qui font surface symboliquement, mais aussi nos processus somatiques et intuitifs.

En se dessinant soi-même ou en utilisant des symboles tels que des oiseaux, des arbres ou des maisons, on dépeint sa connaissance inconsciente du présent et de l'avenir. Un bambin de quatre ans très malade dessina un ballon mauve portant son nom, qui montait vers le ciel. Le ballon était entouré d'une multitude d'ornements et sa forme évoquait celle d'un gâteau. L'enfant mourut le jour de l'anniversaire de sa mère.

Un jeune homme ayant une tumeur cérébrale (dont les derniers examens s'étaient tous révélés négatifs) dessina un arbre qui ressemblait tout à fait au profil d'un cerveau. L'arbre, strié de noir, me fit penser à un cancer récurrent, ce que prouva par la suite l'examen TDM.

PRÉDIRE LES RÉSULTATS D'UN TRAITEMENT

Les dessins révèlent aussi parfois le résultat futur d'une chimiothérapie et d'une intervention chirurgicale. Si le patient voit son traitement comme une insulte, une agression ou un poison, il réagit en conséquence et subit souvent des effets secondaires. En revanche, l'inconscient qui croit en la thérapie et l'accepte modifie les effets secondaires et engendre un meilleur résultat thérapeutique. Il est important de savoir cela afin de modifier toutes ses croyances négatives avant le traitement.

Un patient représenta les traitements de radiothérapie sous forme de flèches noires et rouges qui pénétraient dans son corps. Il eut une réaction terrible aux traitements. Le dessin mettait en lumière ses attentes négatives, qui se concrétisèrent.

Un autre patient représenta ces mêmes traitements sous forme d'un rayon d'énergie doré. Il obtint d'excellents résultats et ne souffrit d'aucun effet secondaire. Le dessin représentait une prédiction positive qui se réalisa. Ce patient jouissait d'une sérénité qui laissait présager sa guérison. Des changements « scientifiques » se produisent dans le corps quand on a l'esprit en paix.

AMÉLIORER LES EFFETS DU TRAITEMENT

L'un des exemples les plus significatifs met en jeu un homme qui quitta brusquement le cabinet du médecin en apprenant que le traitement tuerait son cancer. C'était un Quaker, un objecteur de conscience qui n'avait jamais rien tué. Il avait dessiné des petits hommes transportant les cellules malignes hors de son corps. Il est encore en vie, plusieurs années plus tard, et utilise son esprit et la vitamine C comme agents de guérison.

Il faut se rendre compte de la difficulté à laquelle se heurte le corps/esprit pendant que la médecine fait la guerre à la maladie. Le langage du traitement est souvent déprimant pour le patient. Notre corps est un champ de bataille et le fait est que seul un mince pourcentage de patients (de 15 à 20 p. 100) acceptent d'être agressifs (de tuer la maladie). Les autres rejettent inconsciemment le traitement qu'ils associent à la destruction et à l'assassinat. Le médecin doit présenter le traitement comme l'instrument du processus de guérison plutôt que de parler de tuer le cancer ou de faire la guerre à la maladie.

Elisabeth Kübler-Ross me soulignait l'importance du commandement « Tu ne tueras point » dans nos esprits conscient et inconscient. J'ai reçu des dessins de patients dans lesquels le cancer appelait au secours. Dans d'autres dessins, les globules blancs étaient représentés par des grains de maïs soufflé inoffensifs pour la maladie. L'esprit sait que la maladie, c'est NOUS.

J'ai appris qu'il faut s'aimer soi-même si l'on veut guérir. L'amour stimule le système immunitaire et incite les globules blancs à travailler pour nous. Les effets de l'amour et du désespoir ont été confirmés dans des études portant sur les réactions immunitaires à divers stimuli. Nous devons apprendre à chasser la maladie en l'utilisant comme nourriture... à l'assimiler comme le font les globules blancs, à l'utiliser comme outil de croissance psychologique. La maladie nous apprend comment nous améliorer et aimer sans réserve. Elle nous incite à corriger un déséquilibre de notre système. Certains la voient même comme une guérison de l'âme.

Les mécaniciens-médecins comprennent trop rarement l'effet des croyances des patients sur l'efficacité d'un traitement. Pour obtenir des résultats *exceptionnels*, nous devons tout faire pour unifier l'équipe que forment le corps, l'esprit et l'âme. Le rêve et la visualisation sont d'excellents outils à cet égard.

DES TRAITEMENTS INSPIRÉS PAR LES RÊVES

Un patient qui écoute sa voix intérieure reçoit souvent des directives à travers ses rêves ou la méditation. La voix d'un homme qui connut une guérison complète lui dicta de recevoir des injections de vitamine C et d'utiliser des images d'ordinateur pour stimuler son inconscient d'une manière positive. La médecine traditionnelle commence tout juste à explorer ces techniques. Il semble que la voix intérieure ait précédé la médecine pour ce qui est de l'exploration des modes d'autoguérison ou de la collaboration du patient avec le médecin.

Une femme qui souffrait beaucoup fut prévenue par une voix (qu'elle appelle le Saint-Esprit) qu'elle avait une appendicite et devait se rendre d'urgence à l'hôpital. Elle répondit qu'elle préférait attendre mais la voix insista pour qu'elle s'y rende sur-le-champ. Mon diagnostic ne fit que confirmer ce qu'elle savait déjà.

Tout en explorant la nature de la guérison et en m'éloignant du modèle médical mécaniste, j'ai découvert les principes reliant un grand nombre d'événements soi-disant mystiques. Le corps n'est pas une machine mais un système vibrant d'énergie physique et électrique dont les tissus et les organes possèdent leurs propres fréquences et cycles, leurs propres rythmes. Le système nerveux est chargé de transmettre cette information à l'esprit conscient.

Lorsqu'une salamandre perd un membre ou la queue, elle est consciente de cette perte et communique avec la partie blessée. Elle «écoute» les nerfs de cette région et répond à leur message en amorçant la régénération.

La maladie révèle une modification du modèle de fonctionnement du système énergétique humain. Si on «écoute»,
les symptômes se présentent eux-mêmes. Chez certains, ces
symptômes, ou cette prise de conscience, apparaissent sous
forme de signes physiques. Mais chez beaucoup, le message est communiqué à travers les rêves, l'intuition et l'inconscient ou à travers des dessins spontanés qui peuvent
être interprétés.

Quand je commençai à utiliser les dessins en chirurgie,
j'y décelais la relation intime entre la psyché et le corps. J'y
trouvais également de précieux renseignements provenant
de l'inconscient et de la conscience intuitive de la personne.

En bref, je puis dire que cette technique m'a convaincu
que la psyché et le corps communiquent entre eux et que
les problèmes somatiques peuvent être amenés à la conscience à travers les symboles. En outre, je crois, à l'instar
de Carl Jung, que «l'avenir se prépare inconsciemment
longtemps d'avance et peut donc être prédit par des
voyants».

Ces expériences m'ont montré une nouvelle voie en
tant que guérisseur, professeur et dispensateur de soins, et
elles ont renforcé mes croyances. Mes patients se sentent
maintenant libres de partager des expériences dont ils ne
s'ouvriraient jamais à un médecin mécaniste, qui voit
seulement le processus mécanique de la maladie dans le
corps sans reconnaître le rôle tout à fait intégré de l'esprit
et des émotions.

EXERCICE AUTODIDACTIQUE Nº 42
Dormir, rêver, se rappeler

But: Vous aider à vous rappeler vos rêves.

Instructions

1. Vous pouvez vous exercer à vous rappeler vos rêves. Au
    coucher, exprimez votre intention de vous souvenir

d'un rêve à votre réveil : « J'ai l'intention de me souvenir d'un rêve. » Vous faites le choix de vous rappeler.
Oublier relève aussi d'un choix, que vous avez peut-
être oublié.

2. Si vous souhaitez travailler sur une situation précise,
   demandez, avant de vous endormir, d'être guidé par
   rapport à cette situation.

3. Placez un crayon et un bloc à votre chevet afin de noter
   les pensées et images qui vous viendront au réveil.
   Prenez le temps de vous réveiller lentement le matin. Si
   un rêve vous revient en mémoire, racontez-vous-le afin
   de bien l'ancrer dans votre esprit. Puis écrivez-le.

4. S'il ne vous vient aucune image ou souvenir, observez
   vos pensées et écrivez-les. Elles n'appartiennent peut-
   être pas à un rêve mais vos expériences nocturnes
   auront suscité des pensées qui pourraient vous être
   utiles. Emportez le journal de vos rêves avec vous en
   partant le matin. Il se peut qu'un rêve vous revienne à
   la mémoire plus tard dans la journée.

5. Si vous n'arrivez toujours pas à vous rappeler un rêve,
   pensez au dernier rêve dont vous vous souvenez et ten-
   tez de l'analyser. Souvent la découverte du sens caché
   d'un vieux rêve nous permet de passer à une nouvelle
   étape de notre vie et à une nouvelle séquence de rêves.

6. Rappelez-vous que c'est vous qui donnez une signification à votre vie et qu'un symbole onirique n'a de sens
   que pour vous seul. Il vous appartient d'établir des
   liens significatifs entre vos pensées, vos rêves et votre
   vie quotidienne. Tous les rêves ne sont pas significatifs.

EXERCICE AUTODIDACTIQUE N° 43
Comment travailler avec ses rêves

But : Augmenter les bienfaits découlant de vos rêves, explorer la signification d'un rêve en vous posant des questions.

Ces questions vous aideront à déterminer quelles circonstances de votre vie ont suscité votre rêve. En établissant le lien entre votre rêve et votre vie courante, vous pourrez apprendre quels changements s'imposent dans votre vie. Le rapport entre le rêve et sa vie courante n'est pas toujours facile à déceler. Mais les rêves frappants qui regorgent d'images sidérantes ou stimulantes possèdent en général un sens que l'on peut découvrir et mettre à profit.

Il est parfois utile de partager son rêve avec quelqu'un afin d'obtenir une impression différente. Souvent les réactions de l'écoutant jettent de la lumière sur le sens du rêve. J'ai constaté parfois que mon rêve signifiait davantage pour l'autre personne que pour moi. Une nuit, j'ai rêvé que des cadavres étaient empilés sur des wagons de train. La thérapeute à qui je racontais ce rêve a eu une réaction beaucoup plus forte que moi. Une autre fois, j'ai rêvé qu'un homme avec qui j'avais déjà travaillé avait perdu ses jambes pendant la guerre. Le message, qui nous concernait tous les deux, était le suivant : « S'agenouiller est un symbole d'humilité. » Il arrive que l'on rêve pour le bien d'une autre personne.

Il existe des dictionnaires sur la signification universelle de divers symboles. Faites confiance à votre intuition pour savoir ce qu'un symbole signifie pour vous. La réaction de votre corps vous indiquera que vous avez mis dans le mille. Elle peut prendre la forme d'un picotement ou d'un ressenti quelconque annonçant un accord parfait. Pour étudier vos rêves en profondeur, adhérez à un groupe de travail sur les rêves.

Instructions

1. Faites-vous confiance ! Engagez-vous à travailler avec vos rêves et votre sagesse intérieure vous aidera à décoder leurs messages.

2. Écrivez votre rêve et donnez-lui un titre.

3. Relevez toutes les images saisissantes et demandez ce qu'elles signifient. Accordez une attention spéciale aux images récurrentes, qu'il s'agisse de personnes, d'animaux, de lieux ou d'objets.

4. Demandez-vous : «À quelles circonstances de ma vie courante ce rêve se rapporte-t-il ? »

5. Demandez-vous : « Qu'est-ce que mon rêve tente de me dire ? »

6. Attendez plusieurs heures ou même quelques jours puis relisez votre description. Il se peut que vous ayez oublié le rêve original. Dans ce cas, les mots écrits sont souvent plus significatifs. Parfois, mon rêve ne me dit absolument rien jusqu'à ce que je relise mes notes et alors il m'apparaît presque comme un message direct qui m'invite à accomplir telle ou telle action. Par exemple, si j'ai écrit : « Je voyageais sur la bonne route », cela confirme ma manière de diriger ma vie.

7. Tout en relisant vos notes sur votre rêve, observez vos pensées. Il n'est pas rare que l'on reçoive des messages intuitifs pendant cette relecture.

Tenir la distance.
Prendre ses propres décisions.
La modération est la plus belle des vertus.

CHAPITRE 14

Créer un nouveau contexte :
guérir de l'intérieur

S i vous souffrez d'une maladie chronique ou récurrente, votre mode de vie peut constituer la clé de votre état de santé. Il englobe votre façon de parler de votre vie : votre attitude, vos modes de pensée et vos émotions. Vous pouvez créer des conditions plus favorables à la santé en supprimant toutes vos croyances négatives. Pour être efficace et durable, la guérison doit se produire dans l'esprit.

Le corps incarne vos pensées et vos images. Vous n'êtes pas conscient de ce processus de même qu'en général, vous n'êtes pas conscient de votre respiration et des autres fonctions autonomes de votre corps. Mais de même que vous pouvez diriger votre attention consciente vers votre respiration (en décidant de respirer profondément, par exemple), vous pouvez influencer positivement de nombreux aspects de votre physiologie en y portant attention.

POURQUOI SUIS-JE MALADE? PARCE QUE...

Une fois les pensées et les images choisies consciemment, le corps peut créer un contexte favorable à la santé. Un contexte est un cadre de référence, un milieu ou un environnement au sein duquel vous fonctionnez. Pour reconnaître votre contexte actuel, observez les « pourquoi » que vous vous posez à vous-même et écoutez les « parce que » de vos réponses. Remarquez aussi les « pourquoi pas », les « mais », les « si seulement ». Ils sont reliés à vos croyances sur ce que *devraient être* les circonstances de votre vie pour que vous soyez heureux. Les « parce que » sont des croyances parfois nocives sur ce qui nous rend malades. Votre contexte de santé englobe toutes les croyances qui maintiennent ces « parce que » en place. Un grand nombre de vos croyances pernicieuses sont enfouies dans votre inconscient. Le fait de poser la question « pourquoi » les expose au grand jour et peut vous amener à adopter un comportement plus conscient.

Croyez-vous qu'il vous arrivera malheur si vous dormez moins de huit heures, sortez sans imperméable, mangez des aliments soi-disant vides ? Dans ce cas, peut-être que vous avez besoin de dormir suffisamment, de porter des bottes et un imper et de manger mieux. Est-ce que l'insuffisance de sommeil, l'absence d'imper ou les aliments vides vous rendent malades ou sont-ce vos croyances à cet égard qui vous incommodent ? Tous les gens ne tombent pas malades quand ils ne dorment pas assez, se mouillent les pieds ou avalent des aliments-camelotes. La plupart des gens croient ce qu'ils voient. Or souvent ils le voient parce qu'ils y croient déjà. Pour guérir de l'intérieur, vous devez mettre à jour vos croyances et leur influence sur votre santé.

Vous pouvez affaiblir vos croyances nocives et créer un contexte plus favorable à la santé en répétant des affirmations. Par exemple : « Je demeure en santé parce que je l'affirme » met en branle les forces de guérison. J'ai moi-même créé un contexte plus favorable à ma propre guérison en affirmant continuellement : « Je remercie mon corps pur et parfait pour tout ce qu'il m'enseigne. »

Shelly Bruce, l'une des vedettes de la comédie musicale *Annie*, était une femme heureuse qui réussissait bien dans la vie. Soudain, elle contracta la leucémie. Dans son livre *Tomorrow Is Today*, elle décrit sa maladie et illustre comment elle a modifié son contexte de vie. Pendant son pénible séjour à l'hôpital, elle avait endossé jusqu'au bout le rôle de victime tout en se laissant détruire à petit feu par des forces qu'elle sentait tout à fait indépendantes de sa volonté. En fin de compte, elle comprit qu'en tant que comédienne, elle pouvait jouer le rôle de sa vie tout autrement. Elle pouvait, comme Annie, prendre sa destinée en main et triompher.

Shelly Bruce créa un nouveau contexte lorsqu'elle préféra l'optimisme au rôle de victime. Elle rejeta ses peurs et envisagea un avenir plus positif, un avenir rempli d'espoir. Sa foi fut rapidement récompensée lorsque apparurent les premiers signes visibles d'amélioration : l'absence de cellules cancéreuses après une nouvelle analyse de la moelle épinière.

Elle créa un *contexte* plus positif pour le *contenu* de sa vie, en l'occurrence sa leucémie. Au moment où j'écris ces lignes, Shelly Bruce a vaincu sa leucémie et repris son travail de comédienne. L'amélioration de sa voix chantée constitue un effet secondaire miraculeux de sa transformation personnelle. Cette transformation, vous pouvez la vivre aussi. Les « miracles » arrivent tout naturellement dans la vie des personnes qui ont la foi et nourrissent des croyances saines.

Comme nous apprenons de nos épreuves, les obstacles apparents à nos désirs les plus chers sont souvent là pour notre plus grand bien. Notre guérison est parfois tributaire des leçons à apprendre et de la connaissance de soi à acquérir. Je discerne aujourd'hui les bienfaits de la longue guérison qui a précédé et suivi mon opération au cerveau. Apprendre la patience et la foi fut une véritable bénédiction pour moi. Apprendre à laisser aller l'envie et l'apitoiement sur soi sont des cadeaux que je me suis faits à moi-même – et qui découlaient de ma tumeur.

Après ma sortie de l'hôpital, tandis que j'étais encore incapable de conduire ma voiture, je rendis visite à mon amie Pat. Celle-ci venait de subir une mastectomie plusieurs semaines auparavant et aurait pu s'inquiéter d'une récurrence éventuelle du cancer. Mais elle vaquait à ses occupations et semblait se porter comme un charme tandis que je luttais encore, marchais avec une canne, voyais embrouillé et ne pouvais parler autrement qu'en chuchotant. J'enviais Pat et m'apitoyais sur mon sort.

Plusieurs mois plus tard, Pat connut une récidive. Elle contracta un cancer du cerveau et endura un grand nombre des symptômes qui m'avaient affligée. Je compris rapidement la futilité de l'envie. Pat mourut du cancer un an après cette «fête de la pitié» que j'avais donnée pour moi-même. Des années plus tard, je suis toujours en vie et en bonne santé. Pat m'a enseigné une vérité profonde : n'envie jamais les autres. Tu ne sais jamais quelle croix ils auront à porter. Sois reconnaissante de ce que tu as.

LES TUMEURS

Dorothy Thau est conseillère en santé holistique. Elle aide ses patients à guérir de l'intérieur en leur enseignant à modifier leurs contextes malsains. Ils y parviennent en reconnaissant et en modifiant leurs pensées-semences et croyances profondes. Elle raconte l'histoire qui suit :

J'avais une patiente de quarante-deux ans qui souffrait de tumeurs intra-utérines bénignes. Au bout de quatorze mois, ces tumeurs avaient atteint la taille d'un fœtus de quatre mois. Cette patiente voulait savoir pourquoi elle avait développé ces tumeurs.

À la première séance, je la guidai dans une visualisation. Ma patiente eut la surprise de voir les tumeurs non comme des tumeurs mais comme un embryon, comme si elle était enceinte. Elle comprit qu'inconsciemment, elle avait l'impression de ne pas avoir terminé sa tâche en tant que femme. Elle aurait aimé avoir d'autres enfants. Elle fut étonnée de constater le lien qui existait entre son désir et son problème utérin. En fin de compte, elle comprit la signification émotionnelle des tumeurs. Elle avait besoin de se pardonner et de cesser de se sentir coupable du fait qu'elle n'aurait « pas d'autres enfants ».

Au cours de la deuxième séance, je lui donnai les affirmations suivantes à répéter pendant ses séances quotidiennes de visualisation : « Je peux exprimer mon amour et mon intérêt pour les enfants à travers mon travail d'enseignante ainsi qu'en élevant mes deux enfants. Mon utérus a terminé son travail et il peut se reposer et cesser de créer du nouveau. » Elle me quitta soulagée et détendue, en emportant avec elle des outils qui l'aideraient à modifier ses croyances négatives.

Une autre patiente de Dorothy Thau, une femme de cinquante-six ans, était une diabétique insulino-dépendante.

Son objectif était de stopper la progression de sa maladie. Au cours de nos séances de travail, sa circulation et sa vision s'améliorèrent et elle put réduire d'une manière significative sa dose quotidienne d'insuline.

Elle atteignit un point tournant après une séance où je la fis régresser dans le temps. Je la ramenai onze ans plus tôt, au moment de l'apparition de la maladie, qui coïncidait avec son divorce. Elle se rappela ceci : « J'ai senti qu'il n'y avait plus de douceur dans ma vie (en anglais sweetness, de sweet qui signifie "sucré"). » Elle comprit alors le rapport entre son diabète et les émotions qu'avait suscitées son divorce en elle.

Elle fit de rapides progrès et s'efforça d'éliminer tous ses sentiments négatifs à propos de son ex-mari et de son divorce. Elle affirma : « J'ai une image positive de moi-même et de mes talents. Je peux mener une vie douce et productive, tout en jouissant d'une parfaite santé. »

Une fois le traitement terminé, elle était métamorphosée et aujourd'hui, elle rayonne de santé. Artiste prolifique et professeur d'art, elle travaille de longues heures et sourit continuellement. La douceur est revenue dans sa vie ! Auparavant, elle se voyait comme une personne malade et infirme affublée de l'étiquette « diabétique ». Désormais, elle ne se considère plus comme limitée ou malade, ce qui représente assurément un renversement radical du contexte dans lequel elle se voyait auparavant.

Selon l'endocrinologue Bob Lang, « les personnes souffrant de diabète disent souvent que " leur vie a perdu toute douceur ". Or cette pensée peut engendrer un stress. Les pensées négatives récurrentes peuvent provoquer la maladie ou empirer une maladie existante. »

Les chercheurs à l'Université de Pittsburgh se sont penchés sur les effets des chocs sur le système immunitaire. Ils rapportent qu'il y a souvent un lien entre l'apparition du diabète (contenu) et une séparation, un divorce ou la mort d'un parent (contexte)[1].

LA COLONNE VERTÉBRALE

Linda Zelizer traita une femme qui souffrait de graves maux de dos et souhaitait en explorer les composantes affectives. Elle se rappela que sa mère, avant de mourir, disait souvent : « Quand je mourrai, je veux que tu sois le pilier (en anglais *backbone,* qui signifie littéralement " colonne vertébrale ") de la famille. » Or cette femme subissait déjà des contraintes dans sa vie. Elle ne voulait pas être la « colonne vertébrale » de sa famille. Elle comprit que, si elle souffrît déjà de maux de dos, ceux-ci s'étaient fort aggravés à la mort de sa mère.

Il était plus facile pour elle de prétexter ses maux de dos pour se soustraire à certaines tâches que de dire non et d'en assumer les conséquences. Sa mauvaise santé lui permettait de fuir ses responsabilités. Quand elle eut saisi la relation entre ses maux de dos et la pensée-semence «être le pilier de la famille», elle put modifier sa conduite et l'état de son dos s'améliora.

«J'ai vu bien des cas, dit Mme Zelizer, où un avantage accessoire constitue un obstacle à la guérison du patient et représente parfois la cause même du comportement non désiré. La plupart des patients ne sont pas conscients de cet avantage. Il arrive qu'une personne consulte un hyp-nothérapeute parce qu'elle souhaite modifier une habitude pré-cise et qu'un problème plus profond fasse surface. Même si elle veut modifier l'habitude en question à un niveau, elle n'est pas toujours prête à résoudre le problème sous-jacent. Elle a par-fois avantage, sur le plan émotif, à ne pas le solutionner. L'hypnose est un outil merveilleux mais il n'est pas magique.»

Mme Zelizer traita aussi un jeune garçon qui souffrait d'infections récurrentes à l'oreille et entendait mal. Il avoua à la thérapeute qu'il se disait souvent *in petto*: «Je ne veux pas t'écouter» en pensant à son père, un homme verbalement vio-lent. La thérapeute et l'enfant explorèrent des moyens suscep-tibles d'aider ce dernier à supporter les dénigrements de son père. Il apprit à s'affirmer en disant à son père: «Tes propos me déplaisent.» Il imagina qu'il entretenait de meilleurs rap-ports avec lui. Il se rendit compte que l'attitude de son père envers lui découlait de sa propre mésestime de lui-même. Il en tira un nouvel avantage sous forme d'une diminution des infections à l'oreille et d'une meilleure audition.

LE MOI AUTHENTIQUE

L'approche du docteur Bernie Siegel à l'égard de la maladie est partiellement fondée sur l'idée que les gens sont malades parce qu'ils ne vivent pas en accord avec leur moi authentique. Les conflits, le stress et les émotions négatives engendrés par cette situation entravent la résistance du corps à la maladie. Heureusement, quand les gens se mettent à agir en accord avec leur véritable moi, ils parviennent souvent à renverser la vapeur. Le docteur Siegel enseigne aux gens atteints de maladies soi-disant fatales ou de maladies « graves ou chroniques » à vivre mieux et plus longtemps. Ce qui menace la vie se met à la rehausser lorsqu'il montre au patient comment trouver la paix de l'esprit et améliorer sa santé grâce à la compréhension et à l'amour de soi. Le docteur Siegel a recours aux outils médicaux conventionnels, depuis la chirurgie jusqu'à la chimiothérapie, pour supprimer le cancer. Mais il sait fort bien qu'une dose d'attention affectueuse, qu'elle émane de soi-même ou des autres, est une puissante force curative.

Pour créer un contexte favorable à la santé et l'aider à guérir de l'intérieur, il est bon de connaître les croyances inconscientes du patient sur sa maladie et le traitement recommandé. Les dessins des patients du docteur Siegel sont des éléments cruciaux de leur processus de guérison. Souvent le matériel glané dans ces dessins conduit à une modification du contexte qui provoque la maladie. Le patient dont les dessins révèlent qu'il considère son traitement comme une agression souffre souvent d'effets secondaires. Le docteur Siegel travaille donc d'abord avec son patient pour supprimer l'information négative emmagasinée dans son inconscient.

Cette modification du contexte, grâce à laquelle le patient se détourne des manifestations extérieures de la maladie pour se concentrer sur ses perceptions intérieures, a transformé du tout au tout la vie du docteur Siegel. Outre qu'elle lui procure une satisfaction professionnelle nouvelle, elle augmente d'une manière radicale son influence sur ses patients tandis que ses best-sellers jouent le même rôle auprès du grand public. En découvrant son propre moi authentique, il a amené des milliers d'autres personnes à découvrir leur propre authenticité.

CRÉER UN CONTEXTE FAVORABLE À LA SANTÉ

Il y a de nombreuses années, le président John F. Kennedy créait un contexte favorable au succès du programme spatial américain en *déclarant* que les États-Unis s'engageaient à envoyer un homme sur la Lune avant dix ans. Il nous a promis qu'un homme marcherait sur la Lune. Recouvrer la santé et la préserver exige aussi un engagement de notre part. Prenez position ! Donnez votre parole ! Promettez de travailler à améliorer votre santé ! En donnant votre parole, vous vous engagez fermement à réaliser votre objectif, ce qui constitue une grande part de la connexion langagière. *Vous* concluez une entente, faites une promesse, vous engagez à la tenir. Aimez-vous et acceptez-vous tel que vous êtes. Observez le processus avec lucidité sans vous attacher au résultat final. Quand on tire des leçons d'une expérience, on est toujours gagnant, jamais perdant.

Le contexte de ma vie est suffisamment vaste pour englober de nombreux aspects : confiance en soi, inquiétude, négativité, attitude positive, joie, chagrin, douleur, limitations, maladie et santé. Je tente de profiter le plus possible de chacune de mes journées. Il m'arrive de m'inquiéter au sujet de certaines sensations corporelles, mais au fond, je suis convaincue que je suis en bonne santé. Il est utile de se créer des images qui représentent la vie telle que nous voulons qu'elle soit. Les images qui représentent la souffrance peuvent être des avertissements utiles, mais il faut éviter de s'appesantir sur elles. Comme on attire à soi ce sur quoi on s'appesantit, je prête attention aux avertissements négatifs, mais entretiens des images positives, gaies et favorables à la santé. Quand je me détends et cesse de m'inquiéter à propos de mes sensations physiques, je me sens et me vois en meilleure santé et souvent, je peux accepter le fait que je suis en bonne santé.

Roberta Tager résume ma définition de la guérison intérieure en disant : « Je crois que nos malaises physiques existent pour la seule et unique raison que notre âme a quelque chose à apprendre. Mon corps est le véhicule de mon âme. L'apprentissage peut être très rapide. Quand on avance dans la vie en gardant son regard fixé sur le Tout, on peut avancer doucement en corrigeant à mesure chacun de ses mauvais pas. Nous avons tous choisi nos leçons, mais nous l'avons oublié, c'est tout.

« L'esclavage de mon âme est terminé et je sais maintenant quelles leçons apprendre et quelle voie suivre pour grandir. C'est en comprenant les conséquences de mes attitudes que je me libère de la maladie. La réponse se trouve toujours à portée de la main à travers la méditation. Le bien-être est l'état naturel du corps. En éliminant ses pensées négatives, on restaure ce bien-être. Cela ne nie en rien l'utilité du secours médical, chirurgical ou alimentaire. »

La guérison véritable vient avec la reconnaissance que nous mourrons tous et que chacun affronte son propre bagage d'épreuves pendant sa vie. Guérir vraiment, c'est accepter les circonstances de sa vie et apprendre à chaque pas. Guérir vraiment, c'est passer à travers ce processus avec un esprit lucide, conscient, alerte, dans l'acceptation de soi, l'amour et la joie. Guérir vraiment, c'est être à la fois l'acteur et le public de sa vie : l'auteur et l'observateur objectif peuvent tous deux savourer le spectacle. La vraie guérison se soucie de l'*expérience* et non du *résultat final*. Si elle a lieu et qu'une maladie est vaincue et une vie sauvée, bravo ! Sinon, vous saurez au moins que vous en avez tiré « le meilleur parti possible ».

EXERCICE AUTODIDACTIQUE N° 44
Écrire jusqu'à la plénitude

But : Enregistrer vos expériences, découvrir vos émotions, concrétiser vos souhaits et éviter ce que vous ne voulez pas.

Instructions

1. Écrivez vos sentiments dans votre journal. Remarquez ce qui vous rend heureux et ce qui vous bouleverse. Notez vos découvertes sur vous-même, par exemple : j'ai découvert que je passe une bien meilleure journée quand je me lève tôt et m'attelle à la tâche au lieu de faire la grasse matinée.

2. Si vous vous heurtez à un problème, envisagez le pire dénouement possible et décrivez-le dans votre journal. Constatez son absurdité, rayez-le et riez-en.

3. Notez vos rêves.

4. Fixez-vous des objectifs à atteindre dans une semaine, un mois, trois mois, un an, cinq ans et dix ans. Ces objectifs peuvent se rapporter précisément à votre santé et à votre forme physique. Par exemple :

   Je perdrai 12 kilos cette année.
   J'améliorerai mon système cardio-vasculaire en diminuant mon pouls au repos de dix battements.

   Établissez aussi des objectifs favorables à votre santé psychologique. Ils peuvent concerner, entre autres, votre travail, vos relations et l'argent.

5. Choisissez un aspect précis de votre santé que vous souhaitez améliorer. Écrivez une affirmation à ce propos.

EXERCICE AUTODIDACTIQUE N° 45
Visualisation destinée à renforcer
le système immunitaire

But : Débarrasser votre corps des organismes indésirables.

Les globules blancs du système immunitaire patrouillent le corps à travers le sang et la lymphe. Il en existe deux sortes : les lymphocytes T, produits par le thymus, sont des cellules tueuses qui détruisent les bactéries et les virus ; les lymphocytes B, produites dans la moelle épinière, neutralisent les poisons créés par les germes infectieux tout en aidant le corps à mobiliser ses propres mécanismes de défense. Le système immunitaire est gouverné par le cerveau, soit directement, à travers les nerfs et les substances neurochimiques, soit indirectement, à travers les hormones du système sanguin. Les changements immunologiques peuvent prendre plusieurs jours ou semaines à se produire contrairement à la multitude de changements autonomes ou hormonaux qui surviennent souvent en l'espace de quelques secondes ou minutes.

Certains chercheurs prétendent que des cellules cancéreuses se développent souvent dans le corps, mais qu'elles sont détruites par les globules blancs avant de former des tumeurs dangereuses. Lorsque le système immunitaire est affaibli et ne peut plus faire face à ces menaces courantes, nous risquons de contracter un cancer ou une autre maladie. De même, si le cerveau perd la maîtrise du système immunitaire, cela peut entraîner la maladie. Inversement, tout ce qui renforce l'emprise du cerveau sur le système immunitaire a de bonnes chances d'améliorer notre santé.

Dans l'exercice ci-dessous, vous envoyez un guerrier symbolique stimuler votre système immunitaire et aider vos globules blancs à débarrasser votre corps de tous les envahisseurs indésirables. Faites cet exercice si vous souffrez d'une infection, d'une allergie ou d'une tumeur. Parmi les agents susceptibles de renforcer votre système immunitaire, mentionnons les chevaliers blancs, les médecins en blouse blanche, les Pacmen, les ours polaires, les armes, les véhicules comme les tanks ou les camions à ordures, les pistolets à eau et les lettres T et B. Vous pouvez aussi utiliser des armes d'amour comme des cartes de la Saint-Valentin ou un laser doré.

Instructions

1. Détendez-vous et laissez-vous glisser dans un état de détente alpha.

2. Choisissez votre assistant symbolique et imaginez qu'il parcourt votre corps tout entier. Voyez-le en train de chasser tout organisme indésirable.

3. Lorsque vous aurez terminé, remerciez votre assistant pour son travail. Dites-vous « Ce processus a fortifié mon système immunitaire ».

4. Faites cet exercice dans la position assise ou allongée, les yeux fermés. Avec un peu d'entraînement, vous pourrez le faire les yeux ouverts.

EXERCICE AUTODIDACTIQUE N° 46
Modifier son attitude

But: Quitter une situation indésirable sans outrecuidance. Démasquer vos croyances et modifier votre attitude.

Instructions

1. Nous blâmons souvent les gens ou les circonstances pour justifier notre point de vue. Cette outrecuidance débouche souvent sur des propos hostiles et des comportements néfastes.

   Par exemple, nous avons tendance à dénigrer les relations que nous voulons quitter. Nous attaquons l'autre personne mentalement et verbalement, ce qui engendre de la colère et une hostilité durable.

Il n'est pas nécessaire d'attaquer une relation qui ne nous convient plus pour partir. Ni d'ailleurs de justifier nos actes en blessant une autre personne. Certes, il est parfois nécessaire d'exprimer son opinion sur une autre personne, mais cela est rarement nécessaire. Mieux vaut penser ou dire : « Cette situation (cette relation) ne me convient plus. Je choisis de la quitter. »

2. Examinez les raisons que vous vous donnez pour justifier vos actes. Évaluez l'utilité de votre façon de penser. Remarquez de quelle façon vos pensées alimentent votre attitude du moment. Si vous voulez la modifier, choisissez des pensées plus pertinentes.

EXERCICE AUTODIDACTIQUE N° 47
Visualisation utile à la planète

But : Modifier votre façon de penser et transformer votre univers.

Nous influons sur notre santé, individuellement, à travers les images et les croyances qui ressortent des scénarios que nous fabriquons mentalement. Nous pouvons imaginer la maladie ou la santé.

De la même façon, les images et les croyances partagées par les membres d'un groupe, d'une organisation ou d'une culture exercent une influence profonde sur l'ensemble du groupe ainsi que sur chacun des membres. Nous pouvons imaginer la guerre ou la paix. Vous pouvez envisager le pire ou le meilleur. Tout dépend de vous.

Prenez quelques minutes pour imaginer le monde entier tel que vous voudriez qu'il soit.

Tirer le meilleur parti possible d'une situation.
Prêcher par l'exemple.
Tenir le coup.
Guérisseur, guéris-toi toi-même.

CHAPITRE 15

Les clés de ma survie

Comment as-tu survécu à ton opération au cerveau ? Quels sentiments, pensées, croyances t'ont aidée ? Où as-tu puisé ta force ? » J'ai écrit ce chapitre-ci pour répondre aux questions d'un ami en 1988, soit plusieurs années après avoir terminé mon manuscrit initial en 1984. Cela n'a pas toujours été facile, mais ce chapitre n'en demeure pas moins un vrai cadeau que je me suis fait à moi-même car il m'a obligée à plonger mon regard aux tréfonds de mon être et à décoder mes croyances, ce qui m'a beaucoup appris sur moi.

Je constate aujourd'hui que je suis plus sûre de moi et que mes opinions sont plus nettes que jamais auparavant. Je comprends mieux aussi mes connexions langagières. Je continue d'accumuler les preuves – tant à partir de ma propre expérience d'autoguérison que de mes recherches et de la rédaction de ce livre – de l'existence d'un lien corps-esprit et du fait que le langage est un maillon important de ce lien. Quand je suis malade, je scrute mon langage et suis souvent récompensée par la découverte d'une pensée-semence. Désormais, j'accède plus facilement à mon moi profond et authentique.

MÉTHODES DE GUÉRISON ET CROYANCES

Ma santé continue de s'améliorer après avoir atteint un bas-fond quand j'avais trente-deux ans et que j'étais vieille, grosse et apathique. Je passe une scintigraphie cérébrale cha-que année pour m'assurer que la tumeur n'a pas réapparu. (Jusqu'ici tout va bien.) Quand je viole les règles que j'ai éta-blies pour moi-même, je souffre souvent de légers malaises : digestion difficile ou éruption cutanée occasionnelle. Derniè-rement, j'ai souffert d'hypertension pendant trois mois. Quand je suis vraiment préoccupée par quelque chose, mon système réagit en élevant ma tension. Mais j'ai appris à la garder basse maintenant. Je passe à travers chaque expé-rience nouvelle, en dégage la leçon et passe à autre chose.

Écrire ce livre m'a souvent paru plus délicat que je l'avais prévu. Quand j'éprouvais de la difficulté à digérer ou à assi-miler mes expériences, il m'arrivait de le sentir dans mon corps. Je recourais alors à des techniques de relaxation comme la méditation, les affirmations, l'exercice et le mas-sage. Je me nourrissais mieux aussi. À certains moments, la seule chose à faire était d'endurer mon malaise avec la plus grande lucidité dénuée de jugement dont je pouvais faire preuve. Souvent, il suffisait que je passe à travers le pro-blème et l'observe avec détachement pour qu'il disparaisse.

Ma première affirmation, que j'ai répétée encore et encore au début de ma quête de santé physique, était la suivante : « Je suis reconnaissante de mon corps pur, par-fait, entier et sacré. » Une massothérapeute que je consul-tais à l'époque ne cessait de répéter que j'étais en santé.

Au début je ne le croyais pas et ne la croyais pas elle non plus. Mon subconscient me mettait des bâtons dans les roues en se rebellant contre mon affirmation. Je me disais : « Qu'est-ce qui te fait dire que tu es en santé? » Mais ensemble, l'optimisme de ma thérapeute et mes affirmations étaient efficaces. J'ai vite compris que mon corps était le parfait véhicule pour apprendre mes leçons de vie, ce qui m'aidait à accepter mon corps parfait et à en être reconnaissante. Au bout d'un certain temps, j'ai remarqué à quel point je me sentais mieux. Je me suis surprise à clamer de tout mon cœur que j'étais en bonne santé et que mon corps fonctionnait parfaitement bien.

J'ai réaffirmé ma croyance en l'autoguérison et en la nécessité de *prendre mes propres décisions*. Je commençais à comprendre la véritable nature de mon *moi*. Mes croyances m'ont donné la force et la volonté de survivre à l'épreuve de la chirurgie cérébrale et de la longue convalescence qui a suivi.

REGARDER EN AVANT

Je crois que je suis spéciale et que j'ai une mission à accomplir. En 1985, j'ai écrit une lettre sur ma chirurgie cérébrale que j'ai partagée avec des centaines de personnes. Parfois j'étais gênée de la donner à un étranger. Mais si j'étais convaincue de devoir le faire, je n'hésitais pas une seconde. La réaction de bien des gens a été positive. Je pense que mon histoire les inspirait et eux m'inspiraient aussi. Leurs histoires m'ont souvent aidée à me sentir mieux et m'ont encouragée à continuer la bataille.

J'attribue un sens aux événements de ma vie. J'ai une raison d'être. J'ai choisi de survivre pour pouvoir m'acquitter de ma mission, qui consiste en partie à divulguer les informations contenues ici.

Je crois en un Être Suprême, un Dieu qui me guide et veille sur moi. Je sens que je jouis d'une protection divine.

J'ai une relation personnelle avec la force créative divine de l'univers. Comme cette force n'est ni féminine, ni masculine, mais les deux à la fois, je dis « Mère/Père/Dieu » quand je prie. Je crois que Dieu nous a tous créés pour recevoir Ses bénédictions. Souvent les gens doutent de l'existence d'un Être Suprême jusqu'à ce qu'ils traversent une crise et découvrent le pouvoir de la prière et de la foi. La foi active la guérison.

Je m'attendais à ce que les gens qui m'entouraient pendant mon opération et ma convalescence s'améliorent eux aussi. Je me disais : « Puisque je dois souffrir, ma souffrance aurait davantage de sens si elle profitait au moins à d'autres personnes. » J'exigeais presque que les membres de mon entourage s'améliorent personnellement. Beaucoup l'ont fait !

Je crois que je suis responsable de moi-même et je le répète souvent. Je suis suivie par une équipe de médecins qui me conseillent et me soignent. En tant que capitaine de mon équipe, c'est à moi qu'incombe la décision finale, que je prends en tenant compte de l'avis des experts. J'ai fait confiance au docteur Dogali, mon neurochirurgien, et pendant l'opération, c'est lui qui était aux commandes. J'ai cru qu'il pouvait m'aider et ai eu confiance en son traitement. Pendant mon séjour à l'hôpital, si je pensais avoir besoin de quelque chose, je le demandais, impérieusement parfois. Je me battais pour ce à quoi je croyais. Une fois au moins, je me suis trompée et je l'ai reconnu.

Au début de ma convalescence, j'ai senti que je prouvais ma valeur et le message contenu dans ce livre-ci. « Mets en pratique ce que tu préconises, Barbara, pour bien l'assimiler. » Je crois que chacune des maladies que j'attrape fait partie de ma quête personnelle. Je me prends au sérieux, mais je ris aussi de moi-même et me dis souvent : « Tu as subi une opération au cerveau et tu es encore là pour en parler. » Peut-être qu'à un niveau inconscient, la tumeur et l'opération ont servi à valider mon existence tout entière.

Il m'arrive de me demander : « Si tu es si savante, comment se fait-il que tu n'as pas pu te guérir sans intervention chirurgicale ? Pourquoi mets-tu autant de temps à guérir complètement ? Pourquoi as-tu encore des limitations physiques ? Pourquoi a-t-il fallu que tu traverses toutes ces épreuves ? » Mais la réponse me vient aussitôt : « Parce que ces épreuves t'ont enseigné ce que tu partages aujourd'hui. Le plus important peut-être, c'est que ton parcours tumeur-croissance-libération t'a donné le temps et fait vivre les expériences nécessaires pour te transformer et t'améliorer. » Le fait qu'il faut du temps pour que les choses se tassent est le véritable cadeau du temps. Quand nous voyons nos souffrances avec un peu de recul, elles nous apparaissent souvent comme des bienfaits déguisés.

Je crois que le but fondamental de la vie est l'apprentissage. Vivre sur terre c'est comme aller à l'université. Nous suivons certains cours en attirant à nous les gens et les circonstances qui nous permettent d'apprendre. Cela ne nous plaît pas toujours. Nous n'avons pas toujours le choix des cours mais nous choisissons notre degré de réceptivité à chaque leçon. Dans cette même optique, je me sers de mon corps comme d'un guide pour découvrir mes émotions et, en conséquence, mon corps m'enseigne des choses. La maladie est un apprentissage de la vie, pas nécessairement un événement distinct.

Parfois je peux choisir les circonstances de ma vie et à d'autres moments je dois accepter ce qui m'échoit. Certains événements sont inévitables, prédestinés, gravés dans la pierre. Ma tumeur faisait sans doute partie de ceux-là. Mais nous pouvons opérer de véritables choix. Pour grandir avec ma tumeur, il fallait que je décide d'en dégager une leçon.

Je crois que la vie a de nombreux objectifs. Je choisis les miens et à travers eux, j'apprends mes leçons de vie. J'ai cru que j'atteindrais mon objectif, en l'occurrence une meilleure santé et un meilleur fonctionnement physique, dans la mesure où je franchirais une à une les étapes du parcours. Comme je garde toujours à l'esprit mon objectif final, le processus consiste tout bonnement à faire ce que je dois faire pour arriver jusque-là.

Avoir du plaisir est un but fondamental de la vie. L'une des clés de ma survie réside dans le vif intérêt que je porte aux événements de ma vie, bons ou mauvais, et dans ma croyance que tout ce qui m'arrive est une aventure. Tout en vivant un grand nombre de ces aventures, je les déteste ou les redoute et souhaiterais pouvoir les éviter.

Je crois qu'il faut prendre la vie comme un jeu. J'apprends encore à le faire. Prise comme un jeu, la vie est amusante, mais quand je joue le jeu de la vie avec sérieux, j'ai tendance à souffrir. C'est bizarre car je n'aime pas les montagnes russes alors que bien des gens recherchent l'excitation qu'elles leur procurent. Je suppose qu'on pourrait dire que mes montagnes russes à moi sont les difficultés auxquelles je me suis heurtée dans ma vie. Il m'arrive même de penser que plus on en a, plus on s'amuse. Annule cette pensée !

Je crois au pouvoir de la visualisation, de l'imagination et de la prière. J'utilise ces outils quotidiennement. Quand je me ronge les sangs, j'appelle une amie ou une ligne de prière. Je crois aux lois de l'accord. La diffusion d'une idée dont l'heure a sonné dépend de l'accord de principe d'une foule de gens. Un grand nombre de personnes étaient du même avis que moi et croyaient que je guérirais. Cela m'a aidée. Les pensées semblent acquérir de la force dans la mesure où un grand nombre de personnes y croient.

Bien que je sois juive, je crois en Jésus et l'invoque souvent dans mes prières. Il était auprès de moi dans mes moments les plus noirs. Chaque fois que j'affrontais une expérience vraiment difficile, je récitais le *Notre Père* ou le Psaume 23 que j'avais appris par cœur justement pour ces moments-là. À d'autres moments, je récitais intérieurement un mantra comme « Om Namah Shivaya » ou me forgeais même une affirmation pertinente. Quoi que je fasse, j'étais certaine que Dieu était avec moi et guidait mes pensées et mes actions.

Il m'arrivait souvent de « faire semblant » que j'allais mieux. J'essayais de leurrer les autres et de me leurrer moi-même. Feindre est la force qui crée la nouvelle réalité. Il m'arrive encore de faire semblant.

Je crois en la probabilité de la réincarnation. Je trouve logique qu'un Dieu aimant nous donne une autre chance de réussir, de réparer nos erreurs passées. Mais je ne peux pas prouver qu'elle existe. Je ne crois pas que je reviendrai dans le même corps, mais plutôt que le témoin en moi, le je qui m'observe, vit ma vie et en tire des leçons, choisira une nouvelle forme humaine pour revenir sur terre et apprendre de nouvelles leçons. J'espère que ma prochaine vie sera plus facile.

Je crois que l'esprit est comme un magnétophone. Souvent nos cassettes de souvenirs sont coincées de sorte qu'elles défilent sans arrêt. Pourtant, il est possible d'effacer le modèle des souvenirs récurrents grâce aux outils que j'ai donnés dans ce livre-ci. Le contenu de votre inconscient a autant d'influence sur vous que le contenu de votre esprit conscient et peut-être même davantage. C'est pourquoi vous devez à tout prix connaître votre moi caché et vous efforcer de modifier tous vos programmes inconscients néfastes.

Il m'arrive de penser que j'aimerais mieux être moins consciente. Je ne veux pas connaître l'avenir mais j'aimerais être préparée à toutes sortes d'éventualités. L'ignorance n'est pas si euphorique puisqu'à un moment donné, il faut faire face à la réalité telle qu'elle est. On dirait que je crois au « Attends-toi au mieux, prépare-toi au pire ». Je ne sais pas trop si cette pensée-semence est positive ou non.

J'ai une mission – celle de traduire et de transformer. Les transformateurs réveillent les autres et activent l'amour, la foi, l'indulgence et le service envers le soi supérieur. Les traducteurs parlent le langage des autres et voient le bien en eux, qu'ils adhèrent à une confession différente ou à un groupe non religieux ou même à un mouvement social comme le féminisme. Des mots différents servent souvent à décrire des expériences et des objectifs similaires. Les traducteurs aident à synthétiser les points de vue divergents en reconnaissant les expériences et buts communs des individus.

Il est peut-être plus facile de voir la paille dans l'œil des autres que leurs qualités, mais ce n'est pas curatif. Le principe de l'unité dans la diversité a le pouvoir de nous guérir et de guérir notre planète. Ce principe signifie que nous sommes un peuple, une planète Terre mais que nous possédons diverses manières d'exprimer ce que nous sommes et ce en quoi nous croyons. Nous sommes tous connectés et avons besoin les uns des autres pour survivre, que nous en soyons conscients ou non.

Je crois que la vie est don et pardon! Je crois que j'ai réveillé ma force intérieure quand je me suis engagée, il y a longtemps de cela, à servir l'humanité. À cette époque-là, je présidais la branche du Connecticut de la National Organization for Women et commençais à donner des cours et des conférences sur l'« indépendance d'esprit ». Je crois que l'on récolte ce que l'on sème. La vie peut être soit un cercle vicieux soit un anneau d'or. Je juge important de planter des semences saines et de garder le sol de ma vie aussi libre, net et fertile que possible. Je trouve essentiel de donner afin de sentir que je mérite de recevoir. Pardonnez et on vous pardonnera.

Au cours des quelques dernières années, je me suis interrogée intensément tout en réfléchissant aux efforts que j'ai déployés pendant quinze ans pour me débarrasser de ma tumeur. J'ai exploré la philosophie, la vie et les rituels de différents groupes et religions, à la recherche de nouvelles méthodes de guérison. La tumeur a vraiment DISPARU mais je cherche toujours des manières de guérir mes troubles nerveux. Je continue d'apprendre, de grandir, de me poser des questions, de mettre mes croyances à l'épreuve et j'adore ce processus. Avant je prenais la vie comme elle venait, aujourd'hui j'en tire le meilleur parti possible. Ce n'est pas pareil.

Je crois fermement que si l'on informe les gens et leur donne du temps, ils trouveront la vérité. Comme le dit souvent l'animateur de télé Phil Donohue : «Écoutons ce que l'auditoire a à dire.» Je crois que vous êtes capable de réfléchir et de discerner ce qui est bon pour vous.

Dans les moments de maladie ou de crise, notre potentiel s'accroît. Nous sommes peut-être plus vulnérables, mais nous avons la possibilité de grandir. Lorsque nous disons adieu à nos vieux comportements et attitudes, une partie de nous meurt. Il faut renoncer à certaines choses pour pouvoir grandir et avancer. Tous les grands maîtres spirituels, depuis Bouddha jusqu'à Moïse en passant par Jésus ont affirmé qu'il n'y a pas de vie sans souffrance et pas de joie sans chagrin. La Bible soutient qu'il n'y a pas de terre promise sans exode, pas de résurrection sans crucifixion, que la vie n'existe pas sans la mort; cela fait partie de notre cheminement spirituel en tant qu'humains.

Pour guérir, il faut entre autres se familiariser avec ses émotions. Le langage des émotions est pauvre en raison, peut-être, de notre difficulté à y faire face. Prenez le mot « amour ». Nous avons un seul mot pour dire que nous aimons la nourriture, le sexe, les gens. Il est clair que nous n'aimons pas tout cela de la même façon. Nous avons besoin de nouveaux mots pour établir une distinction entre les sortes d'amour. Apprendre à s'aimer et à s'accepter soi-même est le fondement de l'apprentissage humain. De même qu'apprendre à exprimer ses émotions d'une manière positive. En fin de compte, quand nous aurons appris à nous aimer vraiment et à nous accepter nous-mêmes, nous pourrons vivre heureux, nous aimer les uns les autres et accepter tout ce qui nous arrive.

Je crois aux heureux hasards, à ces événements fortuits (?) qui reflètent sans doute les desseins de Dieu pour notre plus grand bien.

Somme toute, je pense que toute guérison commence dans la tête. Nous avons parfois besoin d'un geste physique comme avaler un médicament ou subir une intervention chirurgicale pour étayer la croyance de l'esprit en la possibilité de la guérison. Il nous faut un soutien extérieur parce que notre esprit n'est pas assez solide pour croire que la guérison peut survenir sans cette béquille physique. À lui seul, notre esprit, cadeau de Dieu, pourrait sans doute guérir n'importe quelle maladie, n'était-ce de notre peu de foi.

Dans mes moments les plus sombres, juste après mon opération, quand je me déplaçais en fauteuil roulant et souffrais de troubles de la vision, je n'ai jamais cessé d'espérer. Au plus profond de moi, je m'attendais toujours à aller mieux. Avant l'opération, j'étais convaincue que je reviendrais à la normale après quelques mois. Dernièrement, j'ai reconnu la pensée-semence « j'ai été prise au dépourvu ». J'étais réellement étonnée de voir à quel point j'étais abîmée. L'ampleur de mes difficultés m'a prise par surprise et aurait pu facilement me conduire au désespoir. Je ne me rendais même pas compte de ce qui m'était arrivé. Lorsque j'ai compris à quel point j'étais handicapée, je m'étais déjà abandonnée au processus de guérison. Je suis en train de modifier le programme « prise au dépourvu ».

Je comprends aujourd'hui que ma foi était très profonde. Compte tenu de mes antécédents affectifs et de mon habitude de me faire du souci, j'aurais pu céder à l'affolement. Mais en fait, j'étais trop occupée à planifier mon rétablissement pour m'attarder à penser que je pourrais ne pas m'en sortir. J'avais l'habitude de penser que l'inquiétude était nécessaire pour me protéger d'un événement ou d'une conséquence appréhendée. Cette croyance est en train de se dissoudre maintenant.

L'inquiétude ne me protégera pas d'une catastrophe indépendante de ma volonté. Lorsque je sens venir une attaque d'inquiétude et me surprends à visualiser toutes sortes d'événements atroces, je me tourne vers la prière pour occuper mon esprit d'une manière positive. J'utilise tous les outils présentés dans ce livre et ils m'aident. Je crois qu'il vaut mieux s'appesantir sur les scénarios les plus optimistes et non sur les plus pessimistes.

J'espère de tout cœur que chacun de vous poursuivra son cheminement intérieur et atteindra une santé meilleure et une vie plus riche et plus heureuse. J'espère que chacun de vous prendra ses propres décisions et reconnaîtra la véritable nature de son moi authentique. J'espère aussi que vous vous engagerez à suivre votre voie, une voie pacifique et non belliqueuse, et aurez confiance que votre cheminement vous apportera les récompenses que vous méritez.

Par-dessus tout, rappelez-vous que vous n'avez ni raison ni tort quand vous souffrez ou êtes malade. Votre maladie est un apprentissage. Je crois que nous attirons les expériences qui nous permettent d'apprendre. Mais les événements de l'univers obéissent aussi au hasard. Il arrive que nous nous trouvions au bon endroit au bon moment ou au mauvais endroit au mauvais moment. Je crois que cela ne dépend pas de nous. Assumer ses responsabilités, c'est accepter ce qui arrive sans se blâmer, se culpabiliser, se détester ou tomber dans la négativité.

Vous n'avez pas besoin d'être malade pour aller mieux ! Il faut du courage pour mordre dans la vie à belles dents, pour explorer et ressentir tout ce qu'elle nous donne. J'applaudis votre persévérance tout comme j'ai applaudi la mienne.

Mettez les principes de ce livre à l'épreuve dans votre vie. Faites les exercices pour devenir plus conscient – de votre façon de penser, de vos émotions, de vos paroles. Reconnaissez le pouvoir créateur de vos mots et pensées, et voyez comment ils contribuent à créer votre propre version de la vie.

Acceptez uniquement les informations qui sont susceptibles de vous aider et ne tenez pas compte des autres.

EXERCICE AUTODIDACTIQUE N° 48
Fonder un groupe de soutien – le Groupe de la félicité

But : Fonder un groupe de soutien à l'intention des gens qui n'ont pas de véritables problèmes et qui aiment la vie.

Il existe de nombreux groupes pouvant aider les personnes qui traversent une période difficile. Certains sont anonymes comme les groupes destinés aux alcooliques, aux toxicomanes, aux victimes d'agression sexuelle, aux joueurs compulsifs, etc. D'autres, comme le ECAP (Exceptional Cancer Patients) viennent en aide aux malades. D'autres encore assistent les personnes qui surveillent leur poids, qui viennent de divorcer ou de perdre leur conjoint. Il semble bien qu'il y ait un groupe de soutien pour vous aider à passer à travers n'importe quelle épreuve.

Je crois que chacun de nous, qu'il traverse ou non une crise, a besoin d'un groupe de soutien aimant. Les organisations sociales et religieuses offrent souvent cette sorte de soutien. Je suis membre d'un groupe très particulier de femmes dont le but est d'aider chaque membre à accéder à une vie de qualité et à communiquer son bien-être aux autres. La clé du succès des participantes du Groupe de la félicité réside dans l'affirmation que prononce chaque femme qui souhaite y adhérer : « Je suis la Source de vie qui incarne la Félicité. Je m'engage à participer à ce groupe pendant un an. » En conséquence, chaque femme crée le succès du groupe et en est responsable.

Le Groupe de la félicité se rencontre une fois par mois chez l'une des membres. L'hôtesse envoie à chaque membre une lettre dans laquelle elle explique sa vision de la soirée et le sujet sur lequel chacune devra s'exprimer. Notre groupe comprend

16 femmes. Mais son concept est si formidable que le groupe original a donné naissance à trois nouveaux groupes. Toutes ensemble, nous sommes environ deux cents femmes de New York et de ses faubourgs qui adhérons au Groupe de la félicité, un réseau qui tient des rencontres mensuelles sur un mode similaire à celui de mon groupe.

Nous dînons ensemble, faisons connaissance et discutons habituellement du sujet choisi à l'avance par l'hôtesse de la soirée. Chaque groupe comprend deux personnes-ressources. Mon but en tant que personne-ressource est d'aider les autres membres de la façon qui me semble pertinente.

Exemples de sujets de discussion :

- Comment créer l'intimité dans ses relations
- S'aimer soi-même et aimer son corps
- Gérer son argent avec succès
- Familles : qui sont-elles, que sont-elles ?
- Amitiés : signification et but
- Intégrité, confiance et authenticité

Exemples de visions concernant le résultat d'une soirée

- Chaque femme se sentira plus proche des autres membres du groupe.
- Nous serons toutes plus responsables de nous-mêmes et prendrons plus grand soin de notre corps.
- Nous apprendrons à mieux gérer notre argent.
- Nous deviendrons plus conscientes de nos sentiments et les accepterons au lieu d'épouser les croyances et sentiments des autres.
- Nos amitiés seront plus profondes, plus riches et plus positives.
- Nous ressentirons notre propre intégrité.

Le vent a tourné.
Prendre une chose à la légère.
À quelque chose malheur est bon.

Épilogue

Au printemps de 1988, je révisai ce livre. Il fallait entre autres le mettre à jour en y intégrant quelques-unes des plus récentes recherches, en particulier celles qui concernaient le système immunitaire. Depuis les événements décrits dans l'Introduction et mon premier jet, de nombreux ouvrages et articles ont été publiés sur ce sujet. La mise à jour et la révision exigent un travail herculéen et je n'avais jamais travaillé dans un délai aussi court. Je n'en accueillis par moins avec joie l'occasion d'achever la gestation de mon livre et de le mettre au monde.

J'ai entendu dire que l'écrivain qui expose son cheminement personnel dans son livre voit souvent les aspects difficultueux de sa vie atteindre un paroxysme. Il peut alors y faire face et digérer l'expérience, et il est alors libre de passer à une autre étape de croissance. Dans mon cas, une fois l'ébauche terminée, j'appris que ma tumeur avait réapparu. J'avais pourtant subi l'ablation de cette tumeur rare au cours d'une intervention chirurgicale. Reste que je fus étonnée de voir ce qui se passa tandis que je mettais la dernière main à mon manuscrit.

Je me sentais forte et rayonnante de santé. Mais les difficultés auxquelles se heurtait une entreprise familiale dirigée par mon mari me faisaient « bouillonner » intérieurement.

Le 3 mai 1989 (jour du dix-neuvième anniversaire de naissance de ma fille Jennifer), je devais passer un examen IRM. Il s'agissait d'un examen de routine – en autant qu'un examen IRM ou TDM puisse être considéré comme banal. Cet examen faisait partie de mon bilan médical annuel et visait à s'assurer que la tumeur n'avait pas réapparu.

Le 4 mai, on me prévint qu'on avait découvert quelque chose d'imprévu. Je passai une assez mauvaise nuit, mais je réussis à garder mon sang-froid. Je ne savais que penser et priai beaucoup.

Le 5 mai, mon médecin me montra les clichés et je vis ce qui ressemblait à une grosse tumeur dans mon crâne. J'eus l'impression de revivre un vieux cauchemar dont je ne me réveillerais peut-être pas cette fois. La taille de ce truc, inexistant l'année précédente, et sa vitesse de croissance me parurent inquiétantes. Le docteur Lipow, un neuro-chirurgien, déclara que ce pouvait être n'importe quoi, depuis un cancer virulent jusqu'à du tissu cicatriciel, en passant par une infection d'origine inconnue. Ce dernier diagnostic me paraissait vraisemblable puisque j'avais contracté une infection à l'oreille en mars et que mon oreille avait commencé à se drainer plusieurs semaines avant l'examen IRM.

J'éprouvais un mélange de peur, d'incrédulité et de colère. Je me sentais trahie par quelque chose ou quelqu'un dont j'ignorais l'identité. Je voulais avoir le temps de terminer mon livre. J'avais l'impression d'être tombée dans une embuscade tendue par le destin.

Curieusement, je ne croyais pas vraiment à ce qui m'arrivait. J'avais les preuves sous les yeux, je les prenais au sérieux mais de bien des façons, tout cela m'apparaissait irréel. Je jurai de traverser cet épisode de ma vie dans la foi et non la peur. Je possédais la force et la volonté de vivre, mais il était très clair que je ne voulais pas m'embarquer dans une autre aventure tumeur cérébrale/chirurgie. Quand j'envisageais le pire – chirurgie cérébrale, cancer du cerveau, chimiothérapie –, je ne voulais pas vivre.

L'étape suivante consistait à passer un artériogramme pour voir si la chose bénéficiait d'un apport sanguin important. Cela m'obligeait à séjourner à l'hôpital et à me soumettre à un procédé désagréable dont je me souvenais très bien. L'idée d'entamer une nouvelle démarche de recherche et de guérison m'effrayait un peu, mais surtout me mettait en colère.

Le lundi 7 mai, je subis un artériogramme. Le mardi, le docteur Lipow m'annonça que, la *chose* n'étant pas vascularisée, il ne s'agissait sans doute pas d'une tumeur maligne. Il soupçonnait un abcès et affirma la nécessité de le retirer au cours d'une intervention qui aurait lieu la même semaine.

J'aurais préféré terminer la révision de mon manuscrit avant, mais le médecin trouvait que c'était peu sage. Toutefois, avant de fixer une date pour l'opération, il attendait le rapport du service des maladies infectieuses de l'hôpital pour voir si mon système sanguin montrait des signes d'infection grave.

Je décidai de prendre cela du bon côté (comme Annie) et allai marcher en priant Dieu et en Le remerciant de me guérir. Je ne posai aucune condition pour ma guérison, me contentant d'agir et de penser d'une manière positive. En moins d'une heure, on m'apprit qu'il n'y avait pas d'infection ailleurs dans mon corps. Si la chose était une infection, elle était localisée et ne mettait pas ma vie en danger. À ce stade, le médecin me conseilla de commencer par un traitement conventionnel : les antibiotiques. Puis on prendrait de nouvelles radios pour voir si la chose avait disparu. J'étais enchantée d'avoir le temps de finir mes recherches et ma révision.

Je suis encore étonnée quand je pense au calme que je manifestai pendant les semaines subséquentes. Je me plongeai dans la lecture d'ouvrages et d'articles sur la fonction immunitaire et m'ancrai plus que jamais dans la conviction que l'esprit pouvait guérir le corps. Les fruits de ce travail sont disséminés à travers mon livre. Je priai pour une guérison parfaite.

Je découvris une pensée-semence fondamentale. Je « bouillonnais » en pensant aux difficultés profession- nelles de mon mari et m'entendis dire : « Quand la crise a atteint un paroxysme (en anglais, *come to a head*, qui signifie littéralement *monter à la tête*), on a détecté ma nouvelle tumeur. » Un jour je pris la peine de résumer par écrit les problèmes de mon mari, et le lien entre ceux-ci et ma tumeur me parut plus étroit que jamais. Tandis que j'écrivais, mon oreille coulait sans arrêt à un rythme beau- coup plus rapide qu'à n'importe quel autre moment du mois. On aurait dit que mes émotions face aux difficultés de mon mari « bouillonnaient à l'intérieur de ma tête ».

Le 3 juin, je passai un examen tomodensitométrique avec l'espoir que tout signe de la chose, comme je l'appelais, aurait disparu. Mon oreille s'était drainée la semaine précédente, mais elle se remit à couler aussitôt l'examen terminé et cela me découragea.

Le 5 juin, j'obtins le résultat de l'examen : aucun change- ment dans la taille de la tumeur par rapport au mois précé- dent. La seule manière de savoir avec certitude ce qui clochait était d'effectuer une biopsie. « Je devrais être capable de me guérir », pensais-je. La perspective d'une nouvelle opération m'horrifiait.

Dernièrement j'entendais critiquer le mouvement de la santé holistique parce que les gens lisent des livres comme ceux de Louise Hay ou Bernie Siegel, ils mettent les tech- niques en pratique et n'obtiennent aucun résultat appa- rent. Le patient est toujours malade, plus même, il est en colère et se sent leurré. J'éprouvais exactement les mêmes sentiments et j'avais moi-même écrit un livre sur le sujet.

Je suis bien placée pour comprendre ce que les gens ressen- tent face à l'échec de leur guérison. Je me voyais comme une ratée ! Même si j'étais convaincue que la démarche est aussi importante que le résultat final (en termes de croissance et d'apprentissage), je n'en éprouvais pas moins un fort senti- ment de culpabilité. « Pourquoi ne pourrais-je (avec toutes mes connaissances et mon habitude de l'autothérapie) me guérir moi-même sans médicaments ni chirurgie ? »

Je ne fus pas longue à comprendre qu'une guérison parfaite n'écartait pas nécessairement la chirurgie. Une guérison parfaite, pour moi, pourrait signifier que je sais avec certitude ce qui a causé l'apparition de la chose. Une guérison parfaite consisterait peut-être à affronter mes peurs, à subir l'intervention chirurgicale et à passer au travers facilement. Je reconnus aussitôt que ma plus grande peur était d'être prise « par surprise », « au dépourvu ». Une partie de moi espérait le meilleur mais une partie plus profonde craignait le pire. Elle était là, la source de mon besoin de m'inquiéter à propos de tout et de ressasser toutes sortes de scénarios négatifs. Maintenant, j'avais l'occasion de me guérir de cette mauvaise habitude.

Je croyais profondément qu'envisager le pire me protégerait du pire. Mais en fait, étant donné ce que je connais du pouvoir de l'imagination, envisager le pire ressemble davantage à prier pour que le pire arrive qu'à s'y préparer. Je compris que je consultais souvent le médecin dans l'espoir d'être rassurée sur ma santé et non pour trouver un remède à mes maux. Puis quand le médecin me trouvait un bobo (même guérissable), j'étais souvent prise au dépourvu.

Je n'ai pas encore digéré et assimilé tout cela, mais la compréhension grandit à l'intérieur de moi. Me préparer à l'éventualité que le pire se produise tout en attendant le meilleur. Cela semblait avoir un lien avec la foi et ma reconnaissance du fait que, quoi qu'il arrive, je suis une survivante. Et que ce qui doit arriver arrivera.

Je travaillai à mon livre pendant un mois entier et en terminai la révision le 2 juillet 1989. Pendant tout ce temps, j'eus recours à des thérapies naturelles et à la prière pour me guérir et me préparer à l'inévitable opération. J'espérais que la biopsie révélerait la présence d'un simple kyste que l'on pourrait drainer une fois pour toutes. Je cessai de me culpabiliser et éprouvai la quasi-certitude que l'épreuve que je traversais constituait l'épilogue de mon livre. En quelque sorte, cette expérience réunirait tous les fragments épars.

L'opération, qui eut lieu le 5 juillet 1989, fut beaucoup plus facile que ce à quoi je m'attendais. J'étais de retour à la maison le lendemain. Je n'avais pas de tumeur ! Le diagnostic surprise était que je souffrais d'une infection chronique de la mastoïde. Chacune des cellules de cette cavité, qui ressemble à une ruche, était infectée. Le docteur Gill, otologiste, était étonné de constater la gravité de l'infection compte tenu du fait que je n'avais souffert que d'une seule infection à l'oreille au cours des six mois précédents.

Malgré le soulagement intense que me procurait cette nouvelle, j'étais consternée à la pensée de devoir prendre des antibiotiques pendant des mois. Le commentaire que j'adressai à mes amis illustre bien mon attitude à cet égard : « Les antibiotiques (une chimiothérapie pour l'infection) sont certainement supérieurs à la chimiothérapie pour le cancer. » Au bout de quelques jours, je fis la paix avec le traitement et éprouvai une reconnaissance sincère pour la chance que j'avais.

Cela fait maintenant un an que je suis ce traitement. J'ai pris plusieurs séries d'antibiotiques différents. Mon oreille cessa de couler après plusieurs mois sans me causer trop de problèmes. Un examen IRM passé en 1990 indiqua une amélioration par rapport à l'année précédente. Aujourd'hui, j'ai plus de facilité à harmoniser mes émotions et à ne pas m'inquiéter au sujet des choses qui ne dépendent pas de moi. Les difficultés professionnelles de mon mari se résolvent peu à peu et je fais partie de la solution. Je travaille fort, et suis plus heureuse et en meilleure santé que je l'ai été depuis des années.

Je continue de recevoir avec joie ma guérison parfaite. Se débarrasser d'une maladie, aussi désirable que cela soit, n'est qu'une partie de la guérison. S'aimer et s'accepter soi-même sont tout aussi importants de même que surmonter sa peur et laisser aller le passé. La clé, c'est d'être capable de jouir de la vie, peu importe ce qui se passe. Tirer des leçons de toutes nos expériences est un comportement sain.

Aujourd'hui, c'est avec une joie profonde que je partage ce livre avec vous. L'ayant écrit, je me comprends mieux et comprends mieux les autres, la psychologie et la santé. J'ai une plus grande confiance en ma capacité et en la volonté de Dieu de prendre soin de moi.

Je sais, même si je l'oublie souvent, que JE SUIS à la fois l'observateur et l'observée, les pensées, les paroles et les actes, le Créateur et la Création. JE SUIS le processus de ma vie. Cette connaissance m'a conduite à la guérison et m'a amenée à découvrir ma mission dans la vie et à écrire ce livre, le testament que je laisse au monde entier.

NOTES

CHAPITRE 1

1 Joan Borysenko, *Penser le corps, panser l'esprit*, Paris, InterÉditions, 1988. Traduction libre.

2 *Ibid.*

3 Extrait d'un article de Norman Cousins paru dans JAMA, 16 sept. 1988, vol. 260, n° 11 et reproduit dans *Noetic Sciences Review*, hiver 1988.

4 Howard et Martha Lewis, *Psychosomatics: How Your Emotions Can Damage Your Health*, New York, Viking Press, 1972, p. 10.

5 Dr Ronald Glasser, *The Body Is The Hero*, New York, Random House, 1976, p. 228-229.

6 Carolyn Reuben, « AIDS: The Promise of Alternative Treatments » in *East-West Journal*, sept. 1986, p. 52-66.

7 Buryl Pane, « A Theory of Mind: How We Create Our Reality » (article non publié).

8 Norman Cousins, *The Healing Heart*, New York, Norton & Co., 1993, p. 200-202.

9 James J. Lynch, *Le cœur et son langage*, Paris, InterÉditions, 1987. Traduction libre.

10 Paul Pearsall, Ph. D., *Superimmunity: Master Your Emotions and Improve Your Health*, New York, McGraw-Hill, 1987.

CHAPITRE 2

1 James W. Lance, *Headache: Understanding Alleviation*, New York, Scribners, 1975, p. 92.

2   Paul Pearsall, *op. cit.*, p. 319.

3   *Brain/Mind Bulletin*, « Mind/Hypertension Link », juillet 1989, p. 2. Sommaire d'un article publié dans le *Journal of Nervous and Mental Disease,* 177:15-24 par John Sommers-Flanagan et Roger Greenberg.

4   *La Bible.* Traduction œcuménique, Société biblique canadienne. Jacques 3,3-7.

CHAPITRE 3

1   Dr Viktor E. Frankl, Ph. D., *Découvrir un sens à sa vie avec la logothérapie*, Montréal, Éditions de l'Homme, 1988, p. 81-82.

2   Dr W. C. Ellerbroek, « Language, Thought and Disease » in *Co-Evolution Quarterly*, printemps 1988, n° 17, p. 38.

3   D'après « Experts, Survivors Offer Hope At AIDS Meeting » et « Survivors Beating Odds With Belief, Humor and Self-Reliance », deux articles parus dans le *Brain/Mind Bulletin,* Vol. 14, n° 6, mars 1989.

4   Dr Ronald J. Glasser, *op. cit.*, quatrième couvert.

5   Dennis T. Jaffe, *La guérison est en soi*, Paris, Laffont, 1981, p. 146-147. L'auteur mentionne un article par W. J. Grace et D. T. Graham intitulé « Relationship of Specific Attitudes and Emotions to Certain Bodily Diseases » et paru dans *Psychosomatic Medicine*, Vol. 14, 1952, p. 243-251.

6   Milton Ward, *The Brilliant Function of Pain*, Lakemont (Géorgie), CSA Press, 1977, p. 13.

7   Exercice inspiré de l'œuvre de Dennis Jaffe, *La guérison est en soi*, p. 53-54.

CHAPITRE 4

1   Viktor E. Frankl, *op. cit.*

CHAPITRE 5

1   Tony Schwartz, « Doctor Love » in *New York Magazine*, 12 juin 1989, p. 42.

2   James J. Lynch, *op. cit.* Traduction libre.

3   Janice K. Kiecolt-Glaser et Ronald Glaser, « Psychological Influences on Immunity: Implications for AIDS », *American Psychologist*, 1988, 43 (11), p. 892-898.

4   Paul Pearsall, *op. cit.*, p. 7-10.

5   Barbara B. Brown, Ph. D., *Super Mind: The Ultimate Energy*, New York, Harper & Row, 1980, p. 30-31.

CHAPITRE 6

1   *Brain/Mind Bulletin*, avril 1989, p. 3.

2   Dr Bernie Siegel, *L'amour, la médecine et les miracles*, Paris, J'ai Lu, 1996. Traduction libre.

CHAPITRE 8

1   Daniel Goleman, Ph. D., *Vital Lies, Simple Truths: The Psychology of Self-Deception*, New York, Simon and Schuster, 1985, p. 90.

2   Paul Pearsall, *op. cit.*, p. 19-20.

3   Dr George F. Solomon, « The Emerging Field of Psychoneuroimmunology » in *Advances: The Journal for Mind-Body Health*, Institute for the Advancement of Health, Vol. 2, n° 1, p. 8.

CHAPITRE 9

1   Norman Cousins, *The Healing Heart*, p. 204.

2   Bernie S. Siegel, *op. cit.* Traduction libre.

3   Daniel Goleman, *Vital Lies, Simple Truths,* p. 89-90.

4   Ronald J. Glasser, *The Body Is The Hero*, p. 230-237.

5   Paul Pearsall, *Superimmunity*, p. 10.

6   David Van Biema, « Learning to Live with a Past That Failed » in *People*, 29 mai 1989, p. 79-92. Note sur l'article-vedette, p. 4.

7   Bernard Lown, Introduction de *The Healing Heart*, de Norman Cousins, p. 13-16.

8   John Bradshaw, tiré de « Cradle Hypnosis », première émission de la série *The Eight Stages of Man*.

CHAPITRE 10

1 Stephen S. Hall, « A Molecular Code Links Emotions, Mind And Health » in *Smithsonian*, juin 1989, p. 62-71.

2 *Ibid*, p. 64.

3 *The Kripalu Experience Program Guide*, avril-sept. 1988, p. 21.

4 Tristine Rainer, *The New Diary*, Los Angeles, J. P. Tarcher, 1978, p. 138.

CHAPITRE 11

1 *Brain/Mind Bulletin*, Vol. IV, n° 5, 1979.

2 *Brain/Mind Bulletin*, Vol. III, n° 7, 1977.

3 *Brain/Mind Bulletin*, Vol. I, n° 21, 1977. Citations de Larry Siegel et William Fleeson, du Institute for Social Rehabilitation, et de Alan Abrams, de Far West Laboratories, à San Francisco.

4 *Brain/Mind Bulletin*, Vol. III, n° 18, 1977-1978 ; extrait d'une étude réalisée par le spécialiste des rêves Henry Reed et publiée dans le *Journal of Clinical Psychology*, 34 (1), p. 150-158.

5 *Brain/Mind Bulletin*, Vol. V, n° 4, 1980.

6 *Brain/Mind Bulletin*, Vol. II, n° 14, sommaire d'un article paru dans le *New England Journal of Medicine*, *294, 2, p. 80-84.*

7 *Brain/Mind Bulletin*, Vol. II, n° 7.

8 Justin Stone, *Meditation For Healing!*, New Mexico, Sun Books, 1977, p. 86-87.

CHAPITRE 12

1 *Brain/Mind Bulletin*, Vol. IV, Thématique n° 4, 1979.

2 *Brain/Mind Bulletin*, Vol. XI, Thématique n° 5, 1987.

3 *Brain/Mind Bulletin*, Vol. XI, Thématique n° 5, 1987.

4 *Brain/Mind Bulletin*, Vol. VII, Thématique n° 7, 1982.

5 *Brain/Mind Bulletin*, Vol. VI, Thématique n° 7, 1981.

CHAPITRE 13

1   *Brain/Mind Bulletin*, Vol. I et II, 1977.

2   Extrait d'une interview avec Stephen Aizenstat publiée dans le bulletin *Privileged Information*, Vol. 5, n° 6, mars 1989 et intitulée « How to Use Dreams ».

3   Ce matériel a été publié à l'origine dans le *Dream Network Bulletin*.

CHAPITRE 14

1   *Brain/Mind Bulletin*, Vol. XIII, n° 8, mai 1988, p. 2.

TABLE DES MATIÈRES

AVANT-PROPOS   7

INTRODUCTION
  Croissance et excroissance.   9

Chapitre 1
  Perspectives sur la guérison   23

Chapitre 2
  Notre manière de parler de la maladie   45

Chapitre 3
  Responsabilité et intelligence créative.   61

Chapitre 4
  Croyances de base et pensées-semences   79

Chapitre 5
  Émotions et langage corporel.   93

Chapitre 6
  Le corps, un baromètre émotionnel 107

Chapitre 7
  Clichés et langage corporel 121

Chapitre 8
  Perceptions de la santé et de la maladie 141

Chapitre 9
  Projections et attentes 157

Chapitre 10
  Manuel d'instructions 177

Chapitre 11
  Les clés du royaume de la santé. 197

Chapitre 12
  Techniques de guérison 211

Chapitre 13
  Les rêves et le dessin 229

Chapitre 14
  Créer un nouveau contexte 247

Chapitre 15
  Les clés de ma survie. 261

ÉPILOGUE. 275

NOTES 282

IMPRESSION
IMPRIMERIE GAGNÉ

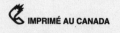
IMPRIMÉ AU CANADA